高职高专“十一五”规划教材

编审委员会

高职高专“十一五”规划教材·物流系列
GAOZHI GAOZHUAN “SHIYIWU” GUIHUA JIAOCAI

物流基础

主　编　李述容　陈先五
副主编　饶坤罗　吴新民

教材研制人员：（以姓氏笔画为序）
石秋霞　李钦华　陈希望
郑金花　孟　莉　姜晶晶
戚龙琦　鲁　艳

WUHAN UNIVERSITY PRESS
武汉大学出版社

高职高专“十一五”规划教材·物流系列

编 委 会

凝聚集体智慧　研制优质教材

教材是教师教学的脚本，是学生学习的课本，是学校实现人才培养目标的载体。优秀教师研制优质教材，优质教材造就优秀教师，培育优秀学生。教材建设是学校教学最基本的建设，是提高教育教学质量最基础性的工作。

高职教育是中国特色的创举。我国创办高职教育时间不长，高职教材存在严重的“先天不足”，目前使用的教材多为中专延伸版、专科移植版、本科压缩版等，这在很大程度上制约着高职教育教学质量的提高。因此，根据高职教育培养“高素质技能型专门人才”的目标和教育教学实际需求，研制优质教材，势在必须。

2005年以来，湖北省高教学会高职高专教育管理专业委员会（简称“高职专委会”）高瞻远瞩，审时度势，深刻领会国家关于“大力发展职业教育”和“提高高等教育质量”之精神，准确把握高职教育发展之趋势，积极呼应全省高职院校发展之共同追求；大倡研究之风，大鼓合作之气；组织全省高职院校开展“教师队伍建设、专业建设、课程建设、教材建设”（简称“四个建设”）的合作研究与交流，旨在推进全省高职院校进一步全面贯彻党的教育方针，创新教育思想，以服务为宗旨，以就业为导向，工学结合、校企合作，走产学结合发展道路；推进高职院校培育特色专业、打造精品课程、研制优质教材、培养高素质的教师队伍，提升学校整体办学实力与核心竞争力；促进全省高职院校走内涵发展的道路，全面提高教育教学质量。

湖北省教育厅将高职专委会“四个建设”系列课题列为“湖北省教育科学‘十一五’规划专项资助重点课题”。全省高职院校纷起响应，几千名骨干教师和一批生产、建设、服务、管理一线的专家，一起参加课题协同攻关。在科学研究过程中，坚持平等合作，相互交流；坚持研训结合，相互促进；坚持课题合作研究与教材合作研制有机结合，用新思想、新理念指导教材研制，塑造教材“新、特、活、实、精”的优良品质；坚持以学生为本，精心酿造学生成长的精神食粮。全省高职院校重学习研究、重合作创新蔚然成风。

这种以学会为平台，以学术研究为基础开展的“四个建设”，符合教育部关于提高教育教学质量的精神，符合高职院校发展的需求，符合高职教师发展的需求。

在湖北省教育厅和湖北省高教学会领导的大力支持下，在湖北省高教学会秘书处的指导下，经过两年多艰苦不懈的努力和深入细致的工作，“四个建设”合作研究初见成效。高职专委会与长江出版传媒集团、武汉大学出版社、复旦大学出版社等知名出版单位携手，正陆续推出课题研究成果：“湖北高职‘十一五’规划教材”，这是全省高职集体智慧的结晶。

交流出水平，研究出智慧，合作出成果，锤炼出精品。凝聚集体智慧，共创湖北高职教育品牌——这是全省高职教育工作者的共同心声！

湖北省高教学会高职专委会主任

黄木生

2008年5月

前 言

物流是经济社会这个大系统中的一个重要子系统，它与经济社会发展的关系极为密切。物流成为一个独立的经济过程是经济社会发展的必然结果。随着我国社会主义市场经济的快速发展，物流作为我国国民经济中的一个新兴产业部门迅速成长壮大起来，社会对物流专业人才的需求也日益迫切。正是基于这样的背景，湖北省高等教育学会组织湖北省多所高职高专院校的一线教师、企业的专家根据物流业的发展趋势，编写了这本教材。

本书在编写过程中，充分考虑到高等职业技术教育的特点，注重理论联系实际，穿插了大量的典型案例和课外阅读材料，拓展了读者的知识面。

本书可作为物流管理专业、电子商务专业、市场营销专业及其他管理专业的教学用书，也可作为物流和相关行业人员的培训教材。

本书共分十章，包含现代物流概述、物流活动构成、现代物流技术、第三方物流、企业物流、国际物流、现代物流管理、物流信息管理、现代物流与电子商务、供应链管理等内容。

本书由李述容、陈先五担任主编，李述容负责本书编写大纲和体例的拟订、全书的统稿和定稿，编写分工如下：李述容编写第二章的第一至五节；孙守成编写第一章；陈先五编写第十章；吴新民编写第四章；饶坤罗编写第八章；李钦华编写第三章；姜晶晶、戚龙琦编写第六章；鲁艳编写第五章；石秋霞编写第九章；郑金花编写第七章；孟莉编写第二章的第六、七节；陈希望参与了第七章的编写与修改。

本书在编写过程中，得到了湖北省高等教育学会李友玉教授、中央粮食库宜昌直属库邹怡方高级工程师的大力支持和帮助，同时参阅、引用了国内外有关专家学者的著作和资料，限于篇幅，书中只列出了主要参考文献，在此对这些作者表示衷心的感谢，如有遗漏，谨向原作者致歉。

由于作者学识有限，书中不尽如人意之处在所难免，恳请专家和读者批评指正，不胜感谢。

高职高专“十一五”规划教材

《物流基础》研制组

2008 年 5 月

目　录

第一章 物流概述

【学习目标】

1. 掌握物流基本概念和物流的分类特点。

2. 了解物流业的发展、我国物流发展的四个基本阶段。

3. 了解物流所包含的传统行业和它们之间的有机关联以及物流作为第三利润源的新兴产业将对我国国民经济发展带来的巨大影响。

【关键词汇】

物流（Logistics）

物品（Article）

实物分配（Physical Distribution）

随着经济的进一步发展，企业之间的竞争越来越激烈，每个企业都逐渐认识到，要想在激烈的竞争中立于不败之地，顾客是关键。因此，在最短的时间内以最低的成本为顾客提供所需的产品和服务，就成了每个企业获得竞争优势的法宝，而物流正是这一法宝的具体体现。如沃尔玛超市就是凭借着组织有序的物流活动，奠定了其世界零售之王的地位。此外，戴尔、家乐福等企业的成功也都指出：物流已开始成为企业降低成本、提高利润并进一步获得竞争优势的“利器”。正如著名管理大师德鲁克所说：“物流是企业利润的最后边界。”所以，无论是制造业还是销售业，现在都应该重视物流，要懂得如何构建一个高效率的物流体系来为企业服务。

第一节 物流概述

一、物流概念的产生及发展

物流活动和人类历史一样久远，当社会出现了商品交换，便有了原始的物流。物流一词最早出现于美国，1915 年阿奇·萧在《市场流通中的若干问题》一书中就提到物流一词，并指出“物流是与创造需求不同的一个问题”。在 20

世纪初，西方一些国家已出现生产大量过剩、需求严重不足的经济危机，企业因此提出物流的问题，此时的物流指的是销售过程中的物流。1935 年，美国销售协会阐述了实物分配（Physical Distribution，PD）的概念：“实物分配是包含于销售之中的物质资料和服务在从生产场所向消费场所流动的过程中所伴随的种种经济活动。”现代物流的概念在西方国家出现也只有短短的几十年，而我国是在 20 世纪 80 年代才引进物流概念的，在很长一段时间内没有得到足够重视，近几年才引起理论界和社会各个方面对物流的关注。

1. 国外物流的发展

国外物流的发展，大体可以分为四个阶段：

第一阶段：萌芽阶段（20 世纪初至 20 世纪 50 年代）

20 世纪初，在北美和西欧一些国家，随着工业化进程的加快以及大批量生产和销售的实现，人们开始意识到降低物资采购以及产品销售成本的重要。单元化技术的发展为大批量配送提供了条件，同时也为人们认识物流提供了可能。1941—1945 年第二次世界大战期间，美国军事部门采用“后勤管理”（Logistics Management）方法对军需物资的采购、运输、仓储、分配进行统筹安排和全面管理，取得了显著成效。“后勤管理”在战后被引入经济部门，应用于流通领域和生产经营管理全过程中所有的与物品获取、运送、存储、分配有关的活动。近 20 年来，Logistics 逐渐取代 PD，成为了物流科学的代名词。

1946 年，美国正式成立了全美输送物流协会，这是美国第一个关于对专业输送者进行考察和认证的组织。

自 1956 年从美国引入物流概念以来，日本在对国内物流进行调研的基础上，将物流称为“物的流通”。与此同时，欧洲各国为降低产品成本，开始重视工业范围内的物流过程中的信息传递，对传统的物料搬运进行变革，寻求物流的合理化途径。这一时期可以说是物流的萌芽阶段。

第二阶段：快速发展阶段（20 世纪 60—70 年代）

20 世纪 60 年代以后，世界经济环境发生了深刻变革。科学技术的发展，尤其是管理科学的进步及生产方式、组织规模化生产的改变，大大促进了物流的发展。物流逐渐为管理学界所重视，企业界也开始注意到物流在经济发展中的作用，将改进物流管理作为激发企业活力的重要手段。这一阶段是物流快速发展的重要时期。

在美国，由于现代市场营销观念的形成，企业意识到顾客满意是实现企业利润的惟一手段，顾客服务成为企业管理的核心要素，物流在为顾客提供服务上起到了重要的作用。物流，特别是配送得到了快速发展。1960 年，美国的 Raytheon 公司建立了最早的配送中心，1963 年，美国成立了国家实物配送管理委员会。

20 世纪 60 年代中期到 20 世纪 70 年代初是日本经济增长、商品大量生产和大量销售的年代。随着这一时期生产技术向机械化、自动化方向发展以及销售体制的不断改善，物流已成为企业发展的制约因素。于是日本政府加强了物流基础设施建设，日本社会各界对物流落后的现状和物流对经济发展的制约有了共同的认识。

这一时期也是欧洲经济快速发展的阶段，商品生产和商品销售规模进一步扩大，企业集团和大公司的出现、运输技术的广泛采用、物流需求的增多，都大大促进了物流的快速发展。

第三阶段：合理化阶段（20 世纪 70 年代至 20 世纪 80 年代）

这一阶段，物流管理的内容由企业内部延伸到了企业外部，物流管理的重点已经转移到物流战略的研究上。企业开始超越现有的组织机构界限而注重外部关系，将供货商、分销商以及用户等纳入管理的范围，利用物流管理建立和发展与供货商及用户的稳定、良好、双赢、互助合作伙伴式的关系，形成了一种联合影响力量，以赢得竞争的优势。物流管理已经意味着企业应用先进技术，站在更高的层次上管理这些关系。电子数据交换、准时制生产、配送计划以及其他物流技术的不断涌现以及应用与发展，为物流管理提供了强有力的技术支持和保障。

1988 年，美国物流管理协会将物流定义为：物流是以满足客户需求为目的，为提高原料、在制品、制成品以及相关信息从供应到消费的流动和存储的效率和效益，对其进行的计划、执行（实现）和控制的过程。

这一阶段，日本经济发展迅速，并进入了以消费为主导的时代。虽然物流量大大增加，但由于成本的增加使企业利润并没有得到期望中的提高，因此，降低经营成本，特别是降低物流成本成为经营战略的重要特征。

随着经济和流通的发展，欧洲各国许多不同类型的企业（厂商、批发业者、零售业者）也进行了物流革新，建立了相应的物流系统，欧洲的制造业已采用准时生产模式（JIT），客户的物流服务需求已发展到全天供货或服务。

第四阶段：现代物流阶段（20 世纪 90 年代至今）

20 世纪 90 年代以来，随着新经济和现代信息技术的迅速发展，现代物流的内容仍在不断地丰富和发展。信息技术的进步使人们更加认识到物流体系的重要性，现代物流的发展被提到重要日程上来。信息技术，特别是网络技术的发展，也为物流发展提供了强有力的支撑，使物流向信息化、网络化、智能化方向发展。这不仅使物流企业和工商企业建立了更密切的关系，同时物流企业也为客户提供了更高质量的物流服务。

1999 年，美国物流电子商务的营业额达到 80 亿美元以上，电子商务带来的这种交易方式的变革，使物流向信息化并进一步向网络化发展。日本政府在

1990 年制定了《综合物流政策大纲》，提出了日本物流发展的基本目标和具体保障措施，特别强调了物流系统要实现信息化、标准化。

2. 我国物流的发展

我国物流的发展与我国的经济发展水平、经济结构、技术发展状况有关，并且与我国的经济体制变革有关，自新中国成立以来，我国的物流发展大体也可分为四个阶段。

第一阶段：初级发展阶段（1949—1965 年）

这一时期，新中国成立时间不长，国民经济尚处于恢复发展时期，工农业生产水平较低，经济基础较为薄弱，并且出现了重生产、轻流通的倾向。物流处于起步阶段，表现为：在生产和流通部门建立了为数不多的储运公司和功能单一的仓库；运输业处于恢复和初步发展时期；搬运和仓储环节比较落后。

第二阶段：停滞阶段（1966—1977 年）

1966 年开始的"文革"，给国家经济、政治及其他方面造成了严重的破坏，物流的发展也遇到了同样的情况，物流理论的研究和物流实践基本处于停滞状态。

第三阶段：较快发展阶段（1978—1999 年）

十一届三中全会以来，随着改革开放步伐的加快，我国开始从计划经济向市场经济过渡，国民经济，特别是物流业得到了较快的发展，运输业、仓储业、包装业的发展较快，新建了大量的铁路、公路、港口、码头、仓库、机场等，尤其是有关物流的学术团体在此期间相继成立，积极有效地组织开展国内国际物流学术交流活动，了解和学习国外物流管理的先进经验。中国物资流通学会于 1989 年 5 月在北京成功地承办了第八届国际物流会议，对我国的物流发展起到了促进作用，一些物流学的专著和译著也得以出版发行。

第四阶段：高速发展阶段（2000 年以后）

2000 年以后，我国国民经济进入高速发展时期，科学技术的发展和信息技术的普及应用、消费者需求个性化趋势的加强、竞争机制的建立，使得我国工商企业，特别是中外合资企业，为了提高竞争力，不断提出新的物流要求，我国经济界开始把发展物流业提到重要议事日程上来。在此期间，我国加快了物流的建设，促使其向标准化、国际化方向发展。

二、物流的概念

1. 物流

（1）货物（Cargo）：由运输部门承运的一切商品、物资以及库存的一切物品都称为货物，物流中的"物"就是指货物。

（2）物流（Logistics）：以最低的成本，按用户的需求使货物从供应地

（生产地）向接收地（消费地）实体转移的过程。根据实际需要，将运输、储存、装卸、搬运、包装、流通加工、配送、信息处理等基本功能实现有机结合。详见《中华人民共和国国家标准物流术语》（GB/T 18354—2001）。

应该强调的是，物流中的“物”通常是指一切可以进行物理性位置移动的物质资料，如物品、物资、物料、货物等，不能发生物理性位置移动的物质资料不是物流的研究对象。

物流中的“流”泛指物质的一切运动形态，有移动、运动、流动的含义，既包括空间位移又包括时间的延续。“流”通常被人们理解为流通，我国不少人是以“物资流通”来理解物流的，从而犯了概念性的错误。

2. 商流

谈及物流，必然离不开商流，因为商流是物流的前提，二者共同构成流通。

对象物所有权转移的活动即构成商流。商流活动一般称为贸易或交易，商品通过交易活动由供给方转让给需求方，这种转让是按价值规律进行的。商流的研究内容是商品交换的全过程，包括市场需求预测、计划分配与供应、货源组织、采购调拨、销售等，既包括贸易决策，也包括具体业务及财务处理。

3. 物流与商流的关系

商流和物流都是流通的组成部分，二者结合才能有效地实现商品由供方向需方的转移过程。商流和物流关系密切，相辅相成。一般在商流发生之后，即所有权的转移完成之后，货物必然要根据购买方的需要进行转移，这就导致相应物流活动的出现。物流是产生商流的物质基础，商流是物流的先导。二者相辅相成，密切配合，缺一不可。只有在流通的局部环节，在特殊情况下，商流和物流可能会独立发生，一般而言，从全局来看，商流和物流总是相伴发生的。

三、几种主要的物流学说

物流是一门新兴的科学。物流这个概念只有约 80 年的历史，而且物流主要在 20 世纪中期以后才得到发展，相对来说还比较年轻，理论上尚不成熟，不够严密，还在不断修正和完善。目前，世界各国对物流的认识不完全相同，在理论上形成了以下几种学说。

1. 黑大陆学说

著名的管理学权威P. E. 德鲁克曾经讲过：“流通是经济领域里的黑大陆。”德鲁克这句话是泛指流通，但是由于流通领域中物流活动的模糊性尤其突出，是流通领域中最具潜力的领域，所以“黑大陆”说法现在主要是针对物流而言的。

2. 物流冰山说

物流冰山说是日本早稻田大学的西泽修教授提出来的，他在潜心研究物流成本时发现，现行的财务会计制度和会计核算方法都不可能掌握物流费用的实际情况，因而人们对物流费用的了解是一片空白，甚至有很大的虚假性，他把这种情况比做“物流冰山”。冰山的特点是大部分沉在水面以下，是我们看不到的黑色区域，而我们看到的不过是它的一部分。

3. 利润中心说

利润中心说的含义是，物流可以为企业提供大量直接和间接的利润，是形成企业经营利润的主要活动。非但如此，对国民经济而言，物流也是其创造利润的主要活动。物流的这一作用被表述为“第三利润源”。“第三利润源”的说法主要出自日本。从经济发展历程来看，能够大量提供利润的领域主要有两个：第一个是资源领域，第二个是人力领域。在这两个利润源的潜力越来越小，利润开拓越来越困难的情况下，物流领域的潜力开始为人们所重视，按时间序列排为“第三利润源”。

4. 成本中心说

成本中心说的含义是，物流在企业战略中，只对企业营销活动的成本产生影响，物流是企业成本重要的产生点，因而，解决物流的问题，不是要搞合理化、现代化，也不在于支持保障其他活动，而主要是通过物流管理和物流的一系列活动降低成本。节约的成本就是利润。所以，成本中心既是指主要成本的产生点，又是指降低成本的关注点，物流是“降低成本的宝库”等说法正是这种认识的形象表述。

5. 效益悖反说

效益悖反是物流领域中经常出现的现象，是这一领域中内部矛盾的反映和表现。以包装问题为例，包装每少花一分钱，从表面上看这一分钱就必然转到收益上来，包装越省，利润则越高。但是，一旦商品进入流通之后，如果简省的包装降低了产品的防护效果，造成了大量损失，就会造成储存、装卸、运输功能要素的工作劣化和效益大减。

6. 服务中心说

服务中心说代表了美国和欧洲等一些国家学者对物流的认识，他们认为，物流活动最大的作用并不在于为企业节约了消耗、降低了成本或增加了利润，而是在于提高了企业的服务水平，进而提高了企业的竞争能力。因此，他们在使用描述物流的词汇上选择了后勤一词，特别强调其服务保障的职能。通过物流的服务保障，企业以其整体能力来压缩成本和增加利润。

7. 战略说

战略说是当前非常盛行的一种说法。学术界和产业界越来越多的人已逐渐认识到，物流更具有战略性。物流战略说将物流放在了很高的位置，企业战略是生存和发展，物流能力是企业竞争能力的重要组成成分。

四、传统物流与现代物流

当今，物流业已经成为促进世界经济发展的主体行业，物流是国民经济的基础之一，通过不断输送各种物质产品，使生产者不断获得原材料、燃料以保证生产过程的正常进行，同时不断将产品运送给不同的需要者，以使这些需要者的生产、生活得以正常进行。20 世纪 90 年代以后，物流在国民经济中越来越多地表现为一个独立的、综合的业种——现代物流业。

说明：

1. 物流探索初期的流通领域学说——“黑大陆学说”。
2. 物流发展中期的成本费用学说——“成本中心说”、“物流冰山说”、“利润中心说”、“效益悖反说”。
3. 物流发展较高层次的战略学说——“战略学说”、“服务中心说”。

一般来说，在全球范围内，美国的物流理论与技术处于领先地位，日本的物流运用水平较高，而中国的物流起步较晚，发展较快。

1. 传统物流与现代物流的含义

(1) 传统物流

“物流”仅从字意理解，就是物质实体的流动。但是当把这个物质实体的流动当作一个运动过程来把握的时候，物流就成为包括运输、储存、搬运、分拣、包装、加工等多个环节在内的活动了。这就是通常人们所说的传统物流或实物分配（Physical Distribution），抑或一般意义上的物流。

(2) 现代物流

现代物流是相对于传统物流而言的。它是在传统物流的基础上，引入高科技手段，即运用计算机进行信息联网，并对物流信息以及物流实体系统实施科学管理，从而使物流速度加快、准确率提高、库存减少、成本降低，以此延伸和放大传统物流的功能。中国六部委（国家经贸委、铁道部、交通部、信息产业部、外经贸部、民航总局）于 2001 年 3 月在“加快物流发展若干意见”的通知中，对现代物流的定义是这样表述的：“原材料、产成品从起点至终点及相关信息有效流动的全过程。它将运输、仓储、装卸、加工、整理、配送、信息等方面有机结合，形成完整的供应链，为用户提供多功能、一体化的综合性服务。”

(3) 现代物流向客户提供的服务内容

现代物流为用户提供的是多功能、综合性的服务。包括从与客户建立业务关系开始，向客户提供采购原料、提供商品生产或加工地点、原料或产成品的储存保管、装卸、包装、租船、订舱、配载、制单、报价、报关、集港、疏港、运输、结汇、跟踪物流位置，直至货物到达指定目的地的最终用户手中的一系列服务。

2. 传统物流与现代物流的区别

现代物流与传统物流的不同表现在很多方面，其中最主要的有以下几方面。

(1) 服务功能上的差异。传统物流的服务功能是相对独立的，因此不具备控制整个供应链的功能；现代物流强调的是对供应链的全面管理和有效控制。

(2) 与客户关系的差异。传统物流与客户的关系是建立短期合作关系，以价格竞争和标准服务赢得客户；现代物流与客户通常是战略合作伙伴关系，以降低成本、提供增值服务和定制物流服务满足客户的需求。

(3) 信息系统建设的差异。传统物流没有外部整合系统，仅具备有限的或没有 EDI 联系，更没有卫星跟踪系统；现代物流采用信息系统，广泛运用 EDI 以及卫星跟踪系统。

(4) 物流企业管理的差异。传统物流企业通常采用分散的、传统的、人工的管理；现代物流企业采用的是现代化、信息化、运用全面质量管理系统的管理。可见现代物流是一个全新的系统概念：它包含了产品寿命周期的整个物理性位移的全过程；它使传统物流向生产、流通以及消费的全过程延伸，并且添加了新的物流内涵；它使社会物流与企业物流有机地结合起来，即从采购物流到生产物流，再到销售物流，直至消费终端。

五、现代物流业的主要特征

现代物流业除具有传统物流的特征以外，还具有以下特征：

1. 多功能化

现代物流不只是提供仓储和运输等单一的服务，还必须开展配送以及其他各种高附加值的流通服务项目，提供多功能服务，也可以按照用户要求，提供个性化服务。现代物流追求全面的、系统的综合效果，提倡“供应链”管理，即通过从供应者到消费者的供应链的综合运作，使物流达到最优化，为用户承担库存决策、订货采购、运输装卸、分装储存、配送发出以及用后回收等一条龙服务，将供应链看成是可增值服务，以产品和信息保持竞争优势。从某种意义上讲，供应链是物流系统的充分延伸，是产品与信息从原料到最终消费者之间的增值服务。以往商品经由制造、批发、仓储、零售各环节的多层复杂途径，最终才到消费者手里，而现代物流业已简化为由制造地点经配送中心送到各零售点，减少了物品实体运动的路线，大大提高了物流速度，从而促使社会的整体生产力水平和经济效益提高。

如美国通用汽车公司在美国13个州中，大约有400个供应商负责把各自的产品送到30个装配工厂进行组装。原来是自行运送，但卡车满载率低，使库存和配送成本急剧上升。后来通用公司委托专业物流公司承接该配送业务。在调查了解配送路线后，专业物流公司安排了一个配送中心负责接货、组配、分送半成品，出动了60辆货车、72辆拖车，通过电子数据交换系统调度车辆、设计最优送货路线，运用卫星定位技术，随时了解行驶中车辆的位置，既降低了投入车辆数，又降低了车辆空载率，从而大大减少了通用公司的流通费用。

2. 信息化、网络化

信息化、网络化是现代物流的主要特点。现代物流信息多，要提供最佳的服务，物流系统必须要有良好的信息处理和传输系统以及计算机互联网系统，它们能使生产企业、流通企业以及消费者之间的信息传递和处理不受空间和地域的限制，为信息的使用者提供最大限度的灵活性和实效性。物流信息化包括商品代码和数据库的建立、运输网络合理化、销售网络系统化和物流中心管理电子建设等方面。可以说，没有现代的信息管理，就没有现代化的物流服务。

例如，美国洛杉矶西海报关公司与码头、机场、海关都进行了信息联网。当货物从世界各地起运时，客户便可以从该公司获得准确的到达时间、到泊（岸）位置，使收货人与各仓储、运输公司等相关部门做好准备，以便货物快速流动，安全、高效地直达目的地。又如，美国橡胶公司（USCO）的物流分公司设立了信息处理中心，接收世界各地的订单，通常在几小时内便可把货物送到客户手中。良好的信息系统能大大提高服务水平，赢得客户的尊敬与信赖。

在大型的配送公司里，往往建立了ECR与JIT系统。所谓ECR，即有效客户信息反馈，它可以做到客户要什么就生产什么，而不是生产出产品等客户来买。如果平常仓库货物的周转次数为每年20次左右，那么利用ECR这种有效手段之后便可将其提高到每年24次左右，使得仓库的吞吐量大大增加。通过JIT系统，企业可以从零售商店很快得到销售反馈信息，不仅实现了内部的信息网络化，而且增强了对货物信息的跟踪、反馈能力，从而大大提高了物流企业的服务水平，降低了成本，增强了竞争力。

3. 系统化

现代物流把服务作为第一宗旨，从物流的现状来看，物流企业不仅要为本地区服务，而且还要做远距离的跨区域服务。所有客户都希望得到很好的物流服务，现代物流业需要从系统观点出发，通过物流功能的最佳组合实现物流整体最优化，注重物流系统输出质量，满足用户需求。美国、日本的物流企业成功的要诀，就在于它们都十分重视对客户服务的研究。

如美国雷兹集团公司（APC）就是一个以运输和配送为主的大公司。优质和系统的服务使物流企业与货主企业结成了战略伙伴关系（或称策略联盟），一方面有助于货主企业的产品迅速进入市场，提高竞争力；另一方面则使物流企业有稳定的资源。对物流企业而言，服务质量和服务水平正逐渐成为比价格更为重要的选择。

4. 自动化、智能化的设施、设备

在现代物流活动中，广泛使用了先进的运输、仓储、装卸搬运、包装以及流通加工等手段。运输手段的大型化、高速化、专用化，装卸搬运机械的自动化，包装的单元化，仓库的立体化、自动化以及信息处理和传输的电子化、网络化等，为开展现代物流提供了保证。

第二节 物流的分类

【知识阅读】

“四大物流圈”

以北京、天津、沈阳、大连和青岛为中心的环渤海物流圈；以上海、南京、杭州和宁波为中心的长江三角洲物流圈；以厦门和福州为中心的环台湾海峡物流圈；以广州和深圳为中心的珠江三角洲物流圈。

社会经济领域中，物流活动无处不在，许多有自身特点的领域都有包含自己特征的物流活动。虽然物流的基本要素相同，但由于物流对象不同，物流目的不同，物流范围、范畴不同，就形成了不同类型的物流。

1. 物流系统涉及领域分类

（1）宏观物流

宏观物流是指社会再生产总体的物流活动，应从社会再生产总体的角度认识和研究物流活动。这种物流活动的参与者是构成社会总体的大产业、大集团，宏观物流也就是研究社会再生产总体的物流，研究产业或集团的物流活动和物流行为。

（2）微观物流

消费者、生产企业所从事的实际的、具体的物流活动属于微观物流。在整个物流活动中的一个局部环节的具体物流活动属于微观物流；在一个小地域空间内发生的具体的物流活动也属于微观物流；针对某一产品进行的物流活动同样是微观物流。微观物流研究的主要特点是具体性和局部性。我们经常论及的以下物流活动皆是微观物流，即企业物流、生产物流、供应物流、销售物流、回收物流、废弃物物流、生活物流等。

2. 按物流系统涵盖领域分类

(1) 社会物流

社会物流指超出一家一户的以面向社会为目的的物流。这种社会性很强的物流往往是由专门的物流承担人承担的。社会物流的范畴是社会经济的大领域，研究再生产过程中随之发生的物流活动，国民经济中的物流活动，如何服务于社会、面向社会又在社会环境中运行物流以及社会中的物流体系结构和运行，因此带有综合性和广泛性。

(2) 企业物流

企业物流是指企业内部的物品实体流动，从企业角度研究与之有关的物流活动，是具体的、微观的物流活动的典型领域。企业物流又可区分为以下具体的物流活动：

①供应物流

为生产企业提供原材料、零部件或其他物品时，物品在提供者与需求者之间的实体运动，称为供应物流。

这种物流活动对企业生产正常、高效地进行起着重大作用。企业供应物流不仅要保证供应的目标，而且要以最低成本、最少消耗、最大保证来组织供应物流活动，做到既保证生产需要，又不积压，这也是企业供应物流的一大难点。随着物流业的发展，企业供应物流可以由专门的物流服务部门负责，从而降低这一过程的物流成本。

②生产物流

生产过程中，原材料、在制品、半成品、产成品等在企业内部的实体流动，称为生产物流。

生产物流是伴随制造产业的生产过程发生的，是工厂企业所特有的，它和生产流程同步。原材料、半成品等按照工艺流程在各个加工点之间不停地移动、流转形成了生产物流。生产物流受生产工艺、生产规模、生产类型等影响，生产物流合理化对工厂的生产秩序、生产成本有很多的影响。生产物流均衡稳定，可以保证在制品的顺畅流转，缩短生产周期，节约劳动力。

③销售物流

生产企业、流通企业出售商品时，物品在供方与需方之间的实体流动，称为销售物流。

对于工厂，销售物流是指售出产品；对于流通领域，是指交易活动中，从卖方角度出发的交易行为中的物流。

通过销售物流，可以实现物品的使用价值，企业得以回收资金，进行再生产活动，销售物流的效果关系到企业的存在价值是否被社会承认。因此，在市场经济中，为增强企业竞争力，必须注意销售物流的合理化。

④回收物流

不合格物品的返修、退货以及周转中用的包装容器从需方返回到供方所形成的物品实体流动，称为回收物流。

在生产及流通活动中，有一些物资是要回收并加以利用的，如作为包装容器的纸箱、塑料筐、酒瓶，生产过程中的残次品，可以回收利用的旧报纸、书籍、金属废弃物等，从而形成了回收物流。

⑤废弃物物流

将经济活动中失去原有使用价值的物品，根据实际需要进行收集、分类、加工、包装、搬运、储存等，并分送到专门的处理场所时形成的物品实体流动，称为废弃物物流。

生产和流通中所产生的废弃物，如开采矿山时产生的土石，炼钢生产时产生的钢渣，工业废水以及其他一些无机垃圾等，不但没有再利用价值，如果不妥善处理，还会造成环境污染，这类物资的处理过程产生了废弃物物流。废弃物物流没有经济效益，但具有不可忽视的社会效益。

3. 按物流活动覆盖范围分类

(1) 国际物流

不同国家（地区）之间的物流称为国际物流。

国际物流是国与国之间贸易的一个必然组成部分，各国之间的相互贸易最终通过国际物流来实现。当前世界的发展主流是国家与国家之间的交流越来越频繁，任何国家不投身于国际经济大协作的交流之中，本国的经济、技术就得不到良好的发展。工业生产也正走向社会化和国际化，出现了许多跨国公司，一个企业的经济活动可以遍布各大洲。国际之间、洲际之间的原材料与产品的流通越来越发达，因此，国际物流是现在物流系统中重要的物流领域。

据海关总署统计：2007 年 1 ~ 9 月，我国外贸进出口总额达15 708亿美元。同比增长 23.5%，按此进度，全年外贸进出口有望突破 2 万亿美元。

海关统计显示：2007 年 1 ~ 9 月，出口总额为 8 785 亿美元，进口总额为 6 923 亿美元。

在出口方面，目前全球 40% 的手机、45% 的微机、45% 的彩电在中国生产。

(2) 国内物流

生产和消费过程中的所有物流活动都在一个国家境内进行时所形成的物流

就是国内物流。国内物流也包含其他各种形式的物流，即国内宏观物流、国内微观物流；国内社会物流、国内企业物流等。

物流作为国民经济布局的一个重要方面，也应该纳入国家的总体规划内容。全国物流系统的发展必须从全局着眼，对于部门分割、地区分割所造成的物流障碍应该清除。在物流系统的建设投资方面也要从全局考虑，使一些大型物流项目能尽早建成。国家整体物流系统化的推进，必须发挥政府的行政作用，具体说有以下几个方面：

①进行物流基础设施的建设，如公路、高速公路、港口、机场、铁道等的建设，大型物流基地的配置等。

②制定各种交通政策法规，如铁道运输、卡车运输、海运、空运的价格规定以及税收标准等。

③实施与物流活动有关的各种设施、装置、机械的标准化，这是提高全国物资系统运行效率的必经之路。

④物流新技术的开发、引进和物流技术专门人才的培养等。

（3）地区物流

所谓地区物流，有不同的划分原则。首先，按行政区域划分，如苏（州）无（锡）常（州）经济区、黑龙江边境贸易区；其次，按地理位置划分区域，如长江三角洲地区、珠江三角洲地区等。

地区物流系统对于提高地区企业物流活动的效率以及保障当地居民生活福利环境，有不可缺少的作用。研究地区物流应根据地区特点，从本地区利益出发，组织好物流活动。

4. 按物流服务对象分类

（1）一般物流

一般物流是指服务对象具有普遍性，物流运作具有共同性和一般化特点的物流活动，它的研究着眼于物流的一般规律，带有普遍的适用性。

（2）特殊物流

特殊物流相对于一般物流而言，指在专门范围、专门领域、特殊行业所开展的具有自身特点的物流活动和物流方式。它的任务是研究物流活动中的特殊规律，以期取得更大的社会效益和经济效益。从形式上看，城市环境物流、危险品物流、燃料物流、大件物品物流等都属于特殊物流。

5. 其他物流

除上述分类外，还有所谓的绿色物流、军事物流、第三方物流、定制物流、虚拟物流等。

（1）绿色物流。在物流过程中抑制物流对环境造成危害的同时，实现对物流环境的净化，使物流资料得到充分利用。

（2）军事物流。用于满足军队平时、战时需要的物流活动。

（3）第三方物流。除供方与需方以外的物流企业提供物流服务的业务模式。

（4）定制物流。根据用户的特定要求而为其专门设计的物流服务模式。

（5）虚拟物流。以计算机网络技术进行物流运作与管理，实现企业间物流资源共享和优化配置的物流方式。

第三节 物流的特点与作用

一、物流的特点

1. 物流的范围十分广泛。物流是一门综合性学科，强调系统性和协调性，涵盖管理与技术两大领域，因而物流涉及的范围也比较广。物流的五大组成部分：运输、保管、包装、装卸和信息，关联到众多学科领域和产业。如运输环节，在我国就有公路、铁路、航空、远洋、内河、管道运输等；在物流基础设施方面，包括高速公路、普通公路、港口、码头、仓库、集装箱货场、配送中心、机场、车站等；在企业类别上，物流关联企业有运输、仓储、包装、装卸搬运、信息等企业；物流涉及的政府管理机构有国家经济贸易委员会、交通部、铁道部、对外贸易经济合作部、国家民航总局以及信息产业部等。

2. 物流公益事业性强，投资回收期长，利润率低，要求前瞻性。无论公路、铁路还是港口码头，均属公共设施，由国家统一规划并投资建设，建好后大家共用，共同享受权益。这些大型基础设施投资庞大，回收期长，只有国家具备承担组织和建设的能力，企业是无能为力的。物流业属第三产业，主要通过提供服务取得利益。运输业、保管业、包装业和装卸业这些物流企业，主要以提供物流服务维持企业生存。物流企业创造的主要是社会效益，而不是企业效益。此外，物流还要求有前瞻性。公路、铁路、港口、配送中心等物流基础设施建设必须提前规划、设计，否则后患无穷；托盘尺寸、规格等物流标准化也必须走在前面，不然定型后就很难更正。

3. 物流的总体性、综合性要求。物流是一个复杂而巨大的系统工程，中间有运输、包装、保管、装卸、流通加工、配送等多个环节，各个环节之间必须相互衔接，配合好、协调好，保证其整体性和一致性。如运输、铁路、公路、水运、航空、管道运输涉及地区之间和各运输部门之间的协调；公路、铁路、港口码头、仓库的建设涉及总体布局、城市规划、统筹安排，除了各运输部门外，还需要国土资源部门、建设部门以及环保部门的支持和理解。由此说来，物流要求总体性和综合性，强调整体效益。“效益悖反说”的理论基础正是基于物流的总体性、综合性。

二、物流的作用

1. 物流是国民经济的基础之一，是连接生产与消费的桥梁

从宏观来看，物流是国民经济的基础。

物流通过不断输送各种物质产品，使成千上万个生产企业不断获得原材料、燃料以保证生产过程的正常，又将生产企业生产的产品源源不断地输送给不同的需要者，使这些需要者的生产、生活得以正常进行。因此，整个社会都是靠物流系统来维系的，国民经济才得以成为一个有内在联系的整体，如图1-1所示。

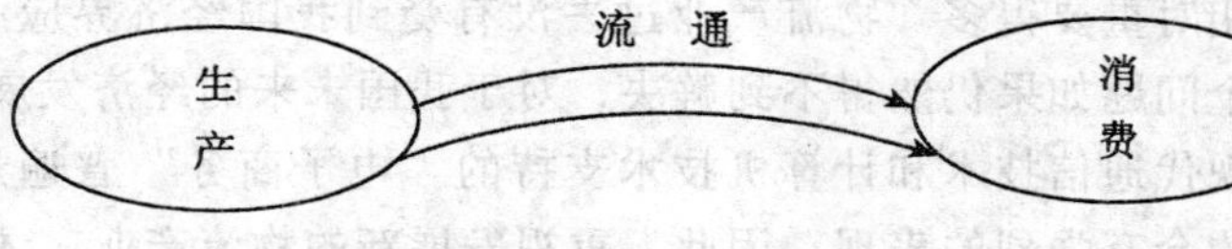

图 1-1 流通是由物流、商流组成的

2. 物流是企业生产的前提保证

从企业这一微观角度来看，物流对企业的作用有：

（1）物流为企业创造经营的外部环境。一个企业的正常运转，必须有这样两个外部条件：一方面，要保证按企业生产计划和生产节奏提供和运输原材料、燃料、零部件；另一方面，要将产品和制成品不断从企业运出，这最基本的外部环境正是要依靠物流及有关的其他活动创造和提供保证。

（2）物流是企业生产运行的保证。企业生产过程的连续性和衔接性靠的是生产工艺中不间断的物流活动，有时候生产过程本身便和物流活动结合在一起，物流的支持保证作用是不可缺少的。

（3）物流是发展企业的重要支撑力量。企业的发展靠质量、产品和效益，物流作为全面质量管理的一环，是最接近用户的质量保证手段，更重要的是，根据“第三利润源”的理论，物流通过降低成本，间接增加企业利润，通过改进物流可直接取得效益，这些都会有效地促进企业的发展。总之，物流不论对国民经济的全体还是国民经济的基础——企业，都起着非常重要的作用。

3. 特定条件下，物流是国民经济的支柱

物流对国民经济起支柱作用或物流与其他生产活动一起起支柱作用的国家，已有一定数量，这些国家处于特定的地理位置或特定的产业结构条件下，物流在国民经济和地区经济中能够发挥带动和支持整个国民经济的作用，成为

了国家或地区财政收入的主要来源、科技进步的主要发源地和现代科技的应用领域。如欧洲的荷兰、亚洲的新加坡和中国香港地区、美洲的巴拿马等，特别是日本以流通立国，物流的支柱作用显而易见。

4. 物流现代化可以改善我国的经济运行，实现质量的提升

我国经济虽然取得了持续的进步和发展，但是经济运行质量不高，“粗放式”的问题还很严重，尤其是作为支撑国民经济运行的“物流平台”问题更为突出。各种物流方式分立、物流基础设施建设不足、物流技术落后等问题如果能够得到全面、系统的改善，就可以使我国国民经济的运行水平得到很大的提高。

5. 一个新的物流产业可以有效改善我国的产业结构

由于我国国土面积大，经济发展和物流的关系就显得更为密切，物流产业对我国而言，相对重要得多。物流产业过去没有受到我国经济界应有的重视，发展迟缓，这个问题如果仍然得不到解决，对于我国未来的经济发展是极为不利的，尤其是现代通信技术和计算机技术支持的“电子商务”普遍运行之后，落后物流的制约会有强烈的表现。因此，重视发展新的物流产业，才可以使我国国民经济出现合理、协调的发展局面。

第四节　现代物流业的行业组成

一、交通运输业

交通运输业是现代物流业的主体行业，包括：

1. 铁道货运业

铁道货运业包括与铁道运输有关的装卸、储运、搬运等，从事的有整车运输业务、集装箱运输业务、混载运输业务和行李托运业务。铁路运输的优势在于能承担低价值物品的中长距离大宗货运。

2. 汽车货运业

汽车货运业分为一般汽车货运和特殊汽车货运。一般汽车货运业从事普通性质的货物干线运输或区域运输，特殊货运是专门运送长大、笨重、危险品、鲜活易腐品等特殊物品的运输。汽车运输的优势在于可以提供短距离下迅速、便利、直达的运输服务，比其他运输方式更适合承担小批量、多批次的配送业务。

3. 水道货运业

水道货运业包括远洋、沿海、内河三大类别的船舶运输。远洋运输是海上长途运输，这种运输是国际物流中的主要运输方式，主要业务内容有船舶运

输、船舶租赁和租让、运输代办等，其最大优势是运量大、成本低；沿海运输主要从事近海、沿海的海运；内河运输主要在内河水道从事船舶货运。

4. 航空货运业

航空货运业的主要业务有国际航空货运、国内航空货运、快运等，航空运输的优势是速度快。

二、仓库业

仓库业通过提供仓库承担存储货物的业务，有代存、代储、自动存储等。现代物流业的存储环节除了原有的保管储存，还有大量的流通加工业务，如分割、分拣、组装等，同时还承担了物流中分量很重的装卸业务。

三、配送业

配送业是以配送为主的各类行业，这是物流中连接消费者的不可忽视的环节，这一行业要从事大量的商流活动，是商流和物流一体化的行业。

四、通运业

通运业是物流业中主要行业之一，它起了很重要的沟通中介作用。如集装箱联运业、运输代办业、行李货运业、集装箱租赁经营业、托盘联营业等。

五、管道运输业

管道运输业主要从事液体、气体、粉末及颗粒状货物的运送，优点是货损、货差少。

现代物流业在我国正步入快速发展的新时期，这既给国民经济带来了新的效益增长点，又给我们带来了新的挑战，物流的这种发展态势一定会使我国在经济、技术、文化等方面出现很大的进步。

【本章小结】

物流是指物品从供应地向接收地进行实体流动的过程，根据实际需要，将运输、储存、装卸、搬运、包装、流通加工、配送、信息处理等基本功能实施有机结合。现代物流是相对于传统物流而言的。它是在传统物流的基础上，引入高科技手段，即运用计算机进行信息联网，并对物流信息进行科学管理，从而使物流速度加快、准确率提高、库存减少、成本降低，以此延伸和扩大传统物流的功能。现代物流与传统物流的差异主要是服务功能上的差异、与客户关系的差异、信息系统建设的差异、物流企业管理的差异。

物流按物流研究范围的大小可分为宏观物流、微观物流；按照物流活动的地域范围可分为国际物流和区域物流；按照物流系统性质可分为社会物流、行业物流和企业物流；按物流业务活动的性质可分为供应物流、生产物流、销售物流、回收物流、废弃物物流；从物流作业执行者的角度可分为企业自营物流和第三方物流；按照物流所涉及的领域可分为军事领域的物流、生产领域的物流、流通领域的物流和生活领域的物流；按物流的性质可分为一般物流和特殊物流。

现代物流业由交通运输业（包括铁路运输业、公路运输业、水路运输业、航空运输业、管道运输业）、仓库业、通运业、配送业组成。

【案例分析】

“一流三网”，海尔独特的现代物流

海尔的物流改革是一种以订单信息流为中心的业务流程再造，通过对观念的再造与机制的再造，构筑起海尔的核心竞争能力。

海尔物流管理的“一流三网”充分体现了现代物流的特征：“一流”是以订单信息流为中心；“三网”分别是全球供应链资源网络、全球配送资源网络和计算机信息网络。“三网”同步流动，为订单信息流的增值提供支持。

“一流三网”

在海尔，仓库不再是储存物资的仓库，而是一条流动的河。河中流动的是按单采购来的生产所必需的物资，也就是按订单来进行采购、制造等活动。这样就从根本上消除了呆滞物资，消灭了库存。

目前，海尔集团每个月平均接到6 000多份销售订单，这些订单的品种达7 000多种，需要采购的物料品种达26万余种。在这种复杂的情况下，海尔物流自整合以来，呆滞物资减少了73.8%，仓库面积减少了50%，库存资金减少了67%。海尔国际物流中心货区面积为7 200平方米，但它的吞吐量却相当于普通平面仓库的30万平方米。海尔物流中心只有10个叉车司机，而同样的工作，一般仓库完成这样的工作量至少需要上百人。

全球供应链资源网的整合，使海尔获得了快速满足用户需求的能力。

海尔通过整合内部资源、优化外部资源，使供应商由原来的2 336家优化至840家，国际化供应商的比例达到74%，从而建立起了强大的全球供应链网络。GE、爱默生、巴斯夫、DOW等世界500强企业都已成为海尔的供应商，有力地保障了海尔产品的质量和交货期。不仅如此，海尔通过实施并行工程，使得一批国际化大公司已经以其高科技和新技术参与到海尔产品的前端设计中，不但保证了海尔产品技术的领先性，提高了产品的技术含量，还使开发的速度大大加快。另外，海尔对外实施日付款制度，对供货商的付款及时率达到100%，这在国内很少有企业能够做到，从而杜绝了“三角债”的出现。

通过 JIT 实现同步流程

由于物流技术和计算机信息管理的支持，海尔物流通过三个 JIT，即 JIT 采购、JIT 配送和 JIT 分拨物流来实现同步流程。

目前，通过海尔的 BBP（原材料网上采购系统）采购平台，所有的供应商均在网上接受订单，使下达订单的周期从原来的七天以上缩短为一小时内，而且准确率达 100%。除下达订单外，供应商还能通过网络查询库存、配额、价格等信息，实现及时补货和 JIT 采购。

为实现“以时间消灭空间”的物流管理目的，海尔从最基本的物流容器单元化、集装化、标准化、通用化到物料搬运机械化的实施，逐步深入到对车间工位的五定送料管理系统、日清管理系统进行全面改革，加快了库存资金的周转速度，库存资金周转天数由原来的 30 天以上减少到 12 天，实现了 JIT 过站式物流管理。

生产部门按照 B2B、B2C 订单的需求完成任务以后，可以通过海尔全球配送网络将产品送达用户手中。目前海尔的配送网络已从城市扩展到农村，从沿海扩展到内地，从国内扩展到国外。全国可配送车辆达 1.6 万辆，目前可以做到物流中心城市 6～8 小时配送到位，区域配送 24 小时到位，全国主干线分拨配送平均 4.5 天到位，形成了全国最大的分拨物流体系。

计算机网络连接新经济

在企业外部，海尔 CRM（客户关系管理）和 BBP 电子商务平台的应用架起了与全球用户资源网、全球供应链资源网沟通的桥梁，实现了与用户的零距离沟通。在企业内部，计算机自动控制的各种先进物流设备不但降低了人工成本，提高了劳动效率，还直接提升了物流过程的精细化水平，达到了质量零缺陷的目的。计算机管理系统搭建了海尔集团内部的信息高速公路，能将电子商务平台上获得的信息迅速转化为企业内部的信息，以信息代替库存，达到零营运资本的目的。

积极开展第三方分拨物流

海尔物流运用已有的配送网络与资源，并借助信息系统，积极拓展社会化分拨物流业务，目前已经成为日本美宝集团、AFP 集团、乐百氏公司的物流代理，与 ABB 公司、雀巢公司的业务也在顺利开展。同时，海尔物流充分借力，与中国邮政开展强强联合，使配送网络更加健全，为新经济时代快速满足用户的需求提供了保障，实现了零距离服务。海尔物流通过积极开展第三方配送，使物流成为新经济时代下集团发展的新的核心竞争力。

流程再造是关键

观念的再造。海尔实施的现代物流管理是一种在现代物流基础上的业务流程再造。海尔实施的物流革命是以订单信息流为核心，使全体员工专注于用户的需求，创造市场、创造需求。

机制的再造。海尔的物流革命是建立在以“市场链”为基础的业务流程再造之上。以海尔文化和OEC管理模式（Overall Every Control and Clear，“OEC”内容：O——Overall全方位，E——Every每人、Everyday每天、Everything每件事，C——Control控制、Clear清理“OEC”；管理法也可表示为：日事日毕，日清日高，即：每天的工作每天完成，每天工作要清理并要每天有所提高）为基础，以订单信息流为中心，带动物流和资金流的运行，实施以三个“零”为目标（用户零距离、产品零库存和零营运资本）的业务流程再造。

◎**评点**

构筑核心竞争力。物流带给海尔的是“三个零”。但最重要的，是可以使海尔一只手抓住用户的需求，另一只手抓住可以满足用户需求的全球供应链，把这两种能力结合在一起，从而在市场上可以获得用户忠诚度，这就是企业的核心竞争力。这种核心竞争力，正加速海尔向世界500强的国际化企业挺进。

【练习与思考】

1. 什么是物流？什么是现代物流？现代物流与传统物流有哪些区别？
2. 物流的分类有哪些？
3. 现代物流业由哪些行业构成？

第二章　物流活动构成

【学习目标】

1. 掌握包装、装卸、搬运、运输、仓储、配送、流通加工、物流信息等基本功能要素的概念、作用、特点。

2. 了解物流各功能要素之间的有机联系。

3. 掌握各功能要素在物流活动中的应用。

【关键词汇】

运输（Transportation）

储存（Storing）

保管（Storage）

装卸（Loading and Unloading）

搬运（Handing/Carrying ）

包装（Package/Packaging ）

配送（Distribution）

流通加工（Distribution Processing）

物流信息（Logistics Information ）

现代物流活动与传统的物流活动相比，除了强调物流基本的运输功能、仓储功能和装卸搬运功能外，更加强调的是强化其管理属性，即管理物流的各个环节。现代物流就是要通过对物流各个活动环节和要素的系统化、集成化管理，提高物流能力和服务水平，并给客户带来增值性的服务。如何使现代物流成为一个成本得到有效控制的高效率的后勤保障系统，是现代各个企业，包括物流企业，亟待解决的问题。解决这个问题的关键之所在，是要清楚现代物流活动的构成以及各个组成部分之间的有机联系。

第一节 包 装

一、包装的概述

1. 包装的概念

包装是指为了在流通过程中保护产品、方便储运、促进销售，按一定技术方法使用的容器、材料及辅助物等的总体名称。也指为了达到上述目的而在使用容器、材料和辅助物的过程中施加一定技术方法等的操作活动（《中华人民共和国国家标准物流术语》）。简而言之，包装是包装物及包装操作的总称。

2. 包装的功能

包装有两个基本功能：营销和物流。在它的营销功能中，包装通过形状和颜色等向客户提供产品的有关信息，同时吸引客户购买该产品。

从物流功能来看，包装的作用就是组织、保护和识别产品及原料等。在实现这个功能时，包装不但占用运输、存储空间，而且增加了产品重量。包装者总是力图利用包装的优点，减少其缺点，如占用空间、增加重量等。由于存在逆向物流，因此还要考虑包装的环保问题。

细分一下，包装具有六个物流功能：

（1）盛装。产品从一处移到另一处前必须被盛装起来，如果包装破损，产品就很可能被损坏或者丢失，若该产品是有毒物质还可能造成环境污染。

（2）保护。包装可以使其中的物品不致损坏、丢失和受到外界影响（例如潮湿、灰尘、昆虫、污染等）。

（3）分装。将生产出的产品数量减少到称心如意的“消费者”尺寸，也就是将大量的工业产品分装成少量的对顾客来说用处更大的小包装。

（4）合并。将原始包装的若干产品放在一起进行二次包装（例如放到金属盒子里），再将若干经过二次包装的产品放在一个托盘上打包，并最终放到可装多个托盘的集装箱中。这就降低了产品的搬运次数。

（5）方便。有些包装可以让顾客方便地使用产品，也就是说花费最少的力气。

（6）交流。包装上使用的清晰易懂的符号具有交流功能，例如 UPC（统一产品代码）。

包装应被设计得适合存储。合理的包装应该可以和物料搬运设备相协调，并能最有效地利用存储空间、运输空间以及运输重量。

3. 包装的类型

包装通常分为两类：一类是为促进市场销售而包装，称为商业包装；另一类是为了物流运输而包装，称为工业包装。

（1）商业包装

为了吸引消费者的注意力，成功的销售包装能够方便顾客，引起消费者的购买欲，并能提高商品的价格。但是，理想的销售包装从物流的角度看又往往是不合适的。例如，为了引起消费者的注意，设计的包装盒的体积比实物体积大许多，对于物流来说，这样做会过度占据运输工具和仓库的空间，是不合理的。

（2）工业包装

为了便于装卸、储存、保管、运输，货物都需要包装，这类包装就是工业包装。工业包装又有内包装和外包装之分。

【知识阅读】

包装知识

中国的商品曾经是不讲究包装的。前些年不少中国出口的商品由于包装简陋，虽质量上乘，仍竞争不过国外同类商品，只能削价销售乃至沦为地摊货。在国际贸易中，由于各国国情不同和文化差异的存在，对商品的包装材料、结构、图案及文字标志等要求就有所不同。了解这些规定，对我国外贸出口大有裨益。

一、禁用的包装材料

美国规定，为防止植物病虫害的传播，禁止使用稻草做包装材料，如被海关发现，必须当场销毁，并支付由此产生的一切费用。

新西兰农渔部农业检疫所规定，进口商品包装严禁使用以下材料：土壤、泥灰、干草、稻草、麦草、谷壳或糠、生苔物、用过的旧麻袋及其他废料。

菲律宾卫生部和海关规定，凡进口的货物，禁止用麻袋和麻袋制品及稻草、草席等材料包装。

澳大利亚防疫局规定，凡进口用木箱包装（包括托盘木料）的货物时，均需提供熏蒸证明。

二、禁用标志、图案

法国人视鲜艳色彩为高贵，视马为勇敢的象征。法国人忌核桃，厌恶墨绿色，忌用黑桃图案，商标上忌用菊花。法国视孔雀为恶鸟，忌讳仙鹤、乌龟，不宜将它们用做商标。

英国商标上忌用人物肖像。英国忌用大象、山羊图案，却喜好白猫。和法国人一样，英国人也视孔雀为恶鸟，其不宜用做商标，而他们视马为勇敢的象征。

瑞士人忌讳猫头鹰。

荷兰人视橙色为活泼色彩，橙色和蓝色代表国家的色彩。荷兰人还钟爱郁金香。

丹麦人视红色、白色和蓝色为吉祥色。

意大利人视紫色为消极色彩，服装、化妆品以及高级的包装喜好用浅淡色彩，食品和玩具喜好鲜明的色彩。

向德国出口的商品和包装，禁用类似纳粹和军团符号做标记。

阿拉伯国家规定进口商品的包装禁用六角星图案，因为六角星与以色列国旗上的图案相似，阿拉伯国家对带有六角星图案的东西非常反感和忌讳。

利比亚禁止进口商品包装使用猪的图案和女性人体图案。

欧洲人中除比利时人视猫为不祥之物外，大都喜欢黑色的猫。另外，国际上视三角形为警告性标志，所以忌用三角形做出口产品的商标。

4. 包装的作用

商品包装的作用主要体现在以下几个方面：

(1) 保护商品

保护商品是包装的重要作用之一。商品在流通过程中，可能会受到各种外界因素的影响，引起商品破损、污染、渗漏或变质，使商品降低或失去使用价值。科学合理的包装能使商品抵御各种外界因素的破坏，从而保护商品的性能，保证商品质量和数量的完好。

(2) 便于流通

包装为商品流通提供了条件和方便，将商品按一定的数量、形状、规格、大小及不同的容器进行包装，而且在商品包装外面通常都印有各种标志，反映被包装物的品名、数量、规格、颜色以及整体包装的体积、毛重、净重、厂名、厂址及储运中的注意事项等。这样既有利于商品的分配调拨、清点计数，也有利于合理运用各种运输工具和仓容，提高运输、装卸、堆码效率和储运效果，加速商品流转，提高商品流通的经济效益。

(3) 促进销售

精美的商品包装可起到美化商品、宣传商品和促进销售的作用。包装既能提高商品的市场竞争力，又能以其新颖独特的艺术魅力吸引顾客、指导消费，成为促进消费者购买的主导因素，是商品的无声推销员。优质包装在提高出口商品竞争力，扩大出口、促进对外贸易的发展等方面均具有重要意义。

(4) 方便消费

销售包装随商品的不同，形式各种各样。包装大小要适宜，便于消费者携带、保存和使用。包装上的绘图、商标和文字说明等，既要方便消费者辨认，又要介绍商品的成分、性质、用途、使用和保管方法，起到方便与指导消费的作用。

(5) 节约费用

商品包装与生产成本密切相关。合理的包装可以使零散的商品以一定数量的形式集合成一体，从而大大提高装载容量并方便装卸运输，可以节省运输费、仓储费等费用支出。有的包装还可以多次回收利用，节约包装材料及包装容器，有利于降低成本、提高经济效益。

(6) 传递信息。包装是产品的信息载体之一，一项好的包装设计应使消费者很容易了解其产品性能、使用方法以及从何处开启包装。此外，在产品包装上还有标签，标签上一般印有包装内容和产品所包含的主要成分、商标、产品质量等级、生产厂家、生产日期和有效期等。一件产品的包装应如实地向顾客传递一切基本的使用信息。

二、包装合理化

1. 包装的轻薄化

由于包装只是起保护作用，对产品使用价值没有任何意义，因此在强度、寿命、成本相同的条件下，更轻、更薄、更短、更小的包装，可以提高装卸搬运的效率，而且轻薄短小的包装一般价格比较便宜，如果是一次性包装也可以减少废弃包装材料的数量。

2. 包装的单纯化

为了提高包装作业的效率，包装材料及规格应力求单纯化，包装规格还应标准化，包装形状和种类也应单纯化。

3. 符合集装单元化和标准化的要求

包装的规格和托盘、集装箱关系密切，也应考虑到和运输车辆、搬运机械的匹配，从系统的观点制定包装的尺寸标准。

4. 包装的机械化

为了提高作业效率和包装现代化水平，各种包装机械的开发和应用是很重要的。

第二节 装卸搬运

一、装卸搬运的概述

1. 装卸搬运的概念

装卸指物品在指定地点以人力或机械装入或卸下运输设备(《中华人民共和国国家标准物流术语》)；搬运指在同一场所内，对物品进行以水平移动为主的物流作业（《中华人民共和国国家标准物流术语》），两者合称装卸搬运。有时候，单称“装卸”或单称“搬运”也包含了“装卸搬运”的完整含义。

物流领域（如铁路运输）常将装卸搬运这一整体活动称做“货物装卸”，生产领域常将这一整体活动称做“物料搬运”。实际上，活动内容都是一样的，只是领域不同而已。

在实际操作中，装卸与搬运是密不可分的，两者是伴随在一起发生的。因此，在物流科学中并不过分强调两者的差别，而是将它们作为一种活动来对待。

搬运的“运”与运输的“运”，区别之处在于，搬运是在同一地域的小范围内发生的，而运输则是在较大范围内发生的，两者是量变与质变的关系，中间并无一个绝对的界限。

2. 装卸搬运的特点

（1）装卸搬运是附属性、伴生性的活动。装卸搬运是在物流每一项活动开始及结束时必然发生的活动，因而有时被人忽视，有时被看做进行其他操作时不可缺少的组成部分。例如，通常所说的“汽车运输”就实际包含了相伴随的装卸搬运；仓库中泛指的保管活动也含有装卸搬运活动。

（2）装卸搬运是支持、保障性活动。装卸搬运的附属性不能被理解成被动的，实际上，装卸搬运对其他物流活动有一定的决定性。装卸搬运会影响其他物流活动的质量和速度，例如，装车不当会引起运输过程中的损失；卸放不当会引起货物下一步运动的困难。许多物流活动在有效的装卸搬运的支持下，才能实现高水平运转。

（3）装卸搬运是衔接性的活动。在任何其他物流活动互相过渡时，都是以装卸搬运来衔接的，因而，装卸搬运往往成为整个物流活动的“瓶颈”，是物流各功能之间能否有机联系和紧密衔接的关键，而这又是一个系统的关键。能否建立一个有效的物流系统，关键是看这一衔接是否有效。联合运输方式就是为解决这种衔接而产生的。

3. 装卸搬运的地位

装卸活动的基本动作包括装车（船）、卸车（船）、堆垛、入库、出库以及联结上述各项动作的短程输送，是随运输和保管等活动而产生的必要活动。

在物流过程中，装卸活动是不断出现和反复进行的，它出现的频率高于其他各项物流活动，每次都要花费很长时间，所以往往成为决定物流速度的关键。装卸活动所消耗的人力也很多，所以装卸费用在物流成本中所占的比重也较高。以我国为例，铁路运输的始发和到达的装卸作业费占运费的20%左右，船运为40%左右。因此，降低物流费用，装卸是个重要环节。

此外，进行装卸操作时往往需要接触货物，因此，这是在物流过程中造成货物破损、散失、损耗、混合等损失的主要环节。例如，袋装水泥纸袋破损和水泥散失主要发生在装卸过程中，玻璃、机械、器皿、煤炭等产品在装卸时最容易造成损失。

由此可见，装卸活动是影响物流效率、决定物流技术经济效果的重要环节。

二、装卸搬运的分类

1. 按装卸搬运的物流设施、设备对象分类

可分为仓库装卸、铁路装卸、港口装卸、汽车装卸、飞机装卸等。

（1）仓库装卸

配合出库、入库、维护保养等活动进行，并且以堆垛、上架、取货等操作为主。

（2）铁路装卸

对火车车皮的装进及卸出，特点是一次作业就实现一车皮的装进或卸出，很少有仓库装卸时出现的整装零卸或零装整卸的情况。

（3）港口装卸

包括码头前沿的装船，也包括后方的支持性装卸，有的港口装卸还采用小船在码头与大船之间“过驳”的办法，因而其装卸的流程较为复杂，往往经过几次装卸及搬运作业才能最后实现船与陆地之间货物过渡的目的。

（4）汽车装卸

一般一次装卸批量不大，由于汽车的灵活性，可以减少或根本取消搬运活动，而直接、单纯利用装卸作业达到车与物流设施之间货物过渡的目的。

2. 按装卸搬运的机械及机械作业方式分类

（1）“吊上吊下”方式。采用各种起重机械从货物上部起吊，依靠起吊装置的垂直移动实现装卸，并在吊车运行、回转的范围内实现搬运或依靠搬运车辆实现搬运。由于吊起及放下属于垂直运动，这种装卸方式属垂直装卸。

（2）“叉上叉下”方式。采用叉车从货物底部托起货物，并依靠叉车的运动进行货物位移，搬运完全靠叉车本身，货物可不经中途落地而直接放置到目的地。这种方式垂直运动不大而主要是水平运动，属水平装卸方式。

（3）“滚上滚下”方式。主要指港口装卸的一种水平装卸方式。利用叉车或半挂车、汽车承载货物，连同车辆一起开上船，到达目的地后再从船上开下，被称作“滚上滚下”方式。利用叉车的“滚上滚下”方式，在船上卸货后，叉车必须离船。拖车将半挂车、平车拖拉至船上后，拖车开下离船而载货车辆连同货物一起运到目的地，再原车开下或拖车上船拖拉半挂车、平车开下。

“滚上滚下”方式需要有专门的船舶，对码头也有不同的要求，这种专门的船舶称为“滚装船”。

(4) “移上移下”方式。在两车之间（如火车及汽车）进行靠接，然后利用各种方式，不使货物垂直运动，而靠水平移动，从一辆车推移到另一辆车上，被称作“移上移下”方式。“移上移下”方式需要使两种车辆水平靠接，因此，对站台或车辆货台需进行改造，并配合移动工具实现这种装卸。

(5) 散装散卸方式。对散装物进行装卸，一般从装点直到卸点，中间不再落地，这是集装卸与搬运于一体的装卸方式。

3. 按被装物的主要运动形式分类

可分为垂直装卸、水平装卸两种形式。

(1) 垂直装卸

采取提升和降落的方式进行装卸，这种装卸需要消耗较大的能量。垂直装卸是采用比较多的一种装卸方式，所用的机具通用性较强，应用领域较广，如吊车、叉车。

(2) 水平装卸

对装卸物采取平移的方式实现装卸的目的。这种装卸方式需要有专门的设施，例如和汽车水平接靠的高站台、汽车与火车车皮之间的平移工具等。

4. 按装卸搬运对象分类

可分为散装货物装卸、单件货物装卸、集装货物装卸等。

三、装卸搬运合理化

1. 提高货物装卸搬运的灵活性与可运性

提高货物装卸搬运的灵活性与可运性是装卸搬运合理化的一项重要内容。要求装卸搬运作业必须为下一环节的物流活动提供方便，即所谓的“活化”。因此，活化的程度是装卸搬运灵活性的重要标志。

装卸搬运的可运性是指装卸搬运的难易程度。影响装卸搬运难易程度的因素主要有：物品的外形尺寸；物品的密度或笨重程度；物品形状；损伤物品、设备或人员的可能性；物品所处的状态；物品的价值和使用价值等。

2. 利用重力作用，减少能量消耗

在装卸搬运时应尽可能消除货物重力的不利影响；同时，尽可能利用重力进行装卸搬运，以减轻劳动力和其他能量的消耗。如消除重力影响的简单例子：在进行人力装卸时“持物不步行”，即货物的重量由台车、传送带等负担，人的力量只用于使载货车辆水平移动。

3. 合理选择装卸搬运机械

装卸搬运机械化是提高装卸效率的重要环节。

装卸机械化程度一般分为三个级别：第一级是使用简单的装卸器具；第二级是使用专用的高效率机具；第三级是依靠电脑实行自动化、无人化操作。以哪一个级别为目标实现装卸机械化，不仅要从是否经济合理来考虑，而且还要从加快物流速度、减轻劳动强度和保证人与物的安全等方面来考虑。

另一方面，装卸搬运机械的选择必须根据装卸搬运的物品的性质来决定。对冠以箱、袋或集合包装的物品可以采用叉车、吊车、货车装卸，散装粉粒状物品可使用传送带装卸，散装液体可以直接用装运设备或储存设备装取。

4. 合理选择装卸搬运方式

在装卸搬运过程中，必须根据货物的种类、性质、形状、重量来确定装卸搬运方式。在装卸时对货物的处理大体有三种方式：一是"分块处理"，即按普通包装对货物逐个进行装卸；二是"散装处理"，即对粉粒状货物不采用小包装而进行的原样装卸；三是"单元组合处理"，即货物以托盘、集装箱为单位进行组合后的装卸。实现单元组合可以充分利用机械进行操作，其优点是：操作单位大，作业效率高；能提高物流"活性"；操作单位大小一致，易于实现标准化；装卸不触及货物，对物品有保护作用。但是，这种装卸搬运方式并不是对所有货物都适用的。

5. 改进装卸搬运作业方法

装卸搬运是物流过程中重要的一环。合理分解装卸搬运活动，对于改进装卸搬运各项作业、提高装卸搬运效率有着重要的意义。例如，采用直线搬运，减少货物搬运次数，使货物搬运距离最短；避免装卸搬运流程的"对流"、"迂回"现象；防止人力和装卸搬运设备的停滞现象，合理选用装卸机具、设备等。在改进作业方法上，尽量采用现代化管理方法和手段。

【知识阅读】

装卸搬运原则

由于装卸搬运作业仅是衔接运输、保管、包装、配送、流通、加工等物流环节的活动，本身不创造价值，所以应尽量节约时间和费用，在装卸搬运作业合理化方面，可遵循以下七项原则。

1. 省力化原则。所谓省力，就是节省动力和人力。因为货物装卸搬运不产生价值，作业的次数越多，货物破损和发生事故的频率越大，费用越高，因此首先要考虑尽量不装卸搬运或减少装卸搬运次数。

2. 活性化原则。这里所说的活性化是指"将物从静止状态转变为装卸状态的难易程度"。

3. 顺畅化原则。货物装卸搬运的顺畅化是保证作业安全、提高作业效率的重要方法。所谓顺畅化，就是作业场所无障碍，作业不间断，作业通道畅通。

4. 短距化原则。短距化，即以最短的距离完成装卸搬运作业，最明显的例子是生产流水线作业。它把各道工序连接在输送带上，通过输送带的自动运行，使各道工序的作业人员以最短的动作距离实现作业，大大地节约了时间，减少了人的体力消耗，大幅度提高了作业效率。

5. 单元化原则。单元化装卸搬运是提高装卸搬运效率的有效方法，如集装箱、托盘等单元化设备的利用等都是单元化的例证。

6. 连续化原则。连续化装卸搬运的例子很多，如输油管道、输气管道、气力输送设备、皮带传送机、辊道输送机、旋转货架等都是连续化装卸搬运合理性的有力证明。

7. 人格化原则。装卸搬运是重体力劳动，很容易超过人的承受限度。如果不考虑人的因素或不够尊重人格，就容易发生野蛮装卸、乱扔乱摔现象。搬运的东西在包装和捆包时应考虑人的正常能力和抓拿的方便性，也要注重安全性和防污染性等。

第三节 运　输

一、运输的概述

运输是国民经济的命脉，任何跨越空间的物质实体流动都可称为运输。在物流所有的功能中，运输是一个最基本的功能，是物流的核心。由于运输具有扩大市场、稳定价格、促进社会分工、扩大流通范围等社会经济功能，所以运输对发展经济、提高国民生活水平有着重要的影响，现代生产和消费就是靠运输事业的发展来实现的。

1. 运输的概念

运输是指用设备和工具，将物品从某一地点向另一地点运送的物流活动，其中包括集货、分配、搬运、中转、装入、卸下、分散等一系列操作(《中华人民共和国国家标准物流术语》)。

运输作为物流系统的一个组成部分，包括生产领域的运输和流通领域的运输。生产领域的运输一般在生产企业内部进行，因此称为厂内运输。厂内运输包括原材料、在制品、半成品和成品的运输，是直接为物质产品生产服务的，有时候称为物料搬运；流通领域的运输则是作为流通领域里的一个重要环节，在大范围内，将物质产品从生产所在地直接向消费所在地转移，也包括物品从生产所在地向物流网点和从物流网点向消费所在地的移动。

为了区别生产领域的运输和流通领域的运输以及长途与短途运输，在物流运输中，把生产领域内的运输称为“搬运”，把从物流网点到用户的短途、小宗货物的末端运输称为“配送”。

在物流系统中，运输占有核心地位。运输虽然不产生新的物质产品，但却能实现物品在空间上的转移或时间上的转移，创造物品的“空间效用”和“时间效用”。所以说，运输是物流过程中最主要的增值活动。

2. 运输的功能

(1) 产品转移

运输可以实现产品在空间上的转移。无论产品处于哪种形式，是材料、零部件、装配件、配件，还是在制品或流通中的商品，运输都是必不可少的。运输的主要功能就是使产品在价值链中来回移动，即通过改变产品的地点与位置，消除产品的生产与消费在空间位置上的背离，或将产品从效用价值低的地方转移到效用价值高的地方，创造出产品的“空间效用”，使产品的使用价值得到更好的实现。另外，因为运输的主要目的是以最少的时间完成产品从原产地到规定地点的转移，从这个意义上来说，运输能使产品在需要的时间内到达目的地，创造出产品的“时间效用”。因此，可以说运输过程是一个增值的过程，是通过创造“空间效用”和“时间效用”来提高产品价值的。

(2) 产品储存

如果转移中的产品需要在短时间内转移并储存，而转移储存的成本也许会超过储存在运输工具中的费用时，可将运输工具作为暂时的储存场所。所以，运输也具有临时的储存功能。

通常在以下几种情况下，需要将运输工具作为临时储存场所：一是货物处于转移中，运输的目的地发生改变，产品需要临时储存时，采取改道是产品短时储存的一种方法；二是在起始地或目的地仓库储存能力有限的情况下，将货物装上运输工具，采用迂回线路或间接线路运往目的地。对于迂回线路来说，转移时间通常大于直接线路时间。这就是说，迂回线路运输实际上是将运输工具当作产品的临时储存场所，只不过此时的产品处于转移状态，而不是处于闲置状态。

诚然，用运输工具储存货物可能是昂贵的，但如果综合考虑总成本，包括运输途中的装卸成本、储存能力的限制、装卸的损耗或延长的时间等，那么，选择运输工具做短时间的储存往往是合理的，有时甚至是必要的。

3. 运输管理原则

(1) 规模经济

规模经济的特点是随着装运规模的扩大，单位货物的运输成本下降。运输规模经济之所以存在，是因为有关的固定费用（包括运输订单的行政管理费用、运输工具投资及装卸费用、管理及设备费用等）可以按整批的货物分摊。

另外，通过规模运输还可以享受运价折扣，也可以使单位货物的运输成本下降。总之，规模经济使得货物的批量运输显得合理。

(2) 距离经济

距离经济的特点是每单位距离的运输成本随运输距离的增加而减少。距离经济的合理性类似于规模经济，尤其体现在运输装卸费用的分摊上。距离越长，固定费用分摊后的值越小，导致每单位距离支付的总费用下降。

二、运输方式

现代运输方式可按运输工具、运输线路、运输作用、运输协作程度以及是否集装运输进行分类。

1. 按运输工具分类

(1) 公路运输

公路运输指主要使用汽车或其他运输工具（如拖拉机、人力车等）在公路上载运货物的一种运输方式。

(2) 铁路运输

铁路运输是指在铁路上以车辆组编成列车载运货物的另一种陆上运输方式，它是现代最重要的货物运输方式之一。

(3) 水路运输

水路运输是指使用船舶及其他航运工具，在江河、湖泊、海洋上载运货物的一种运输方式。

(4) 航空运输

航空运输是指使用飞机或其他航空器进行客货运输的一种运输方式，航空货运不仅提供专门用于货物运输的飞机、定期和不定期的航空货运航班，而且还利用定期和不定期客运航班进行货物运输。

(5) 管道运输

管道运输是指利用管道输送气体、液体和粉状固体的一种特殊的运输方式，它是随着石油和天然气产量的增长而发展起来的，目前已成为国际上油、气运输的主要运输方式。近年来，利用管道输送粉状固体，如煤、精矿也有很大的发展。

2. 按运输线路分类

(1) 干线运输

所谓干线运输，指利用铁路、公路的干线，大型船舶的固定航线进行的长距离、大批量的运输。干线运输是运输的主体，是进行远距离空间位置转移的重要运输方式，其运输速度较同种工具的其他运输要快，成本也相对低一些。

(2) 支线运输

所谓支线运输，指与干线相接的分支线路上的运输。支线运输是干线运输与收、发货地点之间的补充性运输方式，一般路程较短，运输量相对较小。因为支线建设水平往往低于干线，运输工具也往往落后于干线，所以运输速度也慢于干线。

（3）二次运输

所谓二次运输，指干线、支线运输到站后，站点与用户仓库或指定地点之间的运输。由于这是一种补充性的、满足个体单位需要的运输方式，所以运输量相对较小。

（4）厂内运输

所谓厂内运输，指在工业企业范围内，直接为生产过程服务的运输方式，一般在车间与车间之间进行。小企业内部、大企业车间内部以及仓库内部的这种运输被称为“搬运”。厂内运输一般使用载货汽车，搬运则使用叉车、输送机等。

3. 按运输作用分类

（1）集货运输

所谓集货运输，指将分散的货物集聚起来集中运输的一种方式。因为货物集中后才能利用干线进行大批量、远距离的运输，所以集货运输是干线运输的一种补充性运输，多是短距离、小批量的运输。

（2）配送运输

所谓配送运输，指将节点中已经按用户要求配送好的货物分头送到各个用户处的运输方式。这种运输一般发生在干线运输之后，是干线运输的补充和完善，且由于发生在末端，所以多是短距离、小批量的运输。

4. 按运输协作程度分类

（1）一般运输

所谓一般运输，指孤立地采用不同运输工具或同类运输工具而没有形成有机协作关系的运输方式，如单纯的汽车运输、火车运输等。

（2）联合运输

所谓联合运输，指使用同一运输凭证，由不同的运输方式或不同的运输企业进行有机衔接来接运货物，利用每种运输手段的优势，发挥不同运输工具作用的一种运输方式。联合运输的方式有铁海联运、公铁联运、公海联运等。进行联合运输，不仅可以简化托运手续，加快运输速度，而且可以节约运费。

（3）多式联运

所谓多式联运，指根据实际要求，将不同的运输方式组合成综合性的一体化运输，通过一次托运、一次计费、一张单证、一次保险，由各运输区段的承运人共同完成货物运输的全过程，即将运输全过程作为一个完整的单一运输过程来安排的一种运输方式。多式联运是联合运输的一种现代形式，通常在国内大范围物流和国际物流领域中广泛使用。

5. 按运输中途是否换载分类

（1）直达运输

所谓直达运输，指利用一种运输工具从起运站（港）一直到达终点站（港），中途不经过换载、不入库存储的运输方式。直达运输不仅可避免中途换载所带来的运输速度减缓、货损增多、费用增高等一系列弊端，而且能缩短运输时间、加快车船周转、降低运输费用。

（2）中转运输

所谓中转运输，指在货物运往目的地的过程中，在途中的车站、港口、仓库进行转运换装的一种运输方式。中转运输可以将干线、支线运输有效地衔接起来，可以化整为零或集零为整，方便用户，提高运输效率。

三、运输合理化

1. 运输合理化的含义

所谓运输合理化，就是在一定的产销条件下，货物的运量、运距、流向和中转环节合理，能以最适宜的运输工具、最低的运输费用、最少的运输环节、最佳的运输线路、最快的运输速度，将物资产品从原产地转移到规定地点。

2. 影响运输合理化的因素

运输合理化的影响因素很多，起决定性作用的有五方面的因素，称做合理运输的“五要素”。

（1）运输距离

在运输时，运输时间、运输货损、运费、车辆或船舶周转等运输的若干技术经济指标都与运距有一定关系，运距长短是运输是否合理的一个最基本的因素。缩短运输距离从宏观、微观两方面来看，都会带来好处。

（2）运输环节

每增加一次运输，不但会增加起运的运费和总运费，而且必须要增加运输的附属活动，如装卸、包装等，各项技术经济指标也会因此而下降。所以，减少运输环节，尤其是同类运输工具的环节，对合理运输有促进作用。

（3）运输工具

各种运输工具都有其使用的优势领域，对运输工具进行优化选择，按运输工具特点进行装卸运输作业，最大限度发挥所用运输工具的作用，是运输合理化的重要一环。

（4）运输时间

运输是物流过程中需要花费较多时间的环节，尤其是远程运输。在全部物流时间中，运输时间占绝大部分，所以运输时间的缩短对整个流通时间的缩短有决定性的作用。此外，运输时间短有利于运输工具的加速周转，充分发挥运力的作用，有利于货主资金的周转，有利于运输线路通过能力的提高，对运输合理化有很大贡献。

（5）运输费用

运费在全部物流费用中占很大比例，运费高低在很大程度上决定着整个物流系统的竞争能力。实际上，运输费用的降低无论是对货主企业来讲还是对物流经营企业来讲，都是运输合理化的一个重要目标。运费的判断也是各种合理化措施是否行之有效的最终判断依据之一。

从上述五方面考虑运输合理化，就能取得预想的结果。

3. 运输合理化的有效措施

（1）提高运输工具实载率

实载率有两个含义：一是指单车、单船运输时，其是作为判断装载是否合理的重要指标；二是指车船的统计指标，即一定时期内车船实际完成的货物周转量占车船载重吨位与行驶公里之乘积的比率，这在安排单车、单船运输时，是作为判断装载是否合理的重要指标。提高实载率可充分利用运输工具的额定能力，减少车船空驶和不满载行驶的时间，尽量避免浪费。

（2）尽量多采用减少动力投入、增加运输能力的措施

①提倡铁路运输的“满载超轴”。“超轴”的含义就是在机车能力允许的情况下，多加挂车皮，以达到不增加机车而增加运输量的目的。

②水运拖挂和拖带法。对于竹、木等物资的运输，可利用它们本身的浮力进行运输，省去运输工具的载运，从而省去运输工具本身的动力消耗。

③顶推法。顶推法是我国内河货运采取的一种有效的方法，将内河驳船编成一定队形，由机动船顶推前进，其优点是航行阻力小，顶推量大，速度较快，运输成本低。

④汽车挂车法。这种方法的原理与船舶拖带、火车加挂基本相同，都是在充分利用动力能力的基础上增加运输能力。

（3）发展社会化运输体系

运输社会化是指运输企业对外进行开放式服务，打破一家一户自成运输体系的状况。实行运输社会化可以统一安排运输工具，避免对流、倒流、空驶、运力不当等不合理的运输形式，同时实现运输的规模效益。

（4）开展中短距离铁路公路分流，采用“以公代铁”的运输

我国的铁路运力一直比较紧张，用公路运输代替一部分铁路运输可缓解铁路运输紧张的状况。我国的“以公代铁”在杂货、日用百货、煤炭的运输中较为普遍。

(5) 尽量发展直达运输

直达运输的优势在一次运输批量和客户一次需求量达到了一整车时表现得最为突出。通过直达运输可以建立起稳定的产销关系和运输系统，有利于提高运输的计划水平，用最有效的技术来实现这种稳定运输可以大大提高运输效率。

(6) 开展配载运输

这是充分利用运输工具载重量和容积，合理安排载重物品和载运方法以求合理化的一种运输方式。配载运输往往是轻重商品混合配载，在以重质物品运输为主的情况下，同时搭配一些轻质物品，在既不增加运力投入也不减少重质物品运量的情况下，解决了轻质物品的运输，从而提高了运输工具的利用率。

(7) “四就直拨”运输

由运输管理机构预先筹划，然后直接就厂、就站（码头）、就库、就车船将物品分送给客户，这样就减少了不必要的装卸搬运、仓储保管等环节，有效降低了物流成本。

(8) 发展特殊运输技术和运输工具

可使用专用车辆、滚装船、集装箱船等专用运输工具运送特定的货物，依靠科学技术的进步是物流合理化的重要途径。

(9) 将现代电子技术、信息技术广泛应用于运输领域，提高运输的现代化、智能化水平。

高科技产品、技术应用于运输领域，能够大大提高运输的速度、运输的精确度、运输的安全性，从而降低运输费用，提高运输服务水平。

4. 不合理运输的表现形式

不合理运输是未达到在现有条件下可以达到的运输水平，从而造成了运力浪费、运输时间增加、运费超支等问题的运输形式。目前我国主要存在以下几种不合理运输形式。

(1) 与运输方向有关的不合理运输

①对流运输

对流运输亦称“相向运输”、“交错运输”，指同一种货物或彼此间可以互相代替而又不影响管理、技术及效益的货物，在同一线路上或不同运输方式的平行线路上采用相对方向的运送，而与对方运程的全部或一部分发生重叠交错的运输称对流运输。

②倒流运输

倒流运输是指货物从销地或中转地向产地或起运地回流的一种运输现象。其不合理程度要甚于对流运输，原因在于，往返两程的运输都是不必要的，形成了双重的浪费。倒流运输也可以看成是隐蔽对流的一种特殊形式。

③返程或起程空载运输

空车无货载行驶，可以说是不合理运输最严重的形式。在实际运输组织中，有时候必须调运空车，从管理上不能将其看成不合理运输。但是，因调运不当、货源计划不周、不采用运输社会化而形成的空驶，是不合理运输的表现。

④交叉运输

凡同种物资有两种以上的供销关系，在路网密集地区运送而又产生多余行程时的运输，称为交叉运输。

（2）与运输距离有关的不合理运输

①过远运输

过远运输是指调运物资舍近求远，近处有资源不调而从远处调，这就造成了可采取近程运输而未采取，拉长了货物运距的浪费现象。过远运输占用运力时间长、运输工具周转慢、物资占压资金时间长、远距离自然条件相差大，又易出现货损，增加了费用支出。

②迂回运输

迂回运输是指物资不走最短路径的绕道运输，是可以选取短距离进行运输，却选择路程较长的路线进行运输的一种不合理形式。迂回运输有一定的复杂性，不能简单处理，只有因计划不周、地理不熟、组织不当而发生的迂回才属于不合理运输，在最短距离有交通阻塞、道路情况不好或有对噪音、排气等的特殊限制时发生的迂回运输不能称为不合理运输。

（3）与运量有关的不合理运输

①重复运输

本来可以直接将货物运到目的地，但是在未达目的地之处或目的地之外的其他场所将货卸下之后，再重新装运送达目的地，这是重复运输的一种形式。另一种形式是，同一品种的货物一面在同一地点运进，同时又向外运出。重复运输的最大弊端是增加了非必要的中间环节，这就延缓了流通速度，浪费了运力，增加了费用，增大了货损可能。

②无效运输

凡装运的物资中无使用价值的杂质（如煤炭中的矸石、原油中的水分、矿石中的泥土和沙石）含量过多或含量超过规定的标准的运输即为无效运输。

（4）运力选择不当的运输

不明各种运输工具优势而不正确地使用运输工具所造成的不合理现象，常见的有以下若干形式：

①弃水走陆。在可以同时利用水运或陆运时，不利用成本较低的水运或水陆联运，而选择成本较高的铁路运输或汽车运输，使水运优势不能发挥。

②铁路、大型船舶的过近运输，即不是铁路及大型船舶的经济运行里程却利用这些运力进行运输的不合理做法。主要的不合理之处在于火车及大型船舶起运及到达目的地的准备、装卸时间长且机动灵活性不足，在过近距离中利用，发挥不了运速快的优势。相反，由于装卸时间长，反而会延长运输时间。另外，和小型运输设备相比，火车及大型船舶装卸难度大，费用也较高。

③运输工具承载能力选择不当。不根据承运货物数量及重量进行选择，而盲目决定运输工具，造成过分超载、损坏车辆及货物不满载、浪费运力的后果。尤其是“大马拉小车”的现象。由于装货量小，单位货物运输成本必然增加。

(5) 托运方式选择不当的不合理运输

这种不合理运输是指对于货主而言，可以选择最好的托运方式而未选择，造成运力浪费及费用支出加大的一种不合理运输。

例如，应选择整车而未选择，反而采取零担托运；应当选择直达却选择了中转运输等都属于这一类型的不合理运输。

第四节 仓 储

一、仓储概述

1. 概念

仓储是指通过仓库对物资进行储存和保管。储存是指保护、管理、贮藏物品(《中华人民共和国国家标准物流术语》)；保管是指对物品进行保存和数量、质量管理控制的活动(《中华人民共和国国家标准物流术语》)。

2. 功能

仓储有三个基本功能：移动、存储和信息传递。

(1) 移动

移动功能又可被细分成几种活动，包括接收、中转或入库、拣选、交叉收货、装运。

接收：包括从运输工具上卸下产品、更新仓库存货记录、检查产品损坏情况、根据订单核对商品数和装运记录。

中转或入库：包括将产品移入仓库存储、移动到专业服务区域进行合并、移动到装运处进行装运。

拣选：其为主要的移动活动，包括重新组合产品以满足客户需求。

交叉收货：将产品直接从接收处转运至装运处，从而不需要存储，单纯的交叉收货运作可避免存储和拣选。信息传递将因为紧密协调装运而变得极为重要。

装运：作为最后的移动活动，包括将产品集结并移动到运送设备上、调整库存记录、检查装运订单等，也可能包括为特定客户进行理货包装。产品被放在盒子里、箱内或者其他容器内，之后放在托盘上，并做上必要的装运信息标记，如产地、目的地、托运人、收件人等。

（2）存储

存储是仓储的第二个功能，可被临时或半永久地执行。临时存储强调仓库的移动功能，只存储需要补货的产品。不管实际库存周转率是多少，都需要进行临时存储。临时存储的范围取决于物流系统的设计和前置期及需求变动性。交叉收货的一个目标就是只利用仓库的临时存储功能。

半永久性存储是对正常补货需求之外的存货进行存储。这些存货被当作缓冲器或者安全库存，导致半永久性存储的最常见的情况有：①季节性需求；②不确定性需求；③水果和肉类的产品；④投机或提前购买；⑤数量折扣等特殊交易。

（3）信息传递

仓储的第三个主要功能是信息传递，与移动和存储同时发生。管理者总是需要及时和准确的信息，以有效管理仓储活动。库存水平、产量水平（通过仓库移动的产品数量）、库存位置、输入或输出运输、客户数据、仓库空间的利用等信息对仓库的成功管理至关重要。现代企业越来越依赖于用 EDI 和条形码进行信息传递，它们能提高信息传递的速度和精度。

二、仓储的分类

1. 按仓储在社会再生产中的作用分类

（1）生产储存

生产储存是生产企业为了保持生产的正常进行而储备的物资，一般包括原材料、燃料、零部件储存、半成品储存及产成品储存。

（2）流通仓储

流通仓储是指在社会再生产中为了保证再生产的进行，而保持处于流通领域的物品的暂时停滞。

（3）国家储备

国家储备是指国家有关机构代表国家为全国性特殊原因所建立的物资储备，它包括国家的当年储备、国家的战略储备物资（战略储备物资的主要对象是粮食、武器、有色及稀有金属、贵金属等）、国家的防灾保险储备。

2. 按仓储的集中程度分类

（1）集中仓储

集中仓储是指将一定的较大数量的物品集中于一个场所的仓储方式。这种方式有利于在仓储中采用机械化、自动化的设施，有利于先进科学技术的运用。集中仓储可以取得规模效益，降低单位仓储费用，经济效益较好，但这种方式的投资较大，管理难度也较大。

（2）分散仓储

分散仓储的仓储地点分布较广，每个仓储点的储存数量较低。它往往是生产、流通企业自己进行的仓储，不是面向社会的仓储。其特点是容易和需求紧密结合，储存位置离需求很近，但是由于库存数量有限，保证供应的能力较小，所以无法取得规模经济效益。

三、仓储作业管理

1. 入库作业管理

（1）核实凭证

商品到仓库后，仓库收货员首先要检查商品入库凭证，然后根据入库凭证开列的收货单位和商品名称与送交的商品内容和标记进行核对。如核对无误，再进行下一道工序。

（2）初步检查验收

初步检查验收主要是对到货情况进行粗略的检查，其工作内容主要包括数量检查和包装检查。数量检查的方法有两种：一是逐件点数计总；二是集中堆码点数。无论采取哪种方法，都必须做到精确无误。

（3）办理交接手续

入库商品经过以上几道工序之后，就可以与送货人员办理交接手续。如果在以上工序中无异常情况出现，收货人员就在送货回单上盖章表示商品收讫。如发现有异常情况，必须在送货单上详细注明并由送货人员签字，或者由送货人员出具差错、异常情况记录等书面材料，作为事后处理的依据。

（4）商品验收

在办完商品交接手续之后，仓储对入库的商品还要做进一步的验收工作。对商品验收工作的基本要求是"及时、准确"，即要求在规定的时间内，准确地对商品的数量、质量、包装进行详细的验收工作，这是做到储存商品准确无误和确保商品质量的重要措施。

如果仓储或仓库业务检验部门在规定的时间内没有提出商品残损、短少以及质量不合格等问题，存货方则认为所供应的商品数量、质量均符合合同要求，双方责任已清，不再负责赔偿损失。因此，仓储企业必须在规定的时间内，准确无误地完成验收工作，对入库商品的情况进行确认。

（5）入库信息处理，办理商品入库手续

经过验收确认的商品，应及时填写验收记录表，并将有关入库信息及时准确地添加至入库管理信息系统，更新库存商品的有关数据。商品信息处理的目的在于为后续作业提供管理和控制的依据。

2. 在库作业管理

（1）堆码

由于仓库一般实行按区分类的库位管理制度，因而仓库管理员应当按照物品的存储特性和入库单上指定的货区和库位进行综合的考虑和堆码，做到既能够充分利用仓库的库位空间，又能够满足物品保管的要求。

（2）养护

仓库管理员应该经常或定期对仓储物品进行检查和养护，对于易变质或对存储环境要求比较特殊的物品，应当经常进行检查和养护。检查工作的目的是及早发现问题，养护工作主要是以预防为主。

（3）盘点

对仓库贵重的和易变质的物品，盘点的次数越多越好，其余的物品应当定期盘点。盘点时应做好记录，与仓库账目核对，如果出现问题，应当尽快查出原因，及时处理。

3. 出库作业管理

（1）出库凭证审核

仓储业务部门接到商品出库凭证时，首先要对出库凭证进行仔细地审核。审核的主要内容如下：

①审核出库凭证的合法性和真实性；

②核对商品的名称、型号、规格、单价、数量等有无错误；

③核对收货单位、到站、银行账号是否齐全和准确。

（2）出库信息的处理

出库凭证审核无误后，对出库凭证信息进行处理，打印成相应的拣货信息，作为拣货作业的依据。

（3）拣货

拣货作业就是依据客户的订货要求或仓储配送中心的送货计划，迅速、准确地将商品从其储位或其他区域拣取出来的作业过程。

（4）分货

分货也称为配货，指在拣货作业完成后，根据订单或配送路线的不同的组合方式对货品进行分类。需要流通加工的商品，先按流通加工的方式分类，再按送货的要求分类，这种作业称为分货作业。

（5）出货检查

为保证出库商品不出差错，配货后应立即进行出货检查。出货检查是防止发货差错的关键。采用人工拣货和分货作业时，每一个作业环节都必须仔细检查，既要复核单货是否相符，又要复核货位结存量是否正确。发货前由专职或兼职复核员按出库凭证对出库商品的品名、规格、单位、数量等仔细进行复验。核查无误后，由复核人员在出货凭证上签字，方可包装或交付装运。

(6) 包装

出库商品有的可以直接装运出库，有的还需要经过包装待运环节。特别是发往外地的商品，为了满足安全运输的要求，往往需要进行重新组装等作业。

(7) 货物交接

出货商品无论是货单自提，还是交付运输部门发运，发货人员必须向收货人员或运输人员按单逐件交接，划清责任。在得到接货人员的认可后，在出库凭证上加盖“商品付讫”印戳，同时给接货人员填发出门证，门卫按出门证核检无误后方可放行。

(8) 发货后的处理

商品交接以后应及时进行货后的处理工作。人工处理由发货业务员在出货凭证上填写“实发数”、“发货日期”等内容并签名，然后将出库凭证中的一联及有关证件资料及时送交货主单位，以便货主办理货款结算事宜。根据留存的一联出库凭证登记实物储存明细账，做到随发随记，日清日结，账面余额与实际库存和卡片相符。出库凭证应该当日清理，定期装订成册，妥善保存，以备查用。应采用微机管理系统，及时将出库信息输入管理系统，系统将自动更新数据。

四、仓储合理化

1. 对储存物品实行 ABC 管理，并在此基础上实行重点管理。由于在仓库中储存的物资品种非常繁多，在管理过程中必须根据具体情况实行重点管理，才能取得效果，一般采用 ABC 管理就可以达到预期目的。ABC 管理就是把物品分为三类，例如把占总数 10% 左右的高价值的货物定为 A 类，占总数 70% 左右的价格低的物品定为 C 类，A、C 之间的 20% 则为 B 类。在库存管理中应区别对待各类物品，A 类物品应在不发生缺货的情况下尽可能减少库存，实行小批量订货，每月盘点；C 类则可制定安全库存水平，进行一般管理，订货批量大，年终盘点；对在两者之间的 B 类，半年盘点一次。

2. 应用预测技术。销售额的估计和出库量的估计等需要正确预测，这是库存管理的关键。由于库存量和缺货率是相互制约的因素，所以要在预测的基础上，制定正确的库存方针，使库存量和缺货率协调起来，取得最好的效果。

但是对于预测的数据也不可以过分依赖，因为预测总是以过去的数据为基础进行的，预测计算和实际情况有一定出入。因此，在预测时应尽可能依据最新的数据和信息。另外，订货周期和供货延迟期要尽量缩短，这样可以提高预测的可靠性。

3. 科学的库存管理制度控制。库存控制主要是对库存量进行控制，众所周知，库存量过多将会导致许多问题，如占压过多的流动资金并为此付出相应的利息。存货过多则仓库的各种费用，如仓储费、保险金、劳务费也会随之增加；此外，还会导致物资变质、过时、失效等损失。但是为了避免以上问题而降低库存又会导致出现缺货率上升的风险。因此，库存控制应综合考虑各种因素，满足以下三个方面的要求，即考虑降低采购费和购入价等综合成本；减少流动资金、降低盘点资产数量；提高服务水平，防止缺货。

第五节　配　送

一、配送的概念与特点

1. 配送的概念

配送是指在经济合理区域范围内，根据用户的要求，对物品进行拣选、加工、包装、分割、组配等作业，并按时送达指定地点的物流活动（《中华人民共和国国家标准物流术语》）。

配送是物流中一种特殊的、综合的活动形式，是商流与物流的紧密结合，包含了商流活动和物流活动，是包含了物流中若干功能要素的一种形式。

2. 配送的特点

配送需要依靠信息网络技术来实现，它包括以下特点：

（1）配送不仅仅是送货

在配送业务中，除了送货，还有“拣选”、“分货”、“包装”、“分割”、“组配”、“配货”等工作。这些工作的难度很大，必须依靠发达的商品经济和现代的经营水平才能做好，在商品经济不发达的国家及历史阶段，很难按用户要求实现配货，要实现广泛地、高效率地配货就更加困难。因此，一般意义上的送货和配货存在着时代的差别。

（2）配送是送货、分货、配货等活动的有机结合体

配送是许多业务活动有机结合而成的整体，同时还与订货系统密切相关，要实现这一点，就必须依靠现代情报信息，建立和完善整个大系统，使其成为一种现代化的作业系统。这也是以往的送货形式无法比拟的。

（3）配送的全过程有现代化技术和装备的保障

现代化技术和装备的采用，使配送在规模、水平、效率、速度、质量等方面远远超过以往的送货形式。在配送活动中，由于大量采用各种传输设备及识码、拣选等机电装备，使得整个配送作业像工业生产中广泛应用的流水线，实

现了流通工作的一部分工厂化，因此可以说，配送也是科学技术进步的产物。

(4) 配送是一种专业化的分工方式

以往的送货形式只是作为推销的一种手段，目的仅仅在于多销售一些商品，而配送则是一种专业化的分工方式，是大生产、专业化分工在流通领域的体现。因此，如果说一般的送货是一种服务方式的话，配送则可以说是一种体制形式。

二、配送的分类

为了满足不同产品、不同企业、不同流通环境的要求，经过较长一段时间的发展，国内外创造出了多种形式的配送。这些配送形式有各自的优势，但同时也存在一定的局限性。

1. 按配送组织者不同来分类

(1) 商店配送

这种配送形式的组织者是商业或物资的门市网点，这些网点主要负责商品的零售，一般来说规模不大，但经营品种比较齐全。除日常经营的零售业务外，这种配送方式还可以根据用户的要求，将商店经营的品种配齐，或代用户外订、外购一部分本商店平时不经营的商品，与商店经营的品种一起配送给用户。

(2) 配送中心配送

这种配送的组织者是专职配送中心，规模比较大。其中，有的配送中心由于需要储存各种商品，储存量也比较大；也有的配送中心专职组织配送，因此储存量较小，主要靠附近的仓库来补充货源。

由于配送中心专业性比较强，与用户之间存在固定的配送关系，因此一般情况下都实行计划配送，需要配送的商品有一定的库存量，但是一般情况下很少超越自己的经营的范围。

(3) 仓库的配送

这种配送形式是以一般仓库为据点来进行配送的，它可以是把仓库完全改造成配送中心，也可以是在保持仓库原功能的前提下，以仓库原功能为主，再增加一部分配送功能。由于不是专门按配送中心要求设计和建立，所以仓库配送规模小、配送的专业化较差。但可以利用原仓库的储备设施及能力、收发货场地、交通运输线路等，所以说，开展中等规模的配送可选择的配送形式，也是较为容易利用现有条件而不需要大量投资、上马较快的形式。

(4) 生产企业配送

这种配送的组织者是生产企业，尤其是进行多品种生产的生产企业，可以直接由本企业开始进行配送而无需再将产品发运到配送中心进行配送。生产企业配送由于避免了一次物流中转，所以有一定的优势。但是生产企业，尤其是现代生产企业，往往进行的是大批量、低成本的生产，品种较单一，因而不能像配送中心那样依靠产品凑整运输取得优势，实际上生产企业配送不是配送的主体。

2. 按配送商品的种类及数量不同来分类

（1）单（少）品种、大批量配送

一般来说，对于工业企业产生的需要量较大的商品，由于单独一个品种或几个品种就可以达到较大输送量、实行整车运输，在这种情况下就可以由专业性很强的配送中心实行配送，往往不需要再与其他商品进行搭配。由于配送中心的内部设置、组织、计划等工作也较为简单，因此配送成本较低。但是如果可以从生产企业将这些商品直接运达用户，同时又不至于使用户库存效益下降时，采用直送方式往往效果更好一些。

（2）多品种、少批量配送

在现代企业生产中，除了需要少数几种主要物资外，其他大部分皆属于次要的物资，品种数较多，但是由于每一品种的需要量不大，如果采取直接运送或大批量的配送方式，由于一次进货批量大，必然会造成用户库存增大等问题。类似的情况在向零售商补充一般生活消费品的配送中也存在，所以以上这些情况，适合采用多品种、少批量的配送方式。

（3）配套、成套配送

这种配送方式是根据企业的生产需要，尤其是装配型企业的生产需要，把生产每一台件所需要的全部零部件配齐，按照生产节奏定时送达生产企业，生产企业随即可将此成套零部件送入生产线装配产品。

在这种配送方式中，配送企业承担了生产企业大部分的供应工作，使生产企业可以专注于生产，与多品种、少批量的配送效果相同。

3. 按配送时间及数量不同来分类

（1）定时配送

定时配送是指按规定时间间隔进行配送，比如数天或数小时等；而且每次配送的品种及数量可以根据计划执行，也可以在配送之前以商定的联络方式（如电话、计算机终端输入等）通知配送的品种、数量。由于这种配送方式时间固定，易于安排工作计划，易于计划使用车辆，因此对于用户来说，也易于安排接货的力量（如人员、设备等）。但是由于配送物品种类变化较大，配货、装货难度较大，因此如果要求配送物品的数量变化较大时，也会使安排配送运力出现困难。

（2）定量配送

定量配送是指按照规定的批量，在指定的时间、范围内进行配送。这种配送方式数量固定，备货工作较为简单，可以根据托盘、集装箱及车辆的装载能力规定配送的数量，能够有效利用托盘、集装箱等集装方式，也可做到整车配送，配送效率较高。由于时间不严格限定，因此可以将不同用户所需要的物品凑成整车后配送，运力利用也较好。对于用户来讲，每次接货都处理同等数量的货物，有利于人力、物力的准备工作。

(3) 定时、定量配送

定时、定量配送是指按照所规定的配送时间和配送数量进行配送。这种方式兼有定时、定量两种方式的优点，但是其特殊性强，计划难度大，因此适合采用的对象不多，不是一种普遍的方式。

(4) 定时、定线路配送

定时、定线路配送是指在规定的运行路线上，制定到达时间表，按运行时间表进行配送，用户可以按规定的路线及规定的时间接货以及提出配送要求。

采用这种方式有利于计划安排车辆及驾驶人员。在配送用户较多的地区，也可以免去过分复杂的配送要求所造成的配送组织工作及车辆安排的困难。对于用户来讲，既可以在一定路线、一定时间进行选择，又可以有计划地安排接货力量，但这种方式的应用领域也是有限的。

(5) 即时配送

即时配送是指完全按照用户突然提出的时间、数量方面的配送要求，立即进行配送的方式。这是有很高灵活性的一种应急的方式，采用这种方式的品种可以实现保险储备的零库存，即用即时配送代替保险储备。

4. 按加工程度不同来分类

(1) 加工配送

加工配送是指与流通加工相结合的配送。即在配送据点中设置流通环节，或是流通加工中心与配送中心建立在一起。如果社会上现成的产品不能满足用户需要，或者是用户根据本身的工艺要求，需要使用经过某种初加工的产品时，可以在经过加工后进行分拣、配送再送货到户。

流通加工与配送结合，使得流通加工更有针对性，减少了盲目性。对于配送企业来说，不但可以依靠送货服务、销售经营取得收益，还可以通过加工增值取得收益。

(2) 集疏配送

集疏配送是指只改变产品数量组成形态而不改变产品本身的物理、化学形态的与干线运输相配合的一种配送方式。如大批量进货后小批量、多批次发货，零星集货后以一定批量送货等。

5. 按经营形式不同来分类

(1) 销售配送

销售配送是指配送企业或销售企业将其作为销售战略所进行的促销型配送。一般来讲，这种配送的对象是不固定的，用户也是不固定的，配送对象和用户往往是根据对市场的占有情况而定，其配送的经营状况也取决于市场情况，因此，这种形式的配送随机性较强，而计划性较差，各种类型的商店配送一般多属于销售配送。

用配送方式进行销售是扩大销售数量、扩大市场占有率、获得更多销售收益的重要方式。由于是在送货服务前提下进行的活动，所以一般来讲，也受到用户的欢迎。

（2）供应配送

供应配送是指用户为了自己的供应需要所采取的配送形式。在这种配送形式下，一般来讲是由用户集团组建配送据点，集中组织，大批量进货（以便取得批量折扣），然后向本企业配送或向本企业集团若干企业配送。在大型企业、企业集团或联合公司中，常常采用这种配送形式组织对企业的供应，例如，商业广泛采用的连锁商店就常常采用这种方式。

用配送方式进行供应，是保证供应水平、提高供应能力、降低供应成本的重要方式。

（3）销售-供应一体化配送

销售-供应一体化配送是指对于基本固定的用户和基本确定的配送产品，销售企业可以在自己销售的同时，承担用户有计划供应者的职能，既是销售者，同时又成为用户的供应代理人，起到用户供应代理人的作用。

对于某些用户来讲，这样就可以减除自己的供应机构而委托销售者代理。对销售者来讲，这种配送方式能够获得稳定的用户和销售渠道，有利于扩大销售数量，有利于本身的稳定持续发展。对于用户来讲，能够获得稳定的供应，而且可以大大节约自身为组织供应所耗用的人力、物力和财力。我们知道，销售者能有效控制进货渠道，这是任何企业供应机构都难以做到的，因而委托销售者代理对供应的保证程度可望大大提高。

销售-供应一体化的配送是配送经营的重要形式，这种形式有利于形成稳定的供需关系，有利于采取先进的计划手段和技术手段，有利于保持流通渠道的畅通稳定。

（4）代存代供配送

代存代供配送是指用户将属于自己的货物委托给配送企业代存、代供，有时还委托代订，然后组织对自身的配送。这种配送在实施时不发生商品所有权的转移，配送企业只是用户的委托代理人。商品所有权在配送前后都属于用户所有，所发生的仅是商品物理位置的转移。配送企业仅从代存、代送中获取收益，不能获得商品销售的经营性收益。在这种配送方式下，商、物是分离的。

三、配送的作用

1. 完善了输送及整个物流系统

配送环节处于支线运输，灵活性、适应性、服务性都比较强，能将支线运输与小搬运统一起来，使运输过程得以优化和完善。

2. 提高了末端物流的经济效益

采取配送方式，通过增大经济批量来达到经济的进货。它采取将各种商品配齐集中起来向用户发货和将多个用户小批量商品集中在一起进行发货等方式，以提高末端物流的经济效益。

3. 通过集中型库存，可使企业实现低库存或零库存

实现了高水平配送之后，尤其是采取准时制配送方式之后，生产企业可以完全依靠配送中心的准时制配送而不需要保持自己的库存。或者，生产企业只需保持少量保险储备而不必留有经常储备，这就可以实现生产企业多年追求的"零库存"，将企业从库存的包袱中解脱出来，同时解放出大量储备资金，从而改善企业的财务状况。实行集中库存，集中库存的总量远低于不实行集中库存时各企业分散库存之总量。同时，增加了调节能力，也提高了社会经济效益。此外，采用集中库存可利用规模经济的优势，使单位存货成本下降。

4. 简化手续，方便用户

采取配送方式，用户只需要从配送中心一处订购就能达到向多处采购的目的，只需组织对一个配送单位的接货便可代替现有的高频率接货，因而大大减轻了用户工作量和负担，也节省了订货、接货等的一系列费用开支。

5. 提高了供应保证程度

生产企业自己保持库存、维持生产，供应保证程度很难提高（受库存费用的制约）。采取配送方式，配送中心可以比任何企业的储备量更大，因而对每个企业而言，中断供应、影响生产的风险便相对缩小，使用户免去短缺之忧。

四、配送中心及其分类

1. 配送中心概念

配送中心指从事配送业务的物流场所或组织，应基本符合下列要求：（1）主要为特定的用户服务；（2）配送功能健全；（3）完善的信息网络；（4）辐射范围小；（5）多品种、小批量；（6）以配送为主，储存为辅(《中华人民共和国国家标准物流术语》)。

2. 配送中心类别

为了深化及细化认识配送中心，就要对配送中心做出适当的划分。从理论

上和配送中心的作用上来划分，可以把配送中心分成许多种类。下面仅就已在实际中运转的配送中心类别概述如下：

（1）按配送中心承担的流通职能分类

①供应配送中心

供应配送中心是专门为某个或某些用户（例如联营商店、联合公司）组织供应的配送中心。例如，为大型连锁市场组织供应的配送中心；代替零件加工厂送货的零件配送中心，使零件加工厂对装配厂的供应合理化。

②销售配送中心

销售配送中心是以销售经营为目的、以配送为手段的配送中心。销售配送中心大体有三种类型：一种是生产企业为使本身产品直接销售给消费者的配送中心，在国外这种类型的配送中心很多；另一种是流通企业作为本身经营的一种方式，建立配送中心以扩大销售，我国目前拟建的配送中心大多属于这种类型，国外的例证也很多；第三种是流通企业和生产企业联合的协作性配送中心。比较起来看，国外和我国的配送中心，都在向以销售配送中心为主的方向发展。

（2）按配送领域的广泛程度分类

①城市配送中心

城市配送中心是以城市范围为配送范围的配送中心。由于城市范围一般处于汽车运输的经济里程内，这种配送中心可直接配送到最终用户且采用汽车进行配送，所以这种配送中心往往和零售经营相结合。由于运程短、反应能力强，因而从事多品种、少批量、多用户的配送较有优势。

②区域配送中心

区域配送中心是以较强的辐射能力和库存准备，向省（州）际、全国乃至国际范围的用户配送的配送中心。这种配送中心规模较大，一般而言，用户规模也较大，配送批量也较大，而且往往是既配送给下一级的城市配送中心，也配送给营业所、商店、批发商品和企业用户，虽然也从事零星的配送，但不是主体形式。

（3）按配送中心的内部特性分类

①储存型配送中心

储存型配送中心是有很强储存功能的配送中心。一般来讲，在买方市场，企业产品销售需要有较大库存支持，其配送中心可能有较强的储存功能；在卖方市场，企业原材料、零部件供应需要有较大库存支持，这种供应配送中心也有较强的储存功能。大范围配送的配送中心需要有较大库存，也可能是储存型配送中心。我国目前已建的配送中心都采用集中库存形式，库存量较大，多为储存型。

②流通型配送中心

流通型配送中心是基本上没有长期储存功能，仅以暂存或随进随出的方式进行配货、送货的配送中心。这种配送中心的典型方式是大量货物整进并按一定批量零出，采用大型分货机，进货时直接进入货机传送带，分送到各用户货位或直接分送到配送汽车上。货物在配送中心仅做少许停滞。

③加工型配送中心

加工型配送中心以加工产品为主，因此在其配送作业流程中，储存作业和加工作业居主导地位。

流通加工多为单品种、大批量产品的加工作业，并且是按照用户的要求安排的，因此，对于加工型的配送中心，虽然进货量比较大，但是分类、分拣工作量并不太大。此外，因为加工的产品品种较少（指在某一个加工中心内加工的产品品种），一般都不单独设立拣选、配货等环节。通常，加工好的产品（特别是生产资料产品）可直接运到按用户户头划定的货位区内，并且要进行包装、配货。

(4) 按照配送中心的专业化情况分类

①专业配送中心

专业配送中心大体上有两个定义：一是配送对象、配送技术属于某一专业范畴，在某一专业范畴有一定的综合性，综合这一专业的多种物资进行配送；二是以配送为专业化职能，基本不从事经营的服务型配送中心。

②柔性配送中心

在某种程度上讲，柔性配送中心是与专业配送中心相辅相成的配送中心，这种配送中心不向固定化、专业化方向发展，而向能随时变化、对用户要求有很强的适应性、不固定供需关系、不断发展配送用户并向改变配送用户的方向发展。

五、配送合理化

1. 推行一定综合程度的专业化配送。通过采用专业设备、设施及操作程序，取得较好的配送效果并降低配送复杂程度及难度，从而追求配送合理化。

2. 推行加工配送。通过加工和配送的结合，充分利用本来应有的这次中转，而不增加新的中转以求得配送合理化。同时，加工借助于配送，加工目的更明确，和用户联系更紧密，更避免了盲目性。

3. 推行共同配送。通过共同配送，可以以最近的路程、最低的配送成本完成配送，从而追求合理化。

4. 实行送取结合。配送企业与用户建立稳定、密切的协作关系。配送企业不仅成了用户的供应代理人，而且承担用户储存据点，甚至成为产品代销人，在配送时，将用户所需的物资送到，再将该用户生产的产品用同一辆车运回，这种产品也成了配送中心的配送产品之一，或者作为代存代储，免去了生产企业库存包袱。这种送取结合使运力充分利用，也使配送企业功能有更大地发挥，从而追求合理化。

5. 推行准时配送系统。准时配送是配送合理化的重要内容。配送做到了准时，用户才有资源把握，可以放心地实施低库存或零库存，可以有效地安排接货的人力、物力，以追求最高效率的工作。另外，保证供应能力也取决于准时供应。从国外的经验来看，准时供应配送系统是现在许多配送企业追求配送合理化的重要手段。

6. 推行即时配送。即时配送是最终解决用户企业担心断供之忧，大幅度提高供应保证能力的重要手段。即时配送是配送企业快速反应能力的具体化，是配送企业能力的体现。

即时配送成本较高，但它是整个配送合理化的重要保证手段。此外，用户实行零库存，即时配送也是重要手段保证。

第六节　流通加工

一、流通加工的概念、功能与内容

1. 流通加工的概念

流通过程中的辅助性的加工活动称为流通加工。我国国家标准《物流术语》中对流通加工下的定义是："物品从生产地到使用地的过程中，根据需要施加包装、分割、计量、分拣、贴标志、栓标签、组装等简单作业的总称。"

2. 流通加工的内容

流通加工的内容一般包括袋装、定量化小包装、栓牌子、贴标签、配货、拣选、分类、混装、刷标记等。生产的外延流通加工包括剪断、打孔、折弯、拉拔、挑扣、组装、改装、配套以及混凝土搅拌等。

3. 流通加工的功能

(1) 增加物流功能，促进销售，提高收益

生产商品的目的是创造价值，流通加工在此基础上完善、增加商品的价值。在生产和消费之间，由于存在着生产的集中、大批量与消费者的分散、小批量之间的矛盾，从而形成规模化大生产与众多消费者之间的场所价值和时间价值的空白，使商品的价值和使用价值需要通过流通加工来实现。流通加工在生产和消费之间起着承上启下的作用。它把分散的用户需求集中起来，使零星的作业集约化，作为终端用户的汇集点而发挥作用。生产者如果无法直接满足

用户的要求，也达不到服务标准，只有通过流通加工的形式来弥补。

（2）流通加工可节约材料，降低物流成本

节约材料是流通加工十分重要的功能之一。流通加工具有一定的深加工性质，它直接面对终端用户，综合多方需求，集中下料，合理套裁，充分利用边角材料，减少浪费，做到最大限度的“物尽其用”，节约了大量的原材料。另外，流通加工一般都在干线运输和支线运输的节点进行，这样就能使大量运输合理分散，有效地缓解长距离、大批量、少品种的物流与短距离、少批量、多品种物流的矛盾，实现物流的合理流向和物流网络的最佳配置，从而避免了不合理的重复、交叉及迂回运输，大幅度地节约了运输、装卸搬运和保管等费用，降低了物流总成本。

（3）流通加工可提高原材料的利用率

流通加工中的集中下料能做到良材优用、小材大用、合理套裁，提高原材料的利用率，降低原材料的消耗。利用集中进行的流通加工代替分散在各部门的分别加工，例如按使用部门的要求，采用效率高、技术先进、加工量大的专门设备，将钢板进行剪板、切裁，将木材剖成板材与方木等，可以大大减少原材料的消耗，提高原材料和加工设备的利用率，提高加工质量和加工效率，其结果是降低了加工费用及原材料成本，而原材料的节省就是获取利润的源泉。

（4）提高加工效率及设备利用率

加工设备在分散加工的情况下，由于受生产周期的限制，设备利用率较低，这种加工过程的不均衡导致加工设备的加工能力不能得以充分发挥。而在流通领域里，流通加工面向全社会，加工的数量和加工对象的范围都得到了大幅度的增加，通过建立集中加工点，可采用效率高、加工量大且技术先进的专门机构和设备，提高加工效率和设备的利用率。

（5）提高物流效率，降低物流成本

①方便运输。例如铝制门窗、自行车等，若在制造厂装配成完整的产品，在运输过程中，将耗费大量的运费。把它们的零部件分别捆扎或装箱，到达销售地点以后，再分别装成成品，这样能使运输方便而且经济，可以有效地降低运输成本。

②减少附加重量。如果在运输前先通过流通加工完成必要的切割，去除本来就应该废弃的部分，就可以减少附加重量，提高运输与装卸搬运的效率，有效降低物流成本。

③协调运输（外）包装与商业（内）包装。运输包装与商业包装有时存在一定的冲突，例如，运输包装要求轻便，商业包装需要夸张；运输包装要求单位重量大，商业包装需要很小的重量上货架。所以商品可以先以运输包装进入物流过程，在运达目的地后，再通过流通加工，形成商业包装，进入商店的

货架，这样就可以有效降低物流成本。

④促进物流合理化。物流企业自行安排流通加工与配送。流通加工是配送的前提，根据流通加工形成的特点布置配送，使必要的辅助加工与配送很好地衔接，能使物流全过程顺利完成。

【阅读材料】

阿迪达斯公司在美国有一家超级市场，设立了组合式鞋店，摆放的不是做好了的鞋子，而是做鞋用的半成品，款式花色多样，有6种鞋跟、8种鞋底，均为塑料制造，鞋面的颜色以黑、白为主，搭带的颜色有80多种，款式有百余种，顾客进来可任意挑选自己所喜欢的各个部位，交给职员当场组合。只要10分钟，一双崭新的鞋便唾手可得。

这家鞋店昼夜营业，职员技术熟练，鞋子的售价与成批制造的价格差不多，有的还稍微便宜些。所以顾客络绎不绝，销售额比邻近的鞋店高10倍。

二、流通加工的方式

1. 剪板加工。剪板加工是在固定地点设置剪板机或各种剪切、切割设备，将大规模的金属板材裁切为小尺寸的板料或毛坯。

2. 集中开木下料。集中开木下料是指在流通加工点，将原木锯裁成各种规格的木板、木方，同时将碎木、碎屑集中加工成各种规格的夹板板材，甚至还可以进行打眼、凿孔等初级加工。

3. 配煤加工。配煤加工是指在使用地区设置加工点，将各种煤及其他一些发热物资，按不同的配方进行掺配加工，形成能产生不同热量的各种燃料。

4. 冷冻加工。冷冻加工是指为解决鲜鱼、鲜肉、药品等在流通中的保鲜及装卸搬运问题，采取低温冷冻。

5. 分选加工。分选加工是指对于农副产品规格、质量相差较大的情况，为获得一定规格的产品，采取人工或机械方式进行分选。

6. 精致加工。精致加工是指在农牧副渔等产品的产地或销售地设置加工点，去除无用部分，进行切分、洗净、分装等加工。

7. 分装加工。分装加工是指为了便于销售，在销售地区对商品按零售要求进行新的包装，大包装改小包装、散装改小包装、运输包装改销售包装等，以满足消费者对不同包装规格的需求。

8. 组装加工。组装加工是指在销售地区，由流通加工点对出厂配件、半成品进行拆箱组装，随即进行销售。

9. 定制加工。定制加工是指专门为用户加工制造适合个性的非标准用品，这些用品往往不能由大企业生产，只好由流通加工企业为其“量身定制”。

三、流通加工合理化

流通加工合理化是指实现流通加工的最优配置，不仅要做到避免各种不合理加工，使流通加工有存在的价值，而且综合考虑流通加工与配送、合理运输、合理商流等的有机结合，做到最优的选择。实现流通加工合理化应主要考虑以下几个因素：

1. 流通加工与合理商流相结合

通过流通加工，有效地促进销售，使商流合理化，是流通加工合理化的主要目的之一。流通加工和物流的部分功能有机结合，促进了销售，提高了物流的效益，充分体现出流通加工在物流过程中的作用。

2. 流通加工与合理运输相结合

流通加工能有效地衔接干线运输与支线运输，促进运输的合理化。利用流通加工，可以减少干线运输与支线运输之间停顿的环节和时间，使两者之间的转换更加合理，从而大大提高运输水平和运输效益。

3. 流通加工与配送相结合

在配送功能中的流通加工，一方面，按配送的需要进行加工；另一方面，流通加工又是配送业务流程中分货、拣货、配货的一环，加工后的产品直接投入配货作业，这样就不需要单独设置一个加工中间环节，使流通加工有别于独立的生产，从而使流通加工与中转流通巧妙地结合在一起。同时，流通加工在配送之前，可使配送服务水平大大提高。这是当前对流通加工做合理化选择的重要形式之一，在煤炭、水泥等产品的流通中已表现出较大的优势。但是，如果流通加工地点选择不当，则会大大增加物流费用。

4. 流通加工与“配套”相结合

“配套”是指将使用上有联系的用品集合成套地供应给用户使用。在对配套要求较高的流通中，配套的主体来自各个生产单位，但是完成配套有时无法全部依靠现有的生产单位。因此，进行适当的流通加工，可以有效地促成配套，大大增强流通作为连接生产与消费的桥梁与纽带的作用。例如，方便食品的配套生产、礼品的拼装包装等。

5. 流通加工与节约相结合

节约能源、节约设备、节省人力、节约消耗是流通加工合理化的重要因素之一，也是目前我国设置流通加工时考虑其是否合理的较为普遍的标准。

对于流通加工合理化的最终判断，是看其是否能实现社会和企业本身的双重效益，而且要看其是否取得了最优效益，对流通加工企业而言，应把社会效益放在首位。如果片面追求企业的微观效益，不适当地进行加工，甚至与生产企业争利，不仅有违流通加工的初衷，而且脱离了流通加工的范畴。

第七节　物流信息

一、物流信息的概念、功能

1. 物流信息的概念

物流信息是反映物流各种活动内容的知识、资料、图像、数据、文件的总称。它是物流活动中各个环节所发生的信息，一般随着从生产到消费的各个物流活动的产生而产生，与物流过程中的运输、保管、装卸、包装等各种职能有机结合在一起，是整个物流活动顺利进行所不可缺少的。而且物流信息与物流活动中的各个环节都有密切的关系，在物流活动中起着神经系统的作用。

在现代物流运作过程中，计算机技术、通信技术、网络技术等技术手段大大加快了物流信息的处理和传递，从而使物流活动的效率和快速反应能力得到较大的提高。

物流信息在物流系统中，如同其他物流功能一样，是物流系统的子系统，但又不同于其他物流功能，它总是伴随其他物流功能的运行而产生，又不断对其他物流子系统以及整个物流系统起支撑保障作用，因此物流信息在整个物流系统中是非常重要的。

2. 物流信息的功能

物流信息对交易、管理控制、决策分析及战略计划起强大的支持作用。

(1) 支持交易系统。交易系统是用于启动和记录个别物流活动的最基本的层次。交易活动包括记录订货内容、安排存货任务、作业程序选择、装船、定价、开发票以及消费者咨询等。例如，当收到消费者订单进入信息系统时，就开始了第一笔交易。按订单安排存货、记录订货内容意味着开始了第二笔交易。随后产生的一笔交易是打印和传送付款发票。在整个过程中，当消费者需要而且必须获得订货状况信息时，可以通过一系列信息交易，这样就能较好地完成消费者订货功能的循环。因此，物流信息有支持交易系统的功能。

(2) 支持管理控制。管理控制要求把主要精力集中在功能衡量和报告上。功能衡量对于提供有关服务水平和资源利用等管理反馈来说是必要的。因此，管理控制以可估价的、策略上的、中期的焦点问题为特征，它涉及评价过去的功能和鉴别各种可选方案。普通衡量包括每吨的运输和仓储成本（成本衡量）、存货周转（资产衡量）、供应比率（顾客服务衡量）、每工时生产量（生产率衡量）及顾客的感觉（质量衡量）等。

(3) 支持决策分析。决策分析主要是集中精力在决策应用上，协助管理人鉴别、评估比较物流战略和策略后的可选方案。典型分析包括车辆日常工作和计划、存货管理、设施选址以及有关作业比较和安排的成本-收益分析。

(4) 支持定制战略计划。制定战略计划把主要精力集中在信息支持上，以期开发和提炼物流战略。这类决策往往是决策分析层次的延伸，但通常更加抽象、松散，并且注重于长期。作为战略计划的例子，决策中包括通过战略联盟使协作成为可能、厂商的能力和市场机会的开发和提炼以及顾客对改进的服务所做的反应。物流信息系统的制定和战略层次必须把较低层次的数据结合到范围很广的交易计划中去，并结合到有助于评估各种战略的概率和损益的决策模型中去。

二、物流信息系统

物流管理系统是物流系统中进行物流信息处理的管理子系统，它通过对系统内外进行信息收集、存储、加工处理，获得物流管理中有用的信息，并以表格、文件、报告、图形等形式输入计算机，整理成数据库，以便管理人员和领导者有效地利用这些信息组织物流活动，协调和控制各作业子系统的正常运行。

物流信息系统是根据物流管理运作的需要，在管理信息系统（MIS）基础上形成的物流系统信息资源管理、协调系统。它来源于物流系统，反过来作用于物流系统，使物流系统高效率化、高效益化运作。

【本章小结】

物流作为一个系统由若干子系统构成，其基本功能包括运输、仓储、装卸搬运、包装、配送等方面以及物流基础设施活动，另外，为强化上述基本功能，近年来更增加了流通加工和物流信息活动。

运输是物流的支柱功能之一，它克服了生产和消费的时间间隔问题。

仓储有三个基本功能：移动、存储和信息传递。

包装是生产的终点，是物流的起点。包装具有保护商品、方便顾客、促进销售和信息传递的功能。

配送是降低物流成本、提高服务水平的有效途径。

流通加工的属性既属于加工范畴，也属于物流活动的一部分。流通加工有为运输方便的加工，有满足用户多样化需要的加工，有为了综合利用而进行的分解、分类的加工。流通加工的内容一般包括袋装、定量化小包装、配货、拣选、分类、混装等。生产的外延流通加工包括剪断、打孔、折弯、拉拔、挑扣、组装、改装、配套等。

物流信息系统是把各种物流活动与某个一体化过程连接在一起的通道。一体化过程建立在这几个功能层次上：交易、管理控制、决策分析以及制定战略计划系统。

【案例分析】

物流包装管理创新

某食品企业是一家生产酱醋调味食品的民营企业，是2004年在收购了一家乡镇集体企业的基础上发展起来的。到2007年，企业资产达到1 500万元，年产值达5 000万元，实现利税760万元，现有员工170多人，走上了快速发展的道路。

一、包装问题的发现

2004年收购乡镇集体企业后，经营者组织了对经营性亏损原因的排查，其结果显示，包装管理列在市场营销管理之后，成为亏损的第二大原因。表现为：一是包装成本高。原企业酱醋年产量200万瓶，包装成本高达318万元，平均每瓶包装成本达1.59元，企业全年包装成本约占总销售的45%；二是包装价值低。由于包装装潢设计效果差，包装材质差，导致高质量产品只能低价销售且缺乏竞争力；三是缺乏包装管理。企业没有专人负责包装，采购包装被看成肥缺，轮流坐庄，导致包装采购成本高，在使用包装时没有实行责任制度，包装损坏现象普遍。

经营者在深入分析后认为，包装管理已成为制约企业发展的"瓶颈"，无论从市场促销角度还是从企业内部管理角度，都非常明显地反映出包装管理存在一定的问题，同时这也是加强内部管理、提高企业经济效益的重要突破口。

二、包装管理的措施和效果

经营者下决定狠心抓企业包装管理，采取了五个主要措施。

1. 建立专门组织体系，统一企业包装管理。该企业设立包装管理小组，由厂长亲任组长，小组成员包括财务、采购、生产和销售部门的人员，这些人员是企业生产经营各个环节的包装管理者。

2. 制订明确、规范的包装管理制度。让每个包装管理者和使用者都有明确的目标和责任，并通过合理的奖励方法，调动企业员工做好包装管理的积极性。

3. 进行包装装潢的招标设计，提升产品包装价值。企业先后两次公开进行包装的招标设计。第一次包装设计主要是瓶贴和包装箱的设计，改变了产品销售中的包装形象，提高了产品销售价格，有力地促进了销售；第二次包装设计主要是瓶形和瓶盖、瓶胶套的设计，提高了包装使用的便利程度，强化了企业特色产品形象，进一步促进了产品销售。

4. 采取包装采购联审方法，不断降低包装采购成本。企业改变过去包装采购一人决定的办法，实施包装采购由销售、生产、财务、采购部门包装管理人员联审的方法。销售部门提出包装的质量要求、数量预测和价格要求；生产部门提出包装的存货管理、交货时间与包装检验要求；财务部门提出成本控制与资金运作安排意见；采购部门负责供应商选择与采购谈判，确保采购包装的质量符合企业需要并不断降低成本。采用联审方法虽然操作复杂些，但是效果很明显。

5. 针对不同包装需要，进行包装分类管理。企业把包装分成四种不同类型进行管理：礼品包装、超市运转包装、普通包装、促销包装。礼品包装精心设计，提升价值；普通包装重视实用性，注意及时改进；促销包装注意品牌形象；超市运转包装注重回收利用，降低包装成本。比如，促销包装箱采用彩色印刷，每个包装箱颜色鲜艳醒目，有利于品牌形象宣传；而普通包装让利于消费者，包装箱采用黑白印刷，每个包装箱节约1.2元；超市运转包装采用塑料材质，更有利于运转和重复使用。

该企业在强化包装管理的过程中，创造了包装的新价值，有力推动了企业的发展。该企业总结经验，不断完善企业包装管理，提高包装的技术含量；引进现代先进技术和设备，调整企业产品包装以玻璃瓶为惟一包装的结构，把玻璃瓶、塑料瓶、复合纸盒、陶瓷等材质用于产品包装；提出发展和应用绿色包装，设计新的运销模式，逐步减少和不用包装（包装集成化）进行销售；积极运用现代信息技术，完善企业包装管理运作体系，提高运作效率。

◎评点

这是一个关于物流商品包装的案例。包装兼有保护商品和促进销售的双重作用，而且是现代物流的重要职能之一。本案例中，作为一个由乡镇企业发展而来的民营企业，能以包装为“突破口”来解决产品的市场销售和企业内部管理问题，是针对性极强、独具特色的管理思维，同时也取得了极好的效果。

（1）从做好包装管理问题分析入手，形成正确的决策。该企业包装管理创新的关键就在于准确把握问题的根本，并对改进包装管理进行有效的决策。

（2）系统地推进企业包装管理改革和发展。不仅系统地分析企业包装问题，而且采取系统的方法，有计划、有步骤地解决企业包装管理问题。从组织和制度上落实和加强企业包装管理的战略思想，从包装设计和包装管理流程上确定管理的标准和要求，从具体操作上实施分类管理，降低包装管理成本，形成有利于促进销售的包装序列。

（3）应用科学技术提高企业包装管理绩效。该企业注重在包装管理中积极引入现代科学技术，从包装材质、包装设备、包装管理方法等方面进行科学改进，以有效地提高企业包装管理绩效。

（4）降低成本和增加新价值是企业强化包装管理的基本动力。企业通过加强和改善包装管理实现价值增值，完全符合现代企业提高增值能力和增值水平的发展趋势。该企业价值增值的过程，就包括不断改进包装管理的过程。充分认识包装在现代营销中的价值，是做好企业包装管理的思想基础之一。

（5）企业包装管理是一个系统化的工作。企业必须形成完整的包装管理体系，只有从组织、制度、方法以及技术等方面组成有效的运行机制，才能实现协调运作和统一管理。

（6）根据现代科学技术发展和企业包装的需要，进行包装管理的改革和发展。企业包装不能脱离市场需要，不能脱离企业经营需要。在目前来说，应把生态环保、可持续发展、分类管理等观念引入包装管理系统，充分发挥高新技术的作用，推进企业包装管理的发展。

【练习与思考】

1. 简述物流的职能。
2. 为什么说第三方物流有广阔的市场前景？
3. 如何实现运输合理化？
4. 简述仓储的职能。
5. 简述装卸搬运的概念及特点。
6. 配送的作用有哪些？
7. 简述包装合理化的途径。
8. 什么是流通加工？流通加工包含哪些内容？

第三章　现代物流技术

【学习目标】

1. 掌握各种运输方式的优缺点及承担的作业内容。
2. 掌握仓储技术和包装技术的内容。
3. 了解配送技术的内容和运输服务的种类。
4. 了解现代物流作业技术的内容。

【关键词汇】

物流技术（Logistics Technology）
物流作业（Logistics Operation）
分拣（Sorting）
堆码（Stacking）
检验（Inspecting）

现代物流的各项功能依赖于各种物流技术，企业生产经营、国民经济运转乃至经济全球化、一体化的发展都依赖于以现代物流技术为中坚力量的现代物流系统的运营。每一笔商业交易的背后都伴随着物流和信息流，供应链上的贸易伙伴都需要这些信息以便对产品进行发送、跟踪、分拣、接收、存储、提货以及包装等。在电子商务时代，物流与信息流的相互配合体现得越来越重要，在供应链管理中必然要用到越来越多的现代物流技术。

第一节　物流运输技术

物流作业是指实现物流功能时所进行的具体操作活动（《中华人民共和国国家标准物流术语》）。现代物流作业技术主要包括运输技术、装卸搬运技术、仓储技术、包装技术、配送技术等。

运输的作用是将商品的使用价值进行空间移动，创造商品的空间效益，运输是物流系统的核心。物质产品运输有五种基本方式，即铁路运输、公路运输、水路运输、航空运输和管道运输。为了提高运输效益，在五种基本运输方式的基础上，还形成了联合运输、散装运输、集装箱运输等具有特殊功能的运输方式。

一、铁路运输

铁路运输是使用铁路列车运送客货的一种运输方式，是我国货运量最大的运输方式。

1. 铁路运输的优点

（1）承运能力大，适合大批量低值商品。

（2）铁路运输不受气候和自然条件影响，在运输的准时性方面占有优势。

（3）铁路运输可以方便地实现背驮运输、集装箱运输及多式联运。

（4）全国铁路网四通八达，可满足远距离运输的需要。

2. 铁路运输的缺点

（1）固定成本高。项目投资较大，建设周期较长。

（2）运输时间较长。在运输过程中需要有列车的编组、解体和中转改编等作业环节，占用时间较长，因而增加了货物的运输时间。

（3）铁路运输中的货损率比较高。由于装卸次数较多，货物毁损或灭失事故通常也比其他运输方式多。

（4）灵活性差，不能实现“门到门”运输。通常要依靠其他运输方式配合，才能实现“门到门”运输，完成运输任务。

3. 铁路运输适用范围

（1）适用于大宗低值货物的中、长距离运输，也较适合运输散装货物（如煤炭、金属、矿石、谷物等）、罐装货物（如化工产品、石油产品等）。

（2）适于大量货物一次高效率运输。

4. 铁路运输的方法

（1）整车运输

整车运输是指根据被运输物资的数量、形状等，选择合适的车辆，以车厢为单位的运输方法。

（2）零担运输

零担运输亦可称做小件货物运转。这种运输办法多是因待运量少而不够一个整车装载量时采用。

（3）混装运输

混装运输是小件运输的一种装载情况。一般对同一到达地点的若干小件物资可分装在一个货车上。不同的物资分装在同一个集装箱中也是一种混装运输。

（4）集装箱运输

集装箱运输是指采用集装箱专用列车运输物资。

【知识阅读】

铁路运输的基本知识

铁路运输是仅次于海运的一种主要运输方式，运量较大，速度较快，运输风险明显小于海洋运输，能常年保持准点运营。

A. 国际铁路联运

国际铁路联运，发货人由始发站托运，使用一份铁路运单，铁路方面则根据运单将货物运往终点站交给收货人。在由一国铁路向另一国铁路移交货物时，不需收、发货人参加，亚欧各国按国际条约承担国际铁路联运的义务。

我国通往欧洲的国际铁路联运线有两条：一条是利用俄罗斯的西伯利亚大陆桥贯通中东、欧洲各国；另一条是由江苏连云港经新疆与哈萨克斯坦铁路连接，贯通俄罗斯、波兰、德国至荷兰的鹿特丹。后者称为新亚欧大陆桥，运程比海运短 9 000 公里，比经由西伯利亚大陆桥短 3 000 公里，进一步推动了我国与欧亚各国的经贸往来，也促进了我国沿线地区的经济发展。

B. 对我国港澳地区的铁路运输

对我国港澳地区的铁路运输按国内运输办理，但又不同于一般的国内运输。货物由内地装车至深圳中转，到香港特别行政区卸车交货，为两票联运，由外运公司签发“货物承运收据”。京九铁路和沪港直达通车后，内地至香港特别行政区的运输更为快捷，由于香港特别行政区系自由港，货物在内地和香港特别行政区间进出，需办理进出口报关手续。

对澳门特别行政区的铁路运输，是先将货物运抵广州南站再转船运至澳门特别行政区。

二、公路运输

公路运输是主要使用汽车或其他车辆（如人、畜力车）在公路上进行货客运输的一种方式。由于汽车已成为公路运输的主要运载工具，因此，现代公路运输主要指汽车运输。

1. 汽车运输优点

（1）快速。汽车运输的运送速度比较快，运输途中不需中转。据国外资料统计，一般在中短途运输中，汽车运输的运送速度平均比铁路运输快 4 ~ 6 倍，比水路运输快 10 倍。汽车除了可以沿公路网运行外，还可以深入工厂、矿山、车站、码头、农村、山区、城镇街道及居民区，空间活动领域大。

（2）灵活、方便。汽车运输既可以成为其他运输方式的接运方式，又可以自成体系，机动灵活。再次是汽车的载重量可大可小，小者只有0.25吨，大者有几十吨、上百吨，当使用牵引车拖（半）挂车时载重量可达上千吨，汽车对货物批量的大小具有很强的适应性，既可以单车运输，又可以拖挂运输。

（3）项目投资小，经济效益高。据国外资料介绍，一般公路运输的投资每年可以周转1~2次，而铁路运输3~4年才周转一次。

（4）操作人员容易培训。培训汽车驾驶员一般只需半年左右时间，而培训火车、轮船及飞机驾驶员则需几年时间。相比较而言，汽车驾驶技术比较容易掌握。

（5）可以提供门到门的直达运输服务，速度快。

（6）近距离中、小量的货物运输的运费比较便宜。

（7）能灵活制定运营时间表，运输中的伸缩性极大。

（8）运输途中货物的撞击少，几乎没有中转装卸作业，因而货物包装比较简单。

2. 汽车运输的缺点

虽然汽车运输具有以上的优势，但同时汽车运输也存在一些问题，主要是装载量小，运输成本高，燃料消耗大，环境污染比其他运输方式严重得多。

3. 汽车运输的适用范围

（1）近距离的独立运输作业，主要是中短途运输。由于近些年来高速公路的兴起与发展，汽车运输从短途逐渐形成短、中、远程并举的局面。

（2）补充和衔接其他运输方式。所谓补充和衔接是指当其他运输方式担负主要运输时，由汽车担负起点和终点处的短途集散运输，完成其他运输方式到达不了的地区的运输任务。

三、水路运输

水运是使用船舶运送客货的一种运输方式。水运有沿海运输、近海运输、远洋运输、内河运输四种形式。

1. 水路运输的优点

成本低，能进行低成本、大批量、远距离的运输。

2. 水路运输的缺点

一是船舶平均航速较低，不能快速将货物送达目的地；二是水路运输过程中受自然条件影响较大，特别是受气候条件影响较大，比如江河断流或枯水，海洋风暴或台风影响等，因而呈现较大的波动性及不平衡性。

3. 水路运输的适用范围

（1）承担大批量货物，特别是集装箱运输。

(2) 承担原料、半成品等散货运输，如建材、石油、煤炭、矿石、谷物等。

(3) 承担国际贸易运输，即远距离、运量大、不要求快速抵达的国际客货运输。

水运过程相当繁琐、复杂，具有点多、线长、面广、分散滚动、波动大等特点。水路货物运输生产过程包括货物在起运港接收、仓储、装船，船舶运行至目的港，在目的港卸船、仓储、疏运或交付给收货人等过程。

四、航空运输

航空运输是使用飞机或其他航空器进行运输的一种形式。由于其突出的高速直达性，使之在交通大系统中具有特殊的地位并且拥有很大的发展潜力。

1. 航空运输的优点

(1) 高速直达性。高速直达性是航空运输最突出的特点。由于在空中较少受到自然地理条件的限制，因而航空线一般取两点间最短距离。这样，航空运输就能够实现两点的高速、直达运输，尤其在远程直达上更体现其优势。

(2) 安全性。随着人类科学技术进步，在不断对飞机进行技术革新的同时，维修技术也得到了提高，这些都加强了航空运输的安全性。而航行支持设施如地面通讯设施、航空导航系统、着陆系统以及保安设施的迅速改进与发展更提高了其安全性。

(3) 经济特性良好。由于飞机运送是高速直达，所以节省了大量的时间，考虑时间的因素，则航空运输有其独特的经济价值。

(4) 包装要求低。货物空运的包装要求通常比其他运输方式要低。在空运时，用一张塑料薄膜裹住托盘货物并不少见。空中航行的平稳性和自动着陆系统减少了货损的比率，因此可以降低包装要求。

2. 航空运输的缺点

(1) 受气候条件限制。因飞行条件要求很高（保证安全），航空运输在一定程度上受到了气候条件的限制，从而在一定程度上影响了运输的准点性与正常性。

(2) 可达性差。通常情况下，航空运输难以实现客货的“门到门”运输，必须借助其他运输工具（主要为汽车）转运。

3. 航空运输的适用范围

(1) 国际运输。这是航空运输的主要收入来源。目前国际间的一些货物联系基本上依赖于航空运输，这对于对外开放，促进国际间技术、经济合作与文化交流具有重要作用。

(2) 适于高附加值、低质量、小体积的物品运输。

（3）高价值或极易腐烂的产品以及运送营销期极为有限的商品的运输等。

（4）快捷运输。运用于鲜活易腐等特种货物以及高价值货物或紧急物资的运输。

（5）邮政运输。

（6）多式联运。

【知识阅读】

空运操作流程

办理托运。各外贸公司及工贸企业在备齐货物、收到开来的信用证经审核无误后，就可办理托运，即按信用证和合同内有关装运条款以及货物名称、件数、装运日期、目的地等填写《托运单》并提供有关单证，送交外运公司作为订航班的依据。

安排货舱。外运公司收到托运单及有关单据后，会与中国民航根据配载原则、货物性质、货运数量、目的地等情况，结合航班，安排舱位，然后由中国民航签发航空运单。

装货、装机。外运公司根据航班，代各外贸公司或工贸企业往仓库提取货物送进机场，凭装货单据将货物送到指定舱位待运。

签发运单。货物装机完毕，由中国民航签发航空总运单，外运公司签发航空分运单，航空分运单有正本3份、副本12份。正本3份，第一份交给发货人，第二份由外运公司留存，第三份随货同行交给收货人。副本12份用于报关、财务结算、国外代理、中转分拨等用途。

发出装运通知。货物装机后，即可向买方发出装运通知，以便对方准备付款、赎单、办理收货。

五、管道运输

管道运输是利用管道输送气体、液体和粉状固体的一种运输方式。其运输形式是靠物体在管道内顺着压力方向顺序移动实现的，和其他运输方式的重要区别在于管道设备是静止不动的。

1. 管道运输的优点

（1）运量大。根据其管径的大小不同，其每年的运输量达数百万吨到数千万吨，甚至超过亿吨。

（2）占地少。运输管道埋于地下，其占用的土地很少。

（3）管道运输建设周期短、费用低，运营费用也低。管道建设费用比铁路低60%左右。

(4) 安全可靠、连续性强。管道运输能较好地满足运输工程的绿色环保要求。管道基本埋藏于地下，其运输过程受恶劣多变的气候条件影响小，可以确保运输系统长期稳定地运行。

(5) 机制管道运输耗能少、成本低、效益好。

2. 管道运输的缺点

(1) 灵活性差。管道运输不如其他运输方式（如汽车运输）灵活，除承运的货物比较单一外，它也不允许随便扩展管线。

(2) 如果运输量明显不足，运输成本会显著地增大。

3. 管道运输的适用范围

管道运输主要担负单向、定点、量大的流体状货物（如油气、煤炭、某些化学品原料等）运输以及利用容器包装运送固态货物的运输。

第二节 仓储技术

仓储作业过程是指以保管活动为中心，从仓库接收商品入库开始，到按需要把商品全部完好地发送出去的全过程。仓储技术则是指在仓储作业过程中所采用的作业方法和操作技术以及所使用的仓库设备、货架设备、存储设备、搬运设备和分拣设备等。

一、仓库布局技术

仓库内部区域一般可划分为生产作业区和辅助作业区。仓库平面布置对仓库内物流影响重大。仓库内部区域的规划就从以下几个方面考虑：

1. 根据储存任务应设置足够的库房和货场。由于不同的物资所需要的保管条件不同，因此必须根据仓库的储存任务，即储存物资的品种和数量，设置相应的库房和货场。

2. 制定合理的仓容定额。仓容定额是指在一定条件下，仓库单位面积允许合理存放物资的最高数量。影响仓容定额的因素较多，其中最主要的是物资本身的性质特点、形状及重量和仓库地坪负荷量。

3. 合理设施专用线和装卸机械。物资装卸作业环节和作业距离与专用线的布置位置、专用线和通道的衔接等有着十分密切的关系。就一般而言，专用线应沿仓库的长边布置，其位置在仓库宽度的中间或1/3处最为理想。专用线和道路交叉路口不得少于两个。

4. 货位布置方式。货位布置方式一般有横列式、纵列式和混合式三种。所谓横列式，就是货垛或货架与库房的宽平行。若货垛或货架与库房的宽垂直排列，就是纵列式。两者皆有，则为混合式。这种布置方式有利于库内通风和物资进出库、较好地利用自然采光，但这种方式支道多、面积利用率低，特别是采用叉车作业时，这种货位布置使叉车必须进行直角转弯，操作不便，需要足够宽的通道，减少了储存面积。因此，当采用托盘储存结合叉车作业时，可采用不同的布置形式。

在将仓库内部布置好之后，由于进出库的品种数量很多，保管人员必须正确掌握每种货物的存放位置，因此仓库中均有货位编号。货位编号是根据不同库房条件、货物类别做出统一编号，以便“标志明显易找，编排循规有序”。货位编号有货场货位编号、货架货位编号和四号定位三种。货场货位编号一般有两种方法：一种是按照货位的排列编成排号，再在排号内按顺序编号；第二种是不编排号。这样的编号只采取从左至右和自前至后的方法，按顺序编号。而货架货位编号的方法有三种：第一种是以排为单位的货架货位编号；第二种是以品种为单位的货架编号；第三种是以货物编号代替货架货位编号。四号定位是将库房、货架、层数、货位号等按规律编号，并和账面统一起来的规划方法。这样的编号方法能使账面与实物保持一致性，见物知账、见账知物。四号定位用在货场上、料棚中，可用货区号、点号、排号、位号定位。

二、物资检验技术

物资的检验工作贯穿于储存全过程，包括物资入库时的检验、保管期间的抽验、发货阶段的复验、盘点检查的查验等。

在进行物资检验时要正确应用计量设备，并且要掌握计量时的要求，即准确性、感量、稳定性和不变性，从而确保检验结果的准确。对物资进行盘点和检查时，通常包括查规格、点数量、查质量、查有无超过保管期或长期积压情况、查保管条件、查安全等。在进行盘点时，主要有永续盘点、循环盘点、定期盘点和重点盘点。

三、物资堆码苫垫技术

物资堆码苫垫技术主要包括物资堆垛技术、货架储存技术、物资苫盖衬垫技术。

由于物资性质的不同，在堆码时就形成了不同的垛形。在物资堆码作业中，常常运用“五五化”方法。所谓“五五化”，即以五为基本计算单位，根据物资的不同形状码成各种垛形，其总数均是五的倍数。对于不同的物资，所采用的货架也有所不同，近年来，出现了几种新型货架，包括调节式货架、装配式货架、转动式货架、活动货架和高层货架。有的物资在进行储放时需要有衬垫和苫盖，这就需要物资苫盖衬垫技术。

四、库房温湿度控制技术

各种物资按其内在特性，要求有其适应的温湿度范围。如果库房内温湿度超过这个范围，就会引起或加速物资的质量变化。库房温湿度控制技术主要包括温湿度变化的观测、仓库温湿度控制和调节方法等。

五、现代仓储技术

随着信息科技的发展，在仓储中也运用着现代化的手段与方法，其中包括条形码技术、复合码、自动存储与检索系统和EDI技术。

不管采用什么样的技术，其目的都是为了以更快的速度完成货物的接运、验收、入库、出库作业活动；使其能储存的货物更多，能最有效地利用储存面积和空间，提高单位面（容）积的储存量；能更加合理地安排储存场所，采取科学的保管方法，保证货物的质量和数量；尽量避免和减少储存物品的自然损耗和因工作失误造成的损耗；减少投入，以最低的成本取得最好的经济效益；全力保证仓储设施设备、人员和货物的安全。

第三节　包装技术

包装技术涉及技术、艺术、经济、贸易等各个方面，属于跨行业的综合应用技术。因此，进行包装技术的选择时应遵循科学、经济、牢固、美观和适用的原则，要综合考虑内装物的性质、流通过程、环境条件、包装材料、包装容器（或制品）、包装机械、经济效果标准和法规等因素。不同的物品所采用的包装技术是不同的。

一、充填技术

将内装物按要求的数量装入包装容器的操作称为充填。充填技术主要用于销售包装，但运输包装中也有应用，如用专用运输工具运输散装的水泥、石油等。

不同的物品充填的方法不同。固体内装物按其形态可分为粉末、颗粒和块状等三类；按其粘度可分为非粘性、半粘性和粘性等三类。非粘性内装物可以自由流动，倾倒在水平面上可以自然堆积成圆锥形的堆，容易充填；半粘性内装物充填时易在储料斗中搭桥或积成拱状，致使充填困难，需要采用特殊装置；粘性内装物充填时比较困难，它们不易自身结团，而且易粘在料斗壁上面。充填过程中必须控制环境的温度和湿度。而液体内装物充填时按原理可分为重力灌装、等压灌装、真空灌装和机械压力灌装。重力灌装方法是利用液体自身重力充填容器的方法；等压灌装适用于含气液体，生产时采用加压的方法使液体内含有一定的气体，而在灌装时为了减少气体的逸出和灌装的顺利进行，必须先在空瓶中充气，使瓶内气压与储液缸内气压相等，然后再进行液体灌装；真空灌装是将容器中的空气抽出后灌装液体的方法。

二、装箱技术

装箱常用于运输包装。装箱可采用手工操作、半自动或全自动机械操作两种方式，其方法有装入式装箱法、套入式装箱法和裹包式装箱法等。

装入式装箱是将内装物按垂直方向或水平方向装入箱内的方法，所用设备称为立式或卧式装箱机。套入式装箱方法用于较贵重的大件物品，它将纸箱制成两件：一件比内装物稍高，箱坯撑开后先将上口封住，下口无翼片和盖片；另一件是浅盘式的盖，开口朝上且无翼片和盖片，其尺寸略小于前者，可以插入其中形成倒置箱盖。装箱时先将浅盘式盖放在装箱台板上，里面放置防震垫，重的内装物还可以在箱下放置木托盘。接着将内装物放入浅盘上，上面也放置防震垫。然后将高的那一件从内装物上部套入，直至将浅盘插入其中。最后进行捆扎。

三、裹包技术

裹包是用一层或者多层雾性材料包覆产品或包装件的操作。裹包方法与裹包形式密切相关。常见的裹包方法有折叠式和扭结式两种，而裹包形式有手工式、半自动或全自动机械两种。裹包技术主要用于销售包装，也有时也用于运输包装。

四、封口技术

封口是指将产品装入包装容器后，封上容器开口部分的操作。封口方法主要有粘合方法、用堵塞物封口方法。

五、捆扎技术

捆扎是将产品或包装件用适当的材料扎紧、固定或增强的操作。捆扎通常利用钢带、聚酯带、聚丙烯带、尼龙带和麻绳对物品进行捆扎。捆扎时可采用手工捆扎和机器捆扎。

运输过程中为了保障产品的安全、便于运输，包装时还会采用防震包装技术、集合包装技术收缩包装技术、拉伸包装技术、防潮包装技术、防锈包装技术、防虫包装技术、防霉包装技术、真空与充气包装技术和泡罩包装与贴体包装技术等其他包装技术。在进行包装时，要合理选择包装材料，尽量节省材料，随着经济发展的需求，研究出新型的替代材料。

【知识阅读】

包装技术分类

防震保护技术

防震包装又称缓冲包装，在各种包装方法中占有重要的地位。产品从生产出来到开始使用要经过一系列的运输、保管、堆码和装卸过程，再置于一定的环境之中。在任何环境中都会有力作用在产品之上，并使产品发生机械性损坏。为了防止产品遭受损坏，就要设法减小外力的影响，所谓防震包装就是指为减缓内装物受到冲击和振动、保护其免受损坏所采取的一定防护措施的包装。防震包装主要有以下三种方法：

(1) 全面防震包装方法。全面防震包装方法是指内装物和外包装之间全部用防震材料填满进行防震的包装方法。

(2) 部分防震包装方法。对于整体性好的产品和有内装容器的产品，仅在产品或内包装的拐角或局部地方使用防震材料进行衬垫即可。所用包装材料主要有泡沫塑料防震垫、充气型塑料薄膜防震垫和橡胶弹簧等。

(3) 悬浮式防震包装方法。对于某些贵重易损的物品，为了有效地保证在流通过程中不被损坏，外包装容器比较坚固，然后用绳、带、弹簧等将被装物悬吊在包装容器内，在物流中，无论是什么操作环节，内装物都被稳定悬吊而不与包装容器发生碰撞，从而减少损坏。

防破损保护技术

缓冲包装有较强的防破损能力，因而是防破损包装技术中有效的一类。此外还可以采取以下几种防破损保护技术：

(1) 捆扎及裹紧技术。捆扎及裹紧技术的作用是使杂货、散货形成一个牢固整体，以增加整体，便于处理及防止散堆来减少破损。

(2) 集装技术。利用集装，减少与货体的接触，从而防止破损。

(3) 选择高强保护材料。通过外包装材料的高强度来防止内装物受外力作用。

防霉腐包装技术

在运输包装内装运食品和其他有机碳水化合物货物时，货物表面可能生长霉菌，在流通过程中如遇潮湿，霉菌生长繁殖极快，甚至伸延至货物内部，使其腐烂、发霉、变质，因此要采取特别防护措施。包装防霉烂变质的措施，通常是采用冷冻包装、真空包装或高温灭菌方法。冷冻包装的原理是减慢细菌活动和化学变化的过程，以延长储存期，但不能完全消除食品的变质；高温杀菌法可消灭引起食品腐烂的微生物，可在包装过程中用高温处理防霉。有些经干燥处理的食品包装，应防止水汽浸入以防止霉腐，可选择防水汽和密封性好的包装材料，采取真空和充气包装。

防虫包装技术

防虫包装技术常用的是驱虫剂，在包装中放入有一定毒性和臭味的药物，利用药物在包装中挥发气体杀灭和驱除各种害虫。常用驱虫剂有萘、二氯化苯、樟脑精等。也可采用真空包装、充气包装、脱氧包装等技术，使害虫无生存环境，从而防止虫害。

危险品包装技术

危险品有上千种，按其危险性质，交通运输及公安消防部门规定分为十大类，即爆炸性物品、氧化剂、压缩气体和液化气体、自燃物品、遇水燃烧物品、易燃液体、易燃固体、毒害品、腐蚀性物品、放射性物品等，有些物品同时具有两种以上的危险性能。

特种包装技术

(1) 充气包装。充气包装是采用二氧化碳气体或氮气等不活泼气体置换包装容器中空气的一种包装技术方法，因此也称为气体置换包装。

(2) 真空包装。真空包装是将物品装入气密性容器后，在容器封口之前抽成真空，使密封后的容器内基本没有空气的一种包装方法。

一般的肉类商品、谷物加工商品以及某些容易氧化变质的商品都可以采用真空包装，真空包装不但可以避免或减少脂肪氧化，而且抑制了某些霉菌和细菌的生长。同时在对其进行加热杀菌时，由于容器内部气体已排除，因此加速了热量的传导，提高了高温杀菌效率，也避免了加热杀菌时由于气体的膨胀而使包装容器破裂。

(3) 收缩包装。收缩包装就是用收缩薄膜裹包物品（或内包装件），然后对薄膜进行适当加热处理，使薄膜收缩而紧贴于物品（或内包装件）的包装技术方法。

(4) 拉伸包装。拉伸包装是20世纪70年代开始采用的一种新包装技术，它是由收缩包装发展而来的，拉伸包装是依靠机械装置在常温下将弹性薄膜围绕被包装件拉伸、紧裹，并在其末端进行封合的一种包装方法。由于拉伸包装不需进行加热，所以消耗的能源只有收缩包装的1/20。拉伸包装可以捆包单件物品，也可用于托盘包装之类的集合包装。

(5) 脱氧包装。脱氧包装是继真空包装和充气包装之后出现的一种新型除氧包装方法。脱氧包装是在密封的包装容器中，使用能与氧气起化学作用的脱氧剂与之反应，从而除去包装容器中的氧气，以达到保护内装物的目的。

第四节 配送技术

配送是以分拣和配货为主要手段，以送货和抵达为主要目的的一种特殊的、综合的物流活动，是“配”和“送”的有机结合形式，也是物流中一个重要的直接与消费者相连的环节。它主要由集货、配货、车载货物的配装和按确定的配送路线送货等四个环节组成。

高效率的配送是由高效率运营的配送中心来完成的。在当今的市场竞争中，配送不是简单地将货物送达收货人的活动，而需要不断降低成本、提高服务质量、提高作业效率，以达到占领和扩大市场、使企业获取利润的目的。配送技术主要包括分拣技术和配送运输技术。

一、分拣技术

分拣作业是配送中心作业的核心环节。从实际运作过程来看，分拣作业是在拣货信息的指导下，通过行走和搬运拣取货物，再按一定的方式将货物分类、集中。因此，分拣作业过程主要包括产生拣货信息、行走搬运、拣取货物和分类集中等四个环节。

分拣按实施手段的不同，可分为人工分拣、机械分拣和自动分拣三大类。

人工分拣基本上靠人力或利用最简单的器具和手推车，把所需货物分门别类地搬运到指定地点。这种分拣方式劳动强度大、分拣效率低。机械分拣方式以机械为主要输送工具，但还需依靠人工拣选。使用的机械通常有链条式输送机、传送带、辊道输送机等。这种分拣方式投资少，可以减轻劳动强度、提高分拣效率。自动分拣是指从货物进入分拣系统直至送到指定的分配位置为止，都是按照指令依靠自动分拣系统来完成分拣作业的一种分拣方式。

在进行分货时所采用的自动分拣方式，目前大多数已经使用自动分拣系统去完成。下面介绍一下自动分拣系统。自动分拣系统的作业过程可以简单描述如下：物流中心每天接收成百上千家供应商或货主通过各种运输工具送来的成千上万种商品，在最短的时间内将这些商品卸下并按商品品种、货主、储位或发送地点进行快速准确地分类，将这些商品运送到指定地点（如指定的货架、加工区域、出货站台等），同时，当供应商或货主通知物流中心按配送指示发货时，自动分拣系统在最短的时间内从庞大的高层货架存储系统中准确找到要出库商品所在的位置，并按所需数量出库，将从不同储位上取出的不同数量的商品按配送地点的不同运送到不同的理货区域或配送站台集中，以便装车配送。自动分拣系统不受气候、时间、人员体力等的限制，可以连续运行。同时由于自动分拣系统单位时间分拣件数多，因此自动分拣系统的分拣能力是人工分拣系统无法比拟的。自动分拣系统可以连续运行 100 个小时以上，每小时可以分拣 7 000 件包装商品，而人工每小时只能分拣 150 件左右，在这种劳动强度下最多只能连续工作 8 个小时。自动分拣系统一般由控制装置、分类装置、输送装置及分拣道口组成。

二、配送运输技术

根据用户的订单，配送中心对货物进行加工和分拣后，每个用户所需要的货物应该已经全部备齐。接下来需要做的就是采用一种合理的运输方式，通过一个合适的路线，用一种让用户可以接受的交货方式，在用户认可的地点，在用户预定的时间，交付用户所需要的货物。对于交货方式、交货地点和时间，在用户提交订单时一般都会注明。有些没有注明的，也可以根据以往的惯例，或者通过和客户的简单交流来确定。为了完成配送，需要考虑两个问题：一是运输服务是否合理；二是什么样的路线和车辆配载才合理。

在配送活动中，基本上使用的都是公路运输，其他几种运输方式，尤其是铁路、航空和管道，主要应用的领域是干线运输，而对于水路运输，在配送活动中也极少使用。对于配送活动中使用的运输，目前有两种渠道可以获得，一种是由配送企业自备，另外一种是将运输部分外包，由专业的运输企业来完成具体的配送。

企业自备运输，对于运输的控制有更多的自主权力，企业可以根据需要更好地定制对客户的服务，但企业需要更多的投资和人力成本的开支。而将这部分业务外包，运输企业的专业化服务可以帮助企业降低运输的成本，并大大降低企业对于运输的人力成本支出。目前，更多的企业选择将运输外包，即采用后一种方式获得运输服务，但也有部分企业采用前一种方式完成配送。很难说哪一种方式更适合，企业应该根据自身的情况，综合进行评估，选择一种最适合的方式获取运输服务。

在确定路线和车辆时，通常会将所有需要配送的货物进行分组分类，选择适合货物运输的车辆，再根据客户的具体位置、沿途的交通情况等，选择配送距离短、配送时间短、配送成本低的路线。

【本章小结】

本章主要介绍了物流运输技术、仓储技术、包装技术与配送技术。在运输作业时，要根据不同的货物、不同客户的需要进行选择；在货物进行仓储时，由于不同的货物的性质、规格等不同，必须得对其进行个性的分析，然后综合考虑，从而确定正确的仓储方法与技术；在进行商品包装时，则需要对商品本身的性质进行分析，根据客户的要求、运输的便利，确定正确的包装方式；在进行货物的配送时，需要从两个方面考虑，一是采用的运输服务（自己运输还是外包运输）；二是所使用的车辆和路线，然后采取最适合商品且获利最大的物流配送方式。

【案例分析】

连邦连锁经营中的物流配送

在盗版软件盛行的年代里，首创正版软件连锁经营的连邦，经过短短五年的经营，已在全国145个城市建成近300家专卖店，销售额平均年增长率超过100%，成为国内软件流通的主渠道。

连邦总部在经营中采用正规连锁与特许连锁并行的方式。一方面，在一些重要城市如北京、上海、广州、武汉、成都等地采用正规连锁，由总部直接投资或控股建立直营店；另一方面，在其他一些城市如合肥、太原、长沙等地采用特许连锁，建特许加盟店（有时也称授权专卖店或特许店）。这种独特的连锁经营模式以及与之配合的一整套运作模式，是连邦在激烈的竞争中克敌制胜的法宝，连邦软件销售连锁组织的物流配送是随着整个组织的规模变化而不断发展的。起初规模较小时采用总店制，规模逐渐扩大后发展成储运部，直至后来成立了物流中心。

商品采购

商品采购一般分为首批采购和日常采购。首批采购是指对新上市产品进行的第一批采购，日常采购是指除首批采购外的其他采购行为。对于畅销产品的首批采购，确定合适的采购量是至关重要的。如果采购量小，就有可能缺货，少则一两天，多则一个星期，这样会错过宝贵的热卖机会，造成经济损失，如果再碰上厂商因压盘紧张等而缺货，损失就更大了。相反，如果采购量大，轻则造成资金过度占用，重则造成死库存，损失可能更大。对于畅销产品的首批采购量，连邦采取谨慎的采购原则，一般由产品经理根据各地专卖店的征订量，考虑其他综合因素后，凭经验判断来确定。首批采购量不会因量大而造成死库存，因为首批采购量中有200～500套代销量，即使有少量的死库存，由于与厂商的合作关系一向良好，也能与厂商调换。如果订货量偏小的话，有可能不能满足专卖店的需求，回头再找厂商调换，一是延误了时间，二是厂商处可能会缺货。出现这种情况时，厂商会优先支持连邦，因为它们知道连邦拿走货之后，都是直接销售给最终客户，不会去炒货。

日常采购量的确定主要依据订单管理系统。对于每种产品，连邦会定期设置一个最低库存量值和一个最高库存量值，而且会定期进行调整。最低库存量值与最高库存量值的设置，是根据产品的畅销程度、产品所处的销售生命周期、资金占用大小、采购的容易程度（厂商是在北京供货还是在外地、厂商是送货还是连邦自提等）、货源紧张程度等情况进行的人为设置。这个人为设置是根据实际销售经验而确定的。例如KV300这个产品，属于特别畅销的产品，最低库存为500套，最高库存量为2 000套。一般一周采购一次，一次1 500套左右。这个产品所占体积不大，全年畅销程度没有很大差别。有的专卖店一次就订购200套。连邦收到各地专卖店的订货单之后，订单管理系统会自动汇总，库存数与订货数相减，如低于最低库存量，就立即安排采购；库存数与订货数相减，如高于最高库存量，说明采购量过大，就采取相关措施尽快减少库存。库存管理系统包含订单管理系统，根据库存数和订单数，每天早晨自动生成当天的采购清单，由采购部安排采购事宜。

配发货

总部给各地专卖店配发货产品一般分为三类：代销产品、配货产品、订货产品。装箱清单上会标明各产品的发货性质。软件开发商根据与连邦总部的合作协议，提供一定代销量的产品给连邦总部，总部根据代销总数量，依据各地专卖店的销售能力和付款信誉来确定给专卖店的代销量。代销产品不用预先支付货款，在代销期间内销售不出去可以通过总部退还厂商，没有任何库存风险。产品的代销期为半年至一年。代销期结束后，总部会发通知要求各地专卖店退回代销产品。

配货产品是总部根据原先与专卖店的约定数量，主动配发给专卖店的产品。针对市场上一些当期不太畅销的产品，连邦总部事先不会发通知要求各地专卖店征订，但这些产品仍可能有一定的销售量，为了提高这些产品到达专卖店的速度，促进销售，连邦总部依据这些产品的销售程度和专卖店的销售能力，直接给各专卖店作为配货产品配发一定数量的产品，一般情况下，大城市的专卖店为3～5套，小城市为1～2套。配货产品先收取货款，由各地专卖店承担库存风险，各专卖店在收到货后一两个月内可以退回总部，超过期限则不允许退回总部。实施配货产品政策，一是简化由专卖店订货到总部确认发货这个环节，使产品到货速度加快；二是鼓励专卖店积极开发当地市场，增强促销活动，变不太畅销的产品为畅销产品，拓宽畅销产品的范围。

订货产品是指根据专卖店的订货单配发的产品，包含首批征订的产品和日常订购的产品。订货产品的品种和数量主要是由各专卖店负责制定，订货产品先收取货款，由各地专卖店承担库存风险，无特殊情况不允许退回总部。

厂商直供

统一进货可以给连锁店带来规模优势，使其供货价格比别人更具竞争力。但是如果所有商品全部由总部统一供货，就会存在发给各个专卖店货物速度慢的问题。连邦就此探索出一条由厂商直接供货而结算由总部统一负责的途径。事实证明，连邦采用的这种方法是行之有效的。

由于软件市场增长速度放慢，市场竞争显得更加激烈，其中一个问题就是物流的速度和成本。各地连邦软件专卖店在当地的竞争者直接由厂商发货，包装费甚至运费都是由厂商负责，不仅到货快，而且总成本低。而连邦总部尽管最早从厂商处拿到货，但要办理入库、打印标签、粘贴标签、分货，然后发货，货到专卖店时已经比当地竞争对手晚了一步，而且总部承担包装、分货成本，运费等还由专卖店自己承担，增加了总成本。对于在外地的厂商，连邦总部收到货的时间几乎和各地连邦软件专卖店当地竞争者拿到货的时间差不多，如果再由连邦总部发货给各专卖店，时间最长可能会耽误一周左右。现在厂商之间的竞争也很激烈，有些厂商为了达到占领更多市场份额的目的，往往新产品还未上市，广告早已提前一个月打出。用户看到广告以后经常到各个零售店里询问。对于一些畅销产品，有时前后也就相差一两个小时，连邦如果没有货，用户就只好到竞争对手那里去了，店里也就少卖了几十套。如果到货速度比竞争对手晚一周左右，情况将不堪设想。

为了保持连邦专卖店的名副其实的“大而全”的产品形象，连邦总部和厂商签署协议，由厂商直接供货，总部和厂商结算。交易的传递是其关键。连邦和厂商约定，厂商制作发货单，传真一份给专卖店，一份给连邦总部。专卖店收到由厂商直接发来的货并检验无误后，在发货单上盖章签字后传真给连邦总部，总部根据专卖店的确认单制作专卖店的物流单，并办理产品入库手续，按规定和厂商结算。这样一来，不仅提高了连邦总部的工作效率，使产品到各专卖店的速度加快，而且还降低了成本，运输费、包装费由厂商承担，减少了资金占用。

◎**评点**

1. 连锁经营中，正规连锁（也称直营连锁）需要大量资金，发展往往受到限制，而特许连锁的优势恰恰在于总部无须增加资金投入，就可以控制众多独立店铺以扩大经营，占据市场，获得利润。

2. 物流配送组织的演变从一个侧面反映了连邦软件销售连锁组织这些年来的超速发展，充分说明了连锁组织总部采取的组织调整策略适应了市场和组织系统变化的格局。

3. 连邦总部给各地专卖店配发货产品一般分为三类：代销产品、配货产品、订货产品。这种灵活的配发货产品模式，使连邦具有更大的市场占有率。

4. 由厂商直接供货而结算由总部统一负责的途径，不仅提高了连邦总部的工作效率，使产品到各专卖店的速度加快，而且还降低了成本，运输费、包装费由厂商承担，减少了资金占用。

【练习与思考】

1. 进行运输作业时，选择何种运输应从哪些方面去考虑？
2. 进行运输时，采用不同的运输所带来的利弊有哪些？
3. 仓储技术有哪些？
4. 在进行仓库布局时要考虑哪些因素？
5. 包装技术有哪些？阐述不同货物所采用的不同的包装技术。
6. 配送技术包括哪些？完成配送时应考虑哪几个因素？
7. 运输服务有哪几种？分析不同情况下所采用的运输服务对企业的利弊。

第四章 第三方物流

【学习目标】

1. 了解第三方物流的概念。
2. 熟悉第三方物流兴起的原因和发展现状。
3. 掌握第三方物流运作模式分析。
4. 掌握第三方物流的定位、业务范围及发展趋势。

【关键词汇】

第三方物流 TPL/3PL（Third Party Logistics）

供应链 SC（Supply Chain）

业务外包（Outsouring）

在市场经济日益繁荣、供应链和价值链理念逐步成为企业主流管理思维的环境下，市场竞争的优势将不再取决于企业占有物质资源的多寡，而取决于企业所能调动、协调和整合的社会资源的总和。在物流领域，以第三方物流为代表的专业化物流服务形式，在企业物流资源整合和供应链资源整合过程中，扮演着越来越重要的角色。

第一节 第三方物流概述

物流业的发展水平反映了一个国家的综合国力和企业的市场竞争能力。世界各国都非常重视物流水平对本国经济发展、国民生活质量提高的影响。当前代表现代物流发展趋势的第三方物流，成为世界各国，特别是大型跨国公司所关注、探讨和实践的热点。

一、第三方物流的概念

随着现代企业生产经营方式的变革和市场外部条件的变化，“第三方物流”（Third Party Logistics）这种物流形态开始引起人们的重视，企业对此表现出极大的兴趣。在西方发达国家，先进企业的物流模式已普遍开始向第三方物流甚至向第四方物流方向转变。

第三方物流的产生是新型管理理念的要求。进入20世纪90年代后，信息技术特别是计算机技术的高速发展与社会分工的进一步细化，推动了管理技术和思想的迅速更新，由此产生了供应链、虚拟企业等一系列强调外部协调和合作的新型管理理念，既增加了物流活动的复杂性，又对物流活动提出了零库存、准时制、快速反应、有效的顾客反应等新的更高的要求。第三方物流的出现一方面迎合了个性需求时代企业间专业合作（资源配置）不断变化的要求，另一方面实现了进出物流的整合，提高了物流服务质量，加强了对供应链的全面控制和协调，促使供应链达到整体最佳。

1. 第三方物流的概念

2001年我国公布的《物流术语》（GB）中，将第三方物流定义为："由供方与需方以外的物流企业提供物流服务的业务模式。"

目前，对于第三方物流的概念，不同的学者持有不同的认识，大体有以下几种：

（1）认为第三方物流就是合同物流或契约物流，由第三方物流提供者在特定时间段内向使用者提供个性化的系列物流服务，强调合作的长期性和战略关系。

（2）认为第三方物流是第三方提供全部物流业务服务的活动，即通常所说的一站式、一体化的综合物流服务，强调第三方提供的是全过程的物流服务。

（3）认为第三方物流是指由物流劳务的供方、需方之外的第三方去完成物流服务的物流运作方式，强调第三方物流的提供者。

综上分析，我们认为，第三方物流（Third Party Logistics，TPL或3PL）就是指在物流过程中，第三方以物流外包合同的形式向物流交易双方提供以物流系统设计、系统运营为主要内容的现代的、系统的、多功能甚至全方位物流服务的业务模式。所谓第三方是指本身不拥有货物，而是为物流交易双方的物流作业提供管理、控制和专业化作业服务的企业。

2. 第三方物流的特征

（1）合同承包。这是第三方物流最显著的特征。首先，第三方物流通过合同的形式来规范物流经营者与物流消费者之间的关系。第三方物流完全根据双方共同制定的承包合同的规定来承担指定的物流业务，并用合同来管理提供的所有物流服务活动及其过程。其次，第三方发展物流联盟也是通过合同形式来界定物流联盟参与者之间的关系。

（2）功能专业化。对于专业从事物流服务的企业，它的物流设计、物流操作过程、物流管理都应该是专业化的，物流设备和设施都应是标准化的。

(3) 个性化服务。第三方物流都是面向一个个具体企业承包物流业务，而不同的企业要求提供不同的物流服务，第三方物流则根据不同企业的要求，进行针对性强的个性化服务和增值服务。

(4) 信息化、科技化。网络技术、信息技术的高度发展实现了信息资源实时共享，在提高物流服务效率的同时也加剧了市场竞争。第三方物流企业只有建立适应综合物流发展的信息技术平台，及时地与客户交流和协作，实现资金流、物流、信息流的有机结合，才能够赢得客户、赢得市场，才能生存和发展。

【阅读材料】

第四方物流

“第四方物流”的概念首先是由著名的管理咨询公司埃森哲公司（又名安盛咨询公司）提出，它将“第四方物流”作为专有的服务商标进行了注册，并将其定义为“一个调配和管理组织自身的及具有互补性服务提供商的资源、能力与技术以提供全面的供应链解决方案的供应链集成商”。

尽管有业内人士怀疑咨询公司此举有进行圈地和独霸行业的嫌疑，然而，业界的广泛共识是，物流管理的日益复杂和信息技术的爆炸性发展，使得供应链管理的过程中的的确确需要一个“超级经理”来进行管理协调，而且学术界、管理顾问公司、第三方物流公司和最终客户都认为对这种实体的需要越来越强烈。

二、第三方物流的兴起

第三方物流兴起的原因

(1) 集中主业。企业能够实现资源优化配置，将有限的人力、财力集中于核心业务，进行重点研究，发展基本技术，开发新产品以参与世界竞争。

(2) 节省费用。专业的第三方物流提供者利用专业优势和成本优势，通过提高各环节能力的利用率实现费用节省，使企业能从分离费用结构中获益。

(3) 减少库存。企业不能承担多种原料和产品库存的无限增长，尤其是高价值的部件要被及时送往装配点，实现零库存，以保证库存的最小量。第三方物流提供者能借助精心策划的物流计划和适时运送手段，最大限度地减少库存。

(4) 提升企业形象。第三方物流提供者对顾客来说，不是竞争对手，而是战略伙伴，他们为顾客着想，通过全球性的信息网络使顾客的供应链管理完全透明化，顾客随时可通过 Internet 了解供应链的情况；第三方物流提供者是物流专家，他们利用完备的设施和训练有素的员工对整个供应链实现完全的控制，减少了物流的复杂性；他们通过遍布全球的运送网络和服务提供者（分承包方）大大缩短了交货期，帮助顾客改进服务，树立自己的品牌形象。第三方物流提供者通过“量体裁衣”式的设计，制订出以顾客为导向、低成本、高效率的物流方案，为企业在竞争中取胜创造有利条件。

三、第三方物流的发展

第三方物流是20世纪80年代中期由美国学者提出的，已经有30年发展历史的第三方物流服务目前盛行于发达国家。发达国家使用第三方物流的比例很高，例如，在欧洲达到80%，美国在60%以上，日本也在80%以上，并且第三方物流服务的需求量在这些地区和国家还在增长。有资料表明，欧洲24%和美国33%的非第三方物流服务用户正积极考虑使用第三方物流服务，欧洲62%和美国72%的第三方物流服务用户认为他们有可能在三年内再增加对第三方物流服务的需求。一些行业观察家已对市场的规模做出估计，整个美国第三方物流业有相当于4 200亿美元的市场规模，欧洲最近的潜在物流市场的规模估计约为9 500亿美元。

我国20世纪90年代才引进第三方物流的概念，短短十多年间，国内的第三方物流得到较大发展，但目前我国第三方物流在物流市场中的比重仅达到20%，可发展空间非常大，2006年我国第三方物流市场规模超过1 300亿元，比上年增长30%左右。

在过去几十年中，物流服务对企业在市场上能否取胜的决定作用变得越来越明显。从本质上说，企业在市场上的表现主要是由产品的质量、价格以及供给三个因素决定，其中任何一个因素对企业的竞争能力都起着重要的影响作用，而这三个因素都分别直接受到物流的影响。世界经济将在纵向上对工业、供应商、顾客、贸易和物流公司进行重新分工，介入生产以及销售环节的物流公司的出现将是物流业发展的必然趋势。第三方物流给供应链各参与者带来了很多好处和方便，因而受到了极大的欢迎，潜力巨大，必将成为21世纪物流业的主流。

由此可见，全世界的第三方物流市场具有潜力大、增长率高的特征。这使得第三方物流业拥有大量服务提供者，尽管当前大多数第三方物流服务公司是从传统的“内物流”业为起点而发展起来的，如仓储业、运输业、货运代理和企业内的物流等，但它们根据顾客的不同需要，通过提供各具特色的服务取得成功并迅速专业化。美国目前有几百家第三方物流供应商，其中大多数公司开始时并不是第三方物流服务公司，而是逐渐发展进入该行业的。第三方物流的服务内容现在大都集中于传统意义上的运输、仓储范畴之内，运输、仓储企业对这些服务内容有着比较深刻的理解，对每个单项的服务内容都有一定的经验，关键是如何将这些单项的服务内容有机地组合起来，提供物流运输的整体方案。

通过总结发达国家第三方物流的实践，有以下几点值得我们特别关注：第一，物流业务的范围不断扩大。一方面，商业机构和各大公司在面对日趋激烈的竞争时不得不将主要精力放在核心业务上，将运输、仓储等相关业务环节交由更专业的物流企业进行操作，以求节约和高效；另一方面，物流企业为提高服务质量，也在不断拓宽业务范围以提供配套服务。第二，很多成功的物流企业根据第一方、第二方的谈判条款，分析比较自己的操作成本和代理费用，灵活运用自理和代理两种方式，提供客户定制的物流服务。第三，物流产业的发展潜力巨大，具有广阔的发展前景。

第二节　第三方物流的运作模式

一、第三方物流的运作模式

目前我国第三方物流企业的组织与运作可以归纳为三种形式。

(1) 传统外包型物流运作模式

这是一种简单、普通的物流运作模式，由第三方物流企业独立承包一家或多家生产商或经销商的部分或全部物流业务。

企业物流业务外包，降低了库存，甚至达到“零库存”，节约了物流成本，同时可精简部门，集中资金、设备于核心业务，提高企业竞争力。第三方物流企业各自以契约形式与客户形成长期合作关系，保证了自己稳定的业务量，避免了设备闲置。这种模式以生产商或经销商为中心，第三方物流企业几乎不需专门添置设备和进行业务训练，管理过程简单。第三方物流只完成承包服务，不介入企业的生产和销售。

目前我国大多数物流业务就是这种模式，实际上这种方式并不比传统的运输、仓储业走得更远。这种方式以生产商或经销商为中心，第三方物流之间缺少协作，没有实现资源更大范围的优化。这种模式最大的缺陷是生产企业与销售企业以及第三方物流之间缺少沟通的信息平台，会造成生产的盲目和运力的浪费或不足以及库存结构的不合理。目前，物流市场以分包为主，总代理比例较少，难以形成规模效应。

(2) 战略联盟型物流运作模式

第二种模式是包括运输、仓储、信息经营者等以契约形式结成的战略联盟，通过内部信息共享和信息交流，相互协作，形成第三方物流网络系统。联盟可包括多家同地和异地的各类运输企业、场站、仓储经营者。理论上联盟规模越大，可获得的总体效益越大。联盟信息处理，可以共同租用某信息经营商的信息平台，由信息经营商负责收集处理信息，也可连接联盟内部各成员的共享数据库以实现信息共享和信息沟通。目前我国的一些电子商务网站普遍采用这种模式。

这种模式比起第一种模式有两方面的改善：首先，系统中加入了信息平台，实现了信息共享和信息交流，各单项实体以信息为指导制定运营计划，在联盟内部优化资源。同时，信息平台可作为交易系统，完成产销双方的订单和对第三方物流服务的预订。其次，联盟内部各实体实行协作，某些票据在联盟内部通用，可减少中间手续、提高效率，使得供应链衔接更顺畅。例如，联盟内部各种经营方式的运输企业进行合作，实现多式联运、一票到底，大大节约了运输成本。

联盟成员是合作伙伴关系，实行独立核算，彼此间服务租用，因此有时很难协调彼此的利益，在彼此利益不一致的情况下，要实现资源更大范围的优化就存在一定的局限。例如，A 地某运输企业运送一批货物到 B 地，而 B 地恰有一批货物运往 A 地，为减少空驶率，B 地承包这项业务的某运输企业应转包这次运输，但 A、B 两家在利益协调上也许很难达成共识。

（3）综合物流运作模式

第三种模式就是组建综合物流公司或集团。综合物流公司包括了物流的多种功能——仓储、运输、配送、信息处理和其他辅助功能，例如包装、装卸、流通加工等，并组建完成具有各种相应功能的部门。第三方综合物流大大扩展了物流服务范围，对上位生产商可提供产品代理、管理服务和原材料供应等服务，对下位经销商可全权代理其配货送货业务，可同时完成商流、信息流、资金流 物流的传递。

综合物流项目必须进行整体网络设计，即确定每一种设施的数量、地理位置、各自承担的工作。其中，信息中心的系统设计和功能设计以及配送中心的选址、流程设计等都是非常重要的问题。物流信息系统基本功能应包括信息采集、信息处理、调控和管理，物流系统的信息交换目前主要利用 EDI、无线电和 Internet，Internet 因为其成本低（相对于 EDI 技术）、信息量大，已成为物流信息平台的发展趋势。配送中心是综合物流的体现，地位非常重要，它衔接物流的运输、仓储等环节。

综合物流是第三方物流发展的趋势，组建方式有多种。由于物流活动是一个社会化的活动，涉及行业面广，涉及地域范围更广，所以它必须形成一个网络才能更好地发挥其效用，综合物流公司或集团必须根据自己的实际情况选择网络组织结构。现在主要有两种网络结构，一种是大物流中心加小配送网点的模式，另一种是连锁经营的模式。前者适合商家和用户比较集中的小地域，通过选取一个合适地点建立综合物流中心，并在各用户集中区建立若干小配送点或营业部，采取统一集货、逐层配送的方式。后者是在业务涉及的主要城市建立连锁公司，负责该城市和周围地区的物流业务，地区间各连锁店实行协作，该模式适合地域间或全国性物流，连锁模式还可以兼容前一模式。

二、第三方物流的运作特点

1. 第三方物流是建立在现代电子信息技术基础上的

信息技术的发展是第三方物流出现的必要条件，信息技术实现了数据的快速、准确传递，提高了仓库管理、装卸运输、采购、订货、配送发运、订单处理的自动化水平，使订货、包装、保管、运输、流通、加工实现一体化。企业可以更方便地使用信息技术与物流企业进行交流和协作，企业间的协调和合作有可能在短时间内迅速完成；同时，电脑软件的功能强大，使混杂在其他业务中的物流活动的成本能被精确计算出来，还能有效管理物流渠道中的商流，这就使企业有可能把原来在内部完成的作业交由物流公司运作。常用于支撑第三方物流的信息技术有：实现信息快速交换的 EDI 技术、实现资金快速支付的 EFT 技术、实现信息快速输入的条形码技术和实现网上交易的电子商务技术等。

2. 第三方物流是合同导向的一系列服务

第三方物流有别于传统的外包，外包只限于一项或一系列分散的物流功能，如运输公司提供运输服务、仓储公司提供仓储服务，第三方物流则根据合同条款规定而不是根据临时需求的要求，提供多功能甚至全方位的物流服务。

3. 第三方物流是个性化物流服务

第三方物流服务的对象一般都较少，只有一家或数家，服务时间却较长，有别于公共物流服务（来者都是客），这是因为需求方的业务流程不一样，而物流、信息流是随价值流流动的，因而要求第三方物流服务应按照客户的业务流程来定制，这也表明物流服务理论从“产品推销”发展到了“市场营销”阶段。

4. 企业之间是联盟关系

依靠现代电子信息技术的支撑，第三方物流企业与其客户企业之间充分共享信息，只有双方相互信任，才能达到比单独从事物流活动所能取得的更好的效果，而且从物流服务提供者的收费原则来看，他们之间也是共担风险、共享收益的。再者，企业之间所发生的关系虽然不是仅一两次的市场交易，但在交易维持了一定时期之后，可以相互更换交易对象，在行为上，各自不完全采取导致自身利益最大化的行为，也不完全采取导致共同利益最大化的行为，只是在物流方面通过契约结成优势互补、风险共担、要素双向或多向流动的物流联盟关系。

5. 第三方物流是一种交易方式

第三方物流是物流服务的一种交易方式是指工商企业把部分或全部物流业务交由专业的物流企业（第三方物流企业）运作的一种交易方式，从事这种交易方式的专业物流公司则称为第三方物流企业。一般情况下，人们常把第三方物流企业简称为第三方物流，但二者是两个不同的概念，有着本质上的区别，一个是指企业的组织形式，另一个则是指物流服务的交易方式。

三、第三方物流决策

采用第三方物流能降低成本，提高顾客服务水平。毫无疑问，在供应链构建中，一个不可避免的问题就是第三方物流决策，哪些企业应该实施第三方物流以及在多大程度上使用第三方物流，目前很少有人能够实实在在地找到某种方法解决这些问题。

1. 第三方物流决策标准

企业要做出是否将物流服务第三方化的决策，关键是从物流在企业中的战略地位出发，在综合考虑企业自身物流能力的基础上，进行必要的成本评价。首先，企业要考虑物流系统对企业运营的战略重要性，由此决定物流子系统是否构成企业的核心竞争能力，要做出这一决策，一般可以从以下几方面着手进行分析：

（1）企业物流是否高度影响企业业务流程？

（2）企业物流是否需要相对先进的技术？采用此种技术能否使公司在行业中领先？

（3）企业物流在短期内是否不能为其他企业所模仿？

如能得到肯定的回答，那么就可以断定物流系统在战略上处于重要地位。

由于物流系统是多功能的集合，各功能的重要性和相对能力水平在系统中是不平衡的，因此，接下来要对各物流功能进行分析。

某种物流功能是否具有战略意义，关键要看它的可靠性，如果其可替代性很弱、外部物流商很难完成、几乎只有本企业才具备这项能力，企业就应保护好、发展好该项物流功能，使其保持旺盛的竞争力；反之，若外部物流商也能胜任该项物流功能或该项物流系统对企业而言并非十分重要，那么就需要从企业物流能力的角度决定是自营还是外购。

企业的物流能力指的是顾客服务水平，顾客是一个泛指的概念，它既可以是消费者，也可以是下道工序，还可以是下游生产者。如果企业不具备满足一定顾客服务水平的物流能力，就需要进行物流外购。在物流外购时采用何种服务——是租赁公共物流服务还是组建物流联盟（即引入第三方物流）——还需要视物流系统对企业成功的重要性来决定。在物流系统构成企业核心战略资源的情况下，为保证物流的连续性，就应该与第三方物流商签订长期合同，由第三方物流商根据企业流程提供定制化的物流服务，即实施物流第三方化；而在物流子系统不构成企业核心战略资源的情况下，要决策采用何种物流外购方式还需要进行成本评价，在顾客服务水平与成本之间寻找均衡点。

2. 物流第三方化的决策步骤

在上述决策框架下，企业做出引入第三方物流商的决策，一般而言，还需要遵循如下步骤。

(1) 统一对第三方物流的认识

企业高层管理人员应充分认识第三方物流的重要性。如前所述，第三方物流可为企业提供高效的物流设施和专业的物流服务，提供先进的物流技术和快捷的物流信息，减少企业不必要的资源投入，使企业的经济效益达到最佳状态。通常，企业在选择外购仓储、运输、包装等物流活动时，费用是决定性的因素，因此，很多企业愿意借助第三方物流来降低成本。显然，第三方物流商在规模经济方面比单个企业自营物流有优势，它可以承揽大量的货源，并可以在仓库、物流设备、运输车辆等方面进行大规模投资，从而实现比单个货主要低的单位物流费用。

(2) 做出物流外购或自营抉择

物流外购或自营是引入第三方物流的关键战略决策。虽然多数情况下经营决策是依据财务指标做出的，但多数专家和企业认为，物流外购或自营决策应主要基于企业自身的物流需求和物流能力做出。

假如生产商或销售商缺乏仓储、运输方面的专门技术和设施，且仓储和运输对企业总体市场地位并非至关重要，那么，企业就应当考虑选择第三方物流商的决策。如果某项物流职能对企业的市场成功非常重要，则企业做出物流第三方化决策最重要的依据应当是对企业自身物流能力和物流服务外部获得能力的评估以及对核心业务和非核心业务的划分。

(3) 选择物流供应商

一旦企业决定使用第三方物流，厂商首先要选择最佳的战略联盟。因此，在选择物流供应商时应特别慎重，具体操作时要考察物流供应商是否满足以下几个条件：

①能够提供大范围的运输、配送、信息处理等多功能的物流服务。

②有成功实现和操作第三方物流的丰富经验。

③拥有专业物流人才以及较先进的物流设施和物流信息系统。

④财务实力强。

⑤具有科学的风险预测系统，有能力保证签约双方权益不受损害。

（4）专人负责、多方合作。

成功实现第三方物流是一项艰巨的任务。企业一旦采用并引入第三方物流，应该委派专人负责，使第三方物流供应商从开始构思物流系统到具体实施物流业务都能得到企业的有效配合、辅助、监控，并能在出现违约或其他特殊情况时，及时、有效地进行危机处理。引入第三方物流涉及企业很多部门，因而企业负责第三方物流的管理人员需要了解、熟悉各相关部门的情况。只有这样，才能取得企业内部相关部门的相互合作，实现物流环节与企业其他经营环节的战略整合，最终从供应链的层面为企业赢得竞争优势。

第三节 第三方物流的发展

一、第三方物流的定位

随着业务外包的兴起，第三方物流作为主要外包形式之一在全球迅速成为趋势。我国从 20 世纪 90 年代末开始，也成立了一批第三方物流公司，并逐步形成为社会所关注的“新兴产业”、“朝阳产业”。但 3PL 企业从一开始就陷入了“望洋（号称巨大的第三方物流市场）兴叹”的苦恼之中，众多物流企业在一片“物流热”中不知该如何一步一步、脚踏实地地往前走。如何打开市场、如何获得客户信任、如何与客户深入合作、如何实现赢利等问题始终困扰着 3PL 公司。

1. 正确认识第三方物流及其市场

第三方物流服务提供商要做好第三方物流，必须深知 3PL 的以下内涵：

（1）目标客户一般为大型工商企业、品牌企业等大客户，因为这些企业一般处于供应链的核心地位（即链主），拥有大规模的原材料、产成品，物流对象复杂、流量大。

（2）第三方物流服务提供商的专业化包含两个方面：一是在物流经营管理方面专业化；二是对目标客户行业服务方面的专业化。

（3）提供第三方物流服务的组织，必须对于客户所处的行业有丰富的物流操作经验，了解该领域的物流特性（如冷冻链物流、服装物流、大型设备物流等）。

（4）对客户需求具有深度的理解，如客户的生产（或交易）规模、分销渠道、“客户的客户”的地域分布、“客户的客户”的消费特性等。

（5）第三方物流必须提供具有客户特色的专业服务，而不是提供“大众化”的一般服务。

(6) 第三方物流必须立足于客户的角度（融入客户），为客户降低物流成本，为客户的市场整体战略服务。

(7) 第三方物流要在信息系统等技术上处于领先的水平。

(8) 第三方物流所提供的综合服务占客户总物流需求的全部或者绝大部分。

(9) 第三方物流必须与客户无缝衔接，实现“信息共享、过程同步、合作互利”的协同化服务。

目前我们对3PL市场的认识存在与物流市场混淆的嫌疑。物流市场包括公共运输市场（如铁路、水运、航空等）、仓储市场（一些仓储公司）、配送市场（如城市配送）、3PL市场等。第三方物流主要是为跨国企业及各国大型企业服务，而这些大型企业的产值占各个国家的GDP比重并不大，尤其像我国这样一个主要以中小企业为主的国家，大型企业所占比重则更小（见表4-1），与此相对应，第三方物流市场也只是整个物流市场的一个较小的组成部分。

表4-1 一些发达国家及我国第三方物流产值占物流总产值的百分比

序号	国家	物流总产值占GDP比例	第三方物流产值占物流总产值百分比
1	德国	11%	23%
2	法国	11%左右	27%
3	英国	10.63%	34.4%
4	美国	9.5%	34.4%
5	日本	11.4%	50%左右
6	中国	16.7%	18%

资料来源：http://www.sjlogistics.com/Bbs/Announce/announce.asp?BoardID=100&ID=92.

2. 第三方物流的市场定位

中小企业在物流对象的种类上较少、流量较小、频率较低，供应渠道也较为通用、简单，因此这些企业一般会采用社会公共物流服务提供商如铁路托运、专业汽车运输商等和提供单一服务的物流服务提供商如运输公司、仓储公司、配送公司等。第三方物流服务是一种定制化服务，由于这些企业规模小、缺乏整合与优化的机会，如果采用第三方物流服务，反而将在一定程度上大幅度地提高成本。

与之相反的是，大型企业由于规模大、产品多、上下游多、产品向全国（甚至全球）供应，在物流经营与管理上存在巨大的整合与优化空间，而这正是第三方物流所擅长的，因此，这些大客户往往会选择成立专业化物流公司或者将整体或部分物流外包给第三方物流企业，也就提供了第三方物流的市场机会。值得注意的是，3PL 企业与客户一定要形成稳定、紧密的战略合作伙伴关系，真正融入客户内部。

正因为如此，第三方物流企业在开发市场时，要将目标主要锁定在这些大型工商企业、品牌企业身上，提供定制化、专业化的物流服务。

3. 第三方物流企业的经营

我国的市场经济还在不断完善，多少还残留着一些计划经济的痕迹，粗放经营便是其中之一。目前我国的很多储运企业处于粗放经营状态，不能从整个物流系统角度出发，对各个环节进行根本设计，挖掘各个环节的效益，降低各个环节的费用。物流作为企业经营的一个支持和服务子系统，在整个系统中主要产生成本，3PL 也就承担着为客户降低总体物流成本的重任，而要达到这个目标，不对各个环节进行精雕细刻是不可能的。

第三方物流要帮助客户实现第三利润源，必须实施精益化经营。精益经营的核心思想是：在尽量满足顾客的要求和确保客户服务水平的基础上，通过杜绝各个环节的一切浪费（人力、物力、时间、空间）的方法与手段降低整体成本和提高反应速度。它具有以下几个特点：

（1）以简化为手段去除经营中一切不增值的工作：精益经营方式把经营中的无效劳动和提前进入库存的过剩劳动都视为浪费。为杜绝这些浪费，它要求毫不留情地撤掉不直接增值的环节和工作岗位。通过精益经营，做到按需要的时间和需要的数量，向需要的部门或岗位提供所需要的产品和服务，是一种完全由需求驱动的拉动式经营方式。

（2）提高经营系统的柔性：经营系统的柔性指其对环境的适应性，系统的柔性与成本存在“效益背反”，柔性越高，成本一般也就越高。在采用柔性系统时，应让它的柔性与市场需求所要求的柔性相一致，不要求过强的柔性，以避免技术和资金的浪费。

（3）持续改进，以尽善尽美地实现最终目标：精益经营必须把“尽善尽美”作为不懈追求的目标，因为市场在变化、需求在变化，经营手段和方式也要改进和提高。

4. 第三方物流与客户的关系

物流外包要取得预期的效果，处理好 3PL 公司与客户的关系将是关键之所在。目前，众多的企业只是将 3PL 视为一般性业务上的合作伙伴，双方在价格、服务上存在矛盾，常常一方压价，另一方抬价，合作停留于短期，难以长远，导致合作的松散性并最终不欢而散。从业务上看，3PL 公司是物流服务的供应商，客户是物流服务的需求商，双方是业务上的供需关系，但如果仅限于这一点是远远不够的。未来的竞争是供应链与供应链间的竞争，不是企业与企业间的竞争，而在供应链中，3PL与客户是最紧密的。3PL公司要为客户提供优质的服务，必须深入客户内部，分析客户流程，了解客户需求，与客户信息共享，共同制定运营计划。总而言之，双方的合作目标应该是一致的，那就是降低物流总成本，为市场战略提供支撑和服务，最终达到双赢。

二、第三方物流主要业务范围

第三方物流主要业务范围包括：开发物流策略和物流系统、货物集运、选择承运人、货运代理、海关代理、进行运费谈判与支付、仓储管理、物流信息管理和咨询。可以看出，第三方物流的服务内容大都集中在传统意义上的运输、仓储范围之内，由于运输、仓储企业在这些服务基础上较为成熟，对业务内容的理解较为深刻，因此运输、仓储企业向第三方物流服务企业转变比较容易，关键是要突破以前单项业务的思维模式，将单项服务内容用系统的方法有机地结合起来，提供物流服务的整体方案。随着物流技术的不断发展，第三方物流是一个提高物流速度、节省物流费用和提供物流服务水平的有效手段。

1. 以运输为基础的物流公司

这些公司是大型运输公司的分公司，有些服务项目是利用其他公司资产完成的。其主要的优势在于公司能利用母公司的运输资产扩展其运输功能，提供更为综合性的一套物流服务。

2. 以仓库和配送业务为基础的物流公司

传统的公共或合同仓库与配送物流供应商已经在较大的范围内扩展物流服务，以传统的业务为基础，这些公司已介入存货管理、仓储与配送等物流活动。经验表明，基于设施的公司要比基于运输的公司转为综合物流服务更容易、更简单。

3. 以货代为基础的物流公司

这些公司一般无资产，非常独立，并与许多物流服务供应商有来往。它们已把不同物流服务进行合理的组合，以满足客户需求的能力。当前，它们已从货运中间人角色转向更广范围的第三方物流服务公司。

4. 以托运人和管理为基础的物流公司

这一类型的公司是从大公司的物流组织演变而来的。该类公司具有物流的专业知识和一定的信息技术资源，具有管理母公司物流的经验。

5. 以财务和信息管理为基础的物流公司

这种类型的第三方供应商能提供如运费支付、审批成本会计与控制和监控、采购、跟踪及存货管理等管理工具。

【阅读材料】

第三方物流服务内容

根据有关人员对51家领先的第三方物流服务提供者的调查，最常见的第三方物流服务内容如表4-2所示。

表4-2　最常见的第三方物流服务内容

序号	服务项目	服务提供者的百分比（%）
1	开发物流策略/系统	97.3
2	电子数据交换能力	91.9
3	管理表现汇报	89.2
4	货物集运	86.5
5	选择承运人、货代、海关代理	86.5
6	信息管理	81.1
7	仓储	81.1
8	咨询	78.4
9	运费支付	75.7
10	运费谈判	75.7

可以看出，第三方物流的服务内容大多数集中于传统意义上的运输、仓储范畴之内，运输、仓储企业对这些服务内容有着比较深刻的理解，对每个单项的服务内容都有一定的经验，关键是如何将这些单项的服务内容有机地组合起来，提供物流运输的整体方案。

三、我国发展第三方物流的途径和方法

1. 我国第三方物流的现状

十几年来，随着市场经济体制的完善和企业改革的深入，企业自我约束机制增强，外购物流服务的需求日益增大。特别是随着外资企业的进入和市场竞争的加剧，企业对物流重要性的认识逐渐深化，视其为“第三利润源泉”，对专业化、多功能的第三方物流的需求日渐增加。

我国较早的第三方物流企业是由传统的仓储和运输企业转型而来的，如上海友谊集团物流有限公司是由原上海商业储运公司经过分离和改制后组建的，20世纪90年代初便为国际上最大的日用消费品公司——联合利华提供专业物流服务，业务由最初的仓储和运输服务，发展到今天提供运输、仓储、配送、

流通加工、信息反馈等多功能个性化服务，双方建立了良好的战略合作伙伴关系：1993 年成立的中远集团于 1995 年对陆上货运企业进行整合，成立了中远国际货运有限公司，建立起全国统一的货运网络，2001 年又通过合资方式，与广东科龙公司、无锡小天鹅公司成立安泰达物流公司。

从第三方物流企业的形成结构来看，大体分为四个途径：第一是传统仓储、运输企业经过改造转型而来的占主导地位，占据较大市场份额。中远国际货运公司、中国对外贸易运输（集团）总公司（简称中外运）、中国储运总公司等，凭借原有的物流业务基础和在市场、经营网络、设施、企业规模等方面的优势，不断拓展和延伸其他物流服务，逐步向现代物流企业转化。第二是新创办的国有或国有控股的新型物流企业，它们是现代企业改革的产物，管理机制比较完善，发展比较快。例如，中海物流公司成立于 1993 年 11 月，从仓储开始发展物流业务，现发展成能为国际大型知名跨国公司提供包括仓储、运输、配送、报关等多功能物流服务的第三方物流企业。第三是外资和港资物流企业，它们一方面为原有客户——跨国公司进入中国市场提供延伸服务，另一方面用它们的经营理念、经营模式和优质服务吸引中国企业，逐渐向中国物流市场渗透，如丹麦有利物流公司主要为马士基船运公司及其货主企业提供物流服务，深圳的日本近铁物流公司主要为日本在华的企业服务。第四是民营物流企业，它们由于机制灵活、管理成本低等特点，发展迅速，是我国物流行业中最具朝气的第三方物流企业。如广州的宝供物流集团，从 1992 年承包铁路货物转运站起家，1994 年成立广东宝供储运公司，当年承接世界上最大的日用消费品生产企业——美国宝洁公司在中国市场的物流业务，经过几年的开拓创新，已成为在澳洲、泰国及国内主要城市设有 40 多个分公司或办事处，为 40 多个跨国公司和一批国内企业提供国际性物流服务的物流集团公司。

从提供的服务范围和功能来看，我国的第三方物流企业仍以运输、仓储等基本物流业务为主，加工、配送、定制服务等增值服务功能处在发展完善阶段。像宝供、中海这样功能完善的第三方物流企业目前为数不多，规模也不是很大。中远集团、中外运集团、中国储运总公司这样的大型运输、仓储企业虽已向第三方物流企业转化，但它们的传统运输、仓储业务仍占主要部分，第三方物流的功能还不完善。中国仓储协会的调查也说明生产企业和商业企业的外包物流主要集中在市内配送、单纯仓储和干线运输。其中，生产企业的外包物流中，单纯仓储占 21%、干线运输占 36%、市内配送占 28%、包装占 4%；商业企业的外包物流中，单纯仓储占 37%、干线运输占 21%、市内配送占 43%、包装占 14%。而且生产企业使用的第三方物流企业通常有 2～10 家，商业企业使用第三方物流企业的数量一般在 10 家以上，可见生产企业和商业企业外包物流主要以“分包”为主，即将不同功能的业务分别委托给不同的企业，从物流供给的角度来看，第三方物流企业为用户提供一揽子服务的比重不大。

目前，我国第三方物流的服务对象主要集中在外资企业，其次是民营企业和少数改制后的国有企业。如中海物流的客户主要有美能达、诺基亚、三洋、东芝、三星、华为、联想等企业；宝供物流公司服务的对象是宝洁、飞利浦、雀巢、沃尔玛、联想等。

总之，随着物流热的兴起，第三方物流得到长足发展，导致量的增加，涌现出许多物流企业，物流服务功能不断完善，服务水平显著提高，出现了像中远集团、中外运集团这样既有规模又有效益的物流企业。但从整体上看，企业规模不大、服务水平不高，第三方物流还只停留在某一个层面或某一个环节上，没有实现从原材料供给到商品销售整个供应链的全程服务，也没有形成真正意义上的网络服务。

总的看来，存在的主要问题有：

(1) 物流观念落后，自办物流现象突出。基于把物流作为“第三利润源泉”的认识和受“大而全”、“小而全”的观念影响，很多生产企业或商业企业既怕失去对采购和销售的控制权，又怕额外利润被别的企业赚去，都自建物流系统，不愿向外寻求物流服务。中国仓储协会 2001 年对 2 000 家企业的调查显示，第三方物流业务在生产和商业企业所占比重仅为 21% 和 13%。

(2) 条块分割严重，企业规模偏小。长期以来，由于受到计划经济的影响，我国物流企业形成多元化的物流格局，除了新兴的外资和民营企业外，大多数第三方物流企业由计划经济时期商业、物资、粮食、运输等部门储运企业转型而来。条块分割严重，企业缺乏整合，集约化经营优势不明显，规模效益难以实现。

(3) 物流渠道不畅。一方面，经营网络不合理，有点无网，第三方物流企业之间、企业与客户之间缺乏合作，货源不足，传统仓储业、运输业能力过剩，造成浪费；另一方面，信息技术落后，因特网、条形码、EDI 等信息技术未能广泛应用，物流企业和客户不能充分共享信息资源，没有结成相互依赖的伙伴关系。

(4) 服务功能不全。大多数物流企业只能提供单项或分段的物流服务，物流功能主要停留在储存、运输和城市配送上，相关的包装、加工、配货等增值服务不多，不能形成完整的物流供应链。

(5) 物流人才匮乏，设施落后，管理水平较低。我国物流业还处在起步阶段，高等教育和职业教育尚未跟上，人才缺乏，素质不高；物流设施设备落后、老化，机械化程度不高，不符合客户特定要求。

(6) 区域发展不平衡，目前我国较为成熟的物流企业主要集中在东南部经济比较发达的地区，中西部地区还没有形成有效的物流系统。

【阅读材料】

第三方物流行业分析

第三方物流是指生产经营企业为集中精力搞好主业，把原来属于自己处理的物流活动以合同方式委托给专业物流服务企业，同时通过信息系统与物流服务企业保持密切联系，以达到对物流全程的管理和控制的一种物流运作与管理方式。因此，第三方物流又叫合同制物流。

2005 年中国社会物流总额达 48 万亿元，同比增长 25.2%，增幅虽比上年有所回落，但仍在快速增长。从结构来看，工业品物流增长最快，在社会物流总额中所占比例最大；农产品物流增长最慢，所占比重较小。

随着中国经济的持续增长以及全球化程度的提高，2005 年第三方物流市场规模超过 1 000 亿元，比上年增长 30% 左右。与此同时，由于石油价格的上涨和在设施、设备和技术上投入的增加，物流企业的运营成本大幅提高；行业竞争加剧又导致物流服务收费普遍降低，因此 2005 年第三方物流市场的利润率普遍下降。为提高盈利水平和竞争能力，物流企业的服务日趋专业化，第三方物流市场按照行业、地域、产品不断细分。

2006 年大约有 12% 的物流与储运公司的仓储面积在 1 万平米以下，有 40% 的物流与储运公司仓储面积在 1 ~ 5 万平米之间，有 22% 的物流与储运公司仓储面积在 5 ~ 10 万平米之间，有 26% 的物流与储运公司仓储面积在 10 万平米以上。

中国大约有 1.6 万物流服务行业公司的行业产值超过 390 亿元。预计到 2010 年，中国物流行业的产值将达到 12 000 亿元。中国巨大的物流市场已经吸引了国际上各个货运巨头的目光，外国物流企业纷纷进军中国市场，预计未来几年中国物流业将保持快速增长态势，中国物流市场发展前景广阔，给了投资者一个发挥的空间。

资料来源：《2006-2007 年中国第三方物流行业分析及投资咨询报告》

2. 我国第三方物流的发展思路

中国加入 WTO 使国内市场国际化，会有更多的外资物流供应商进入国内物流市场，对我国第三方物流业形成严峻的挑战。采取切实有效的措施、加快我国第三方物流的发展、缩小与发达国家的差距、增强我国物流企业的国际竞争力迫在眉睫。

（1）加快产权制度改革，激发企业活力。我国现有的第三方物流企业多数是从国有仓储、运输企业转型而来，带有许多计划经济的痕迹，不能适应国际市场竞争。因此，必须建立股权多元化的股份制企业，理顺权益关系，实现政企分开、所有权和经营权分离，保证企业按市场规则运作，激发企业活力，向现代物流业转化。特别是规模较大的企业，一方面要进行内部的整合，优化内部资源配置；另一方面要借助资本市场的力量，进行企业改制上市，吸收和利用社会闲散资金，克服资本金不足的缺陷，促使企业快速成长壮大，开展现代企业制度的建立和运作。

（2）以信息技术应用为核心，加强网点建设。信息化与否是衡量现代物流企业的重要标志之一，许多跨国物流企业都拥有"一流三网"，即订单信息流、全球供应链资源网络、全球用户资源网络、计算机信息网络。借助信息技术，企业能够整合业务流程，能够融入客户的生产经营过程，建立一种"效率式交易"的管理与生产模式。在加入 WTO 的新形势下，物流市场从国内扩展到国际，能否有四通八达的网络愈发重要。企业要双管齐下抓网络建设：一方面，要根据实际情况建立有形网络，若企业规模大、业务多，可自建经营网点；若仅有零星业务，可考虑与其他物流企业合作，共建和共用网点；还可以与大客户合资或合作，共建网点。另一方面，要建立信息网络，通过因特网、管理信息系统、数据交换技术（EDI）等信息技术实现物流企业和客户共享资源，对物流各环节进行实时跟踪、有效控制与全程管理，形成相互依赖的市场共生关系。

（3）培育具有国际竞争力的物流集团，实行集约化经营。在市场经济中，一切要靠实力说话。只有具备强大的经济实力，才有可靠的资信保证，才能取信于人。中国仓储协会的调查显示，企业在选择第三方物流企业时最看重的是其物流满足能力和作业质量。同时，第三方物流企业只有具备一定规模，才有可能提供全方位的服务，才能实现低成本扩张，实现规模效益。目前，许多第三方物流企业都是由计划经济时期商业、物资、粮食等部门储运企业转型而来，都有特定的服务领域，彼此间竞争不大。若要适应入世后激烈竞争的需要，必须打破业务范围、行业、地域、所有制等方面限制，树立全国一盘棋的思想，整合物流企业，鼓励强强联合，组建跨区域的大型集团，而且只有兼并联合，才能合理配置资源和健全经营网络，才有可能延伸触角至海外，参与国际市场竞争。

（4）强化增值服务，发展战略同盟关系。根据物流业的发展趋势，那些既拥有大量物流设施、健全网络，又具有强大全程物流设计能力的混合型公司发展空间最大，只有这些企业能把信息技术和实施能力融为一体，提供"一站到位"的整体物流解决方案。因此，我国物流企业在提供基本物流服务的同时，要根据市场需求，不断细分市场，拓展业务范围，以客户增效为己任，发展增值物流服务，广泛开展加工、配送、货代等业务，甚至还提供物流策略和流程解决方案、搭建信息平台等服务，用专业化服务满足个性化需求，提高服务质量，以服务求效益；公司要通过提供全方位服务的方式，与大客户加强业务联系，增强相互依赖性，发展战略伙伴关系。

(5) 要重视物流人才培养，实施人才战略。企业的竞争归根结底是人才的竞争。我们与物流发达国家的差距不仅仅是装备、技术、资金上的差距，更重要的是观念和知识上的差距。只有物流从业人员素质不断提高，不断学习与应用先进技术、方法，才能构建适合我国国情的第三方物流业。要解决目前专业物流人才缺乏的问题，较好的办法是加强物流企业与科研院所的合作，使理论研究和实际应用相结合，加快物流专业技术人才和管理人才的培养，造就一大批熟悉物流运作规律并有开拓精神的人才，特别是加快物流职业技术人才的培养。物流企业在重视专业人才和管理人才培养的同时，还要重视所有员工的物流知识和业务培训，提高企业的整体素质。

发展第三方物流是一项系统工程，仅靠物流企业自身的努力是远远不够的，需要政府和行业协会的推动和调控，为第三方物流企业发展创造良好的外部环境。一是要尽快建立、健全相应的政策法规体系，特别是优惠政策的制定和实施，使第三方物流的发展有据可依；二是要尽快建立规范的行业标准，实施行业自律，规范市场行为，使物流业务运作有规可循；三是要发挥组织、协调、规划职能，统一规划，合理布局，建立多功能、高层次、集散功能强、辐射范围广的现代物流中心，克服条块分割的弊端，避免重复建设和资源浪费现象，促进第三方物流健康、有序地发展。

【本章小结】

本章介绍了第三方物流的概念，分析了第三方物流产生的原因及发展前景；分析了第三方物流的三种运作模式及特点，重点介绍了进行第三方物流决策的方法、过程，介绍了第三方物流发展的定位及业务范围；最后针对实际，重点讨论了我国发展第三方物流的途径和方法。

【案例分析】

施耐德电气与第三方物流的互动

施耐德电气公司于1979年进入中国市场，是最早进入中国的世界500强企业之一。目前，施耐德电气在中国拥有4家分公司、32个地区办事处、20家生产型企业、4个物流中心、500多家代理商，2006年在华总销售额达80亿元人民币。施耐德电气在中国的成功运作与强大的物流网络平台、先进的物流管理模式、丰富的物流管理经验密不可分。

由于竞争压力的加大和经济的全球化和区域化，企业不得不专心于自己的核心业务，专注于自己的成本降低和运营效率的提高，集中于核心竞争力，将非核心的部分外包。对于制造企业价值链而言，物流通常是仅次于制造过程中的材料费、成本最高的一项活动。大多数企业惊异于物流成本占总成本的比例如此之高，因此降低物流成本在促进企业取得和保持竞争优势方面扮演了重要的角色。

在中国，施耐德电气将国际运输外包给仕嘉、泛亚班拿、德迅三家运输商，将国内公路运输从过去的20多家整合到现在的CEVA、CAAC、大金、京铁快运、中国邮政、嘉里大通、马士基等13家。

以上的运输外包属于传统外包型物流运作模式。企业外包物流业务，降低了库存，甚至达到“零库存”，节约了物流成本，同时可精简部门，集中资金、设备于核心业务，提高企业竞争力。第三方物流企业各自以契约形式与客户形成长期合作关系，保证了自己稳定的业务量，避免了设备闲置。这种模式以生产商或经销商为中心，第三方物流企业几乎不需专门添置设备和业务训练，管理过程简单。订单由产销双方完成，第三方物流只完成承包服务，不介入企业的生产和销售计划。这种模式最大的缺陷是生产企业、销售企业以及第三方物流之间缺少沟通的信息平台，会造成生产的盲目和运力的浪费或不足以及库存结构的不合理。

基于运输外包的经验，施耐德电气在做仓储外包时，采取战略联盟型物流运作模式。这种模式是由第三方物流包括运输、仓储、信息经营者等以契约形式结成战略联盟，内部信息共享和信息交流，相互间协作，形成第三方物流网络系统，联盟可包括多家同地和异地的各类运输企业、场站、仓储经营者，理论上联盟规模越大，可获得的总体效益越大。信息处理这一块，可以共同租用某信息经营商的信息平台，由信息经营商负责收集处理信息，也可连接联盟内部各成员的共享数据库（技术上已可实现）以实现信息共享和信息沟通。

施耐德电气北京中压厂把仓储和运输外包给了CAAC公司，施耐德电气上海配电厂把仓储外包给了天地（TNT）公司，施耐德上海国际采购部把仓储运输外包给辛克物流。施耐德与这些第三方物流企业都可以实现信息传递、共享。

施耐德电气的体会是：首先，在系统中加入了信息平台，实现了信息共享和信息交流，各单项实体以信息为指导制定运营计划，在联盟内部优化资源。同时信息平台可作为交易系统，完成产销双方的订单和对第三方物流服务的预定购买。其次，联盟内部各实体实行协作，某些票据联盟内部通用，可减少中间手续，提高效率，使得供应链衔接更顺畅。

◎评点

从施耐德电气的经验来看，第三方物流有以下优点。

首先，可以使企业专心致志地从事自己所熟悉的业务，将资源配置在核心事业上。企业应把自己的主要资源集中于自己擅长的主业，而把物流等辅助功能留给物流公司。如施耐德中压厂通过与CAAC物流公司的合作，取得了良好的效益。施耐德集中于产品制造，而CAAC管理施耐德的物流事务。产品下线后，由CAAC公司负责发运到距工厂20分钟路程的成品仓库，然后根据发运单的要求，组织产品的配送。

其次，灵活运用新技术，实现以信息换库存，降低成本。当科学技术日益进步时，专业的第三方物流能不断地更新信息技术和设备，而普通的单个制造公司通常难以更新自己的资源或技能；不同的零售商可能有不同的、不断变化的配送和信息技术需求，此时，第三方物流能以一种快速、更具成本优势的方式满足这些需求，而这些服务通常都是制造商一家难以做到的。同样，第三方物流还可以满足一家企业的潜在顾客需求，从而使企业能够接洽到零售商。

再次，减少固定资产投资，加速资本周转。企业自建物流需要投入大量的资金购买物流设备，建设仓库和信息网络等专业物流设备。这些资源对于缺乏资金的企业特别是中小企业是个沉重的负担。而使用第三方物流不仅减少了设施的投资，还减少了仓库和车队方面的资金占用，加速了资金周转。

最后，提供灵活多样的顾客服务，为顾客创造更多的价值。通过第三方物流的仓储服务，可以满足客户需求，而不必因为建造新设施或长期租赁而调拨资金，并在经营灵活性上受到限制，提供更多样的服务品种，为顾客带来更多的附加价值，使顾客满意度提高。

施耐德电气也认为，在和第三方物流的合作过程中，发现了不少问题，主要表现在：物流服务机能比较原始和单一；物流运作的效率不高；有效服务网络不足；社会化程度较低等。因此，第三方物流在为企业提供便利的同时，也存在着一些弊端。

资料来源：在线国际商报

【练习与思考】

1. 什么是第三方物流？
2. 试述第三方物流兴起与发展。
3. 第三方物流有哪些运作模式？
4. 第三方物流运作有哪些特点？
5. 在做出第三方物流决策时首先应考虑到企业的哪些方面？
6. 如何给第三方物流定位？
7. 第三方物流的主要业务范围有哪些？

第五章 企业物流

【学习目标】

1. 熟练掌握企业物流，包括企业供应物流、企业生产物流、企业销售物流、回收物流与废弃物流等基本内容，并能进行详尽的分析。

2. 了解企业物流管理的基本方法和理论参考依据。

3. 重点把握各种企业物流间相互关联和各自特点。

【关键词汇】

企业物流（Internal Logistics）

供应物流（Supply Logistics）

生产物流（Production）

销售物流（Distribution logistics）

回收物流（Returned Logistics）

废弃物物流（Waste Material Logistics）

准时生产制（Just In Time）

物料需求计划（Material Requirement Planning）

制造资源计划（Manufacturing Resource Planning）

相对社会物流和行业物流而言，企业内部物流属于微观层次的物流活动。企业内部物流包括供应物流、生产物流、销售物流和逆向物流等几个主要环节。企业内部物流运作合理与否将直接关系到企业内部经营成本和效率的高低。

第一节 企业物流概述

一、企业物流的概念

企业物流是企业一体化管理的重要组成部分，它是指以客户服务为目标和动力，在企业内和它的供应、营销渠道上对货物、服务和相关的信息从起源地到消费地进行有效率、有效益地流通和储存以满足客户要求的过程，并对这个过程进行计划、协调、执行和控制。

企业物流是从企业角度研究与之相关的物流活动。企业物流是企业生产力经营活动的重要组成部分，是企业创造“第三利润”的源泉，是具体、微观的物流活动的领域。生产是商品流通之本，生产的正常进行需要各类物流活动支持。

生产的全过程从采购物流开始，也就是从原材料的采购开始，便要求有相应的供应物流活动，将所采购的材料运送到位，使生产顺利进行；接着就是生产物流实现生产的流动性，在生产的各工艺流程之间，也需要原材料、半成品的材料运动到位，使得生产顺利进行；回收物流是指可重复利用的部分余料的回收；最后，废弃物也需要进行处理，也就是废弃物流。可见，整个生产过程实际上就是系列化的物流活动。

企业物流不仅要达到保证供应的目的，而且要以最低成本并以最少消耗、最快速度来组织供应物流活动，企业竞争的关键在于如何降低物流过程的成本，这是企业物流的最大难点。为此，企业供应物流必须解决有效的供应网络、供应方式、零库存等问题。

【知识阅读】

物流企业：指从事物流活动的经济组织，也就是第三方物流的承担者，是为外部客户提供专业化、社会化物流服务作业的公司。

企业物流：指企业内部的物品实体流动。

二、企业物流的特征

与传统的企业物流概念相比，现代企业物流表现出如下特征：

1. 企业物流是系统整合的协作物流。从企业内部来看，它是对信息、运输、存货管理、仓储、物料供应、搬运、包装、实物配送等分散物流作业领域的综合协调管理；从供应链管理角度出发，企业物流指挥着跨企业组织物流作业，实现了供应链协调。企业物流不仅要考虑自身客户，而且要考虑自身供应商；不仅要考虑到客户的客户，而且要考虑到供应商的供应商；不仅要致力于降低某物流作业的成本，更重要的是要致力于降低整个供应链运作的总成本。

2. 企业物流是客户服务物流，客户服务是物流创新的原动力。目前，经营管理理念核心已从产品制造转向市场营销和客户服务，与此相对应，企业物流活动在产品生产组织的基础上也同时向企业生产过程上下游延伸，特别是增加了产品售中和售后服务等一系列活动，现代企业物流将更多的以企业的客户服务为价值取向，强调物流活动的客户导向性，成为了客户驱动物流。

3. 企业物流中，成本非常重要，但现代物流的重要性不仅仅在于节约成本及平衡成本与客户服务水平、企业长期效益的关系，并且在于企业如何选择物流策略以获取竞争优势。

三、企业物流的合理化

1. 建立物流信息系统，提供物流管理平台

现代化的管理主要体现在物流信息化的开发与应用上。物流管理信息化必备条件主要有三点：

（1）一套完整的物流信息管理系统，为物流运作提供电子化管理。

（2）一个能快速、方便、安全、可靠地交换数据的方法电子数据交换平台。

（3）为用户提供个性化的物流信息服务。为此，企业应加大投入，建立计算机支持的物流信息系统。

【阅读材料】

美国联合速递公司是一家百年老字号，目前它已经由一家拥有技术的货车运输公司演变成了拥有货车的技术型公司。这一转变在于企业创立了一个强有力的信息技术系统。在最近10年中，该公司在技术方面投入110亿美元，配置主机、PC机、手提电脑、无线调制解调器、蜂窝通信系统等。这个投入不仅使其实现了与90%的美国公司和96%的美国居民之间的电子联系，同时也实现了对每件货物运输即时情况的掌握。

资料来源：http：//www.redlib.cn/html/JingLiRenNei_ 2711/TiGaoWuLiu1445689.htm.

2. 不断改进物流过程，增加新的服务内容

（1）实现库存合理化。库存水平在很大程度上影响着物流成本的高低。企业应在保证供应的前提下，尽量降低库存水平，争取达到“零库存”。沃尔玛公司通过与供应商的计算机化连接，让供应商自己对沃尔玛的货架进行补充。沃尔玛为这些供应商分配了货架空间，并且在商品售出后向供应商付款。对于这些商品，沃尔玛是零储存费。

（2）优化运输。研究表明，运输成本一般占商品总成本的10%左右。如果缺乏优化控制、运输路线过长、运输批量过小或采用运输代价过高的运输方案，就会造成运输成本的直线上升。因此，应制定合理的运输批量，选择经济的运输路线和运输方案，以节约运输成本。

（3）增加物流服务的内容，让顾客“参与”物流。

【阅读材料】

基地设在旧金山的美国哈波尔公司是拥有4.3亿美元资产的运输公司。尽管它并没有自己的轮船或飞机，但却向全世界顾客销售和运输商品。哈波尔深受顾客欢迎的原因就在于提供了一个吸引力很强的服务系统。在这个系统中，顾客被授权通过联机直接进入哈波尔公司的数据库，随时了解货物运送的时间、目前的地点，并可对运输状况提出自己的改进建议。

资料来源：http：//www.redlib.cn/html/JingLiRenNei_ 2711/TiGaoWuLiu1445689.htm.

(4) 建立科学、合理、优化的配送网络和配送中心。产品能否通过供应链快速地到达目的地，这取决于物流配送网络的健全程度。缺乏健全的配送网络，电子商务也只是纸上谈兵，不可能取得真正的成功。

3. 实行企业物流全部或部分分离或外包

企业应打破自办物流的传统观念，树立第三方物流理念，积极寻求与第三方物流提供者合作。其优势在于从库存方面来看，使用“第三仓库”一方面可以节省资金投入，减小企业财务方面的压力；另一方面也减少了企业的投资风险。如对季节性生产而言，因为需求的季节性，生产往往提前于消费季节，并能根据市场反馈及时进行生产调整，生产计划具有很大灵活性，这样的话，对仓储活动的需求也是季节性的，企业可以根据市场形势的变化自由地进行仓库租赁的决策。因此，第三方物流不仅能够减少仓储活动的投资，而且还能增加对市场的反应能力。此外，第三方物流能够提供精心策划的物流计划和适时装运手段，最大限度地减少企业库存，甚至实现“零库存”，从而大大降低成本。

与企业自理物流相比，第三方物流企业可以集成小批量送货的要求来获得规模经济效应，打破各个客户群之间的界限，在客户之间统一组织运输、统一组织配送，不仅可以节省车辆，还可以充分利用车辆。这样将比在原来的各个客户群内部组织运输、配送更节省。物流外包可以使一个公司从规模经济、更多的门对门运输等方面实现运输费用的节约并体现出利用这些专业人员与技术的优势。

引进第三方物流服务是企业经营方式的重大改变，使用第三方物流可以使内部物流部门人员削减，但使用第三方物流同时需要新的物流成本核算体系，并要求整合双方的信息系统。因此，企业必须做好合作前的各项准备。

4. 设立专门的物流管理部门，进一步完善企业物流体制

一般来说，现代企业的物流管理部门应实现如下业务：

(1) 采购：采购方式、采购谈判、供应商管理等。

(2) 仓储设施：仓库数量与地点的决策、仓库的类型与设备的选择。

(3) 库存管理：库存数量的决策、库存物品保管。

(4) 物料处理：物料的分装与拣选、包装材料选择与包装设计等。

(5) 运输：运输方式的决策、路线的选择、时间安排等，包括采购运输与销售运输。

(6) 信息管理：与物流有关的信息管理。

(7) 供应计划：根据生产需求供应原材料。

这些业务大多数早已客观存在，只是分属于各个职能管理部门，如物资供应部门、运输部门、市场营销部分等，现在需要对这些业务重组，统一到物流部门实行系统管理。在物流重组中，要求企业对从原材料进厂、中间过程存储到最终产品出厂交给用户的物流全过程，统一实施计划、组织、控制和管理，形成企业内部物流一体化。为此，企业要成立专门的物流管理机构，行使产前、产中、产后的物流管理职能，并对供应链实施具体的规划设计和组织管理。

第二节 供应物流

一、供应物流概述

供应物流是生产企业、流通企业或消费者个体购入原材料、零部件或成品的物流过程，是对包括原材料等在内的一切生产物质的采购、进货、运输、仓储、库存管理、用料管理和供应管理。

供应物流是企业内部物流系统中独立性较强的子系统，同时又与企业内部的生产系统、财务系统等部门以及企业外部的资源、市场、运输等部门有着密切联系。供应物流的存在能够保证企业的生产节奏。为企业的正常生产不断组织原材料、零部件、燃料和辅助材料的供应。因此，供应物流对生产的正常、高效运行发挥着重要作用。

首先，供应费用在产品成本中占有很大的比重（如在机械产品中一般占60%～70%），因此，加强供应物流的科学管理、合理组织供应物流活动，如采购、存储、运输搬运等，对降低产品成本有着重要的意义。其次，在现代化生产中，企业的储备资金在流动资金中所占比重也是很大的，一般为50%～60%，因此，加强供应物流的组织管理、合理储备，对压缩资金、节约占用资金、加快流动资金的周转起着重要的作用。最后，在物质供应中，能够提供适合生产的物质，直接关系到产品的质量、新产品的开发和劳动生产率的提高。

举个最典型的例子：原材料、零部件购入的费用在生产成本中具有最重要的地位，一般达到销售额的30%左右，而其中直接运输费用约为采购成本的

30%～50%，供应物流合理化为企业创造的效益相当可观。

二、供应物流的内容

供应物流包括采购、供应、仓储和库存管理、装卸与搬运等四大环节，每个环节在供应物流中发挥着不同的作用。

1. 采购

采购工作是供应物流与社会物流的衔接点，随着物流一体化的普及和实施，采购过程不再以交易导向为主，而是依靠有效的信息系统、密切联系的少数供应商、稳定的原材料供应商来源。采购环节一直是影响公司成败和盈利高低的关键性因素。特别是对很多制造业企业来说，外部采购费用占公司平均费用的60%～80%，因此，采购费用直接关系到公司整个成本的运作。

（1）采购的概念

采购是指相关企业向供应商取得商品或劳务的一种行为，包括购买以及与购买相关的系列活动。很显然，企业经营活动所需要的物质绝大部分要通过采购活动来获得，采购是企业物流管理的起点。

企业采购的目标可以用四个正确概括：正确的价格、正确的时间、从正确的供应商那里买到正确数量和质量的商品或劳务。

（2）采购的流程

企业的采购流程一般分为四个部分：

首先，要寻找相应的供货商，调查其在数量、质量、价格、信誉等方面是否满足购买要求。

其次，选定供应商。

接着，在选定供应商后，要以订单的方式传递详细的购买计划、要求以及结款方式，以便供应商能准确生产和供货。

最后，要定期对采购管理进行评议，以求提高效率、创新模式。

（3）采购的决策

采购决策的主要内容包括：市场资源调查、市场信息变化的收集和反馈、供货厂家选择和决定进货批量、进货时间间隔等。

第一，采购决策者应对所需原材料的资源分布、数量、质量和市场供需要求等情况进行调查，作为制定较长远计划的依据；同时，要及时掌握市场变化信息，进行采购计划的调整、补充。

第二，在选择供货方时，应考虑原材料供应数量、质量、价格（包括运费）、供货时间保证、供货方式和运输方式等，根据本企业的生产需求进行比较，最后选定供货方。同时，要建立供货商档案，其主要内容有企业概况（地点、规模、营业范围等）、供应物料种类、运输条件及成本、包括材料及成本、保管费和管理费、包装箱和包装材料的回收率、交易执行状况等。完善的档案数据是选定供应商的重要依据。

第三，采购批量是采购决策中的一个重要问题。一般地，每次采购的数量越大，价格上得到的优惠越多，相应采购次数减少，采购费用则相对节省一些。但一次进货量过大，容易造成积压、占用资金、多支付银行利息和仓储管理费用；相反，如果每次进货量过小，在价格上就得不到优惠，采购次数的增多还会增加采购费用的支出，还有可能承担因供应不及时而造成停产待料的风险。

如何控制进货的批量和进货时间间隔，使企业生产、销售不受影响而费用最低，是采购决策应解决的问题。

2. 生产资料供应

生产资料供应是供应物流与生产物流的衔接点，是依据供应计划、消耗定额进行生产资料供给的作业层，负责原材料消耗的控制。

3.仓储、库存管理

仓储管理工作是供应物流的转换点，负责生产资料的接货和发货以及物料保管工作；库存管理工作是供应物流的重要部分，依据企业生产计划制定供应和采购计划，并负责制定库存控制策略及计划的执行与反馈修改。

4. 装卸与搬运

装卸与搬运工作是原材料接货、发货、堆码时进行的操作。虽然装卸、搬运是随着运输和保管而产生的作业，但却是衔接供应物流中其他活动的重要组成部分。

三、供应物流模式

供应物流过程因不同企业、不同供应环节和不同的供应链而有所区别，目前用得较多的有四种基本组织方式：

第一种是委托社会销售企业代理供应物流的方式。

第二种是委托第三方物流企业代理供应物流的方式。

第三种是企业自供物流的方式。

第四种是近年来随供应链理论发展起来的供应链供应方式。

不同的模式在某些环节具有非常复杂的特点，但供应物流基本流程是相同的，其过程有三个环节：取得资源，是完成以后所有供应活动的前提条件；组织到厂物流，是企业外部的物流过程；组织厂内物流，即从厂外继续到达车间或生产线的物流过程。

第三节 生产物流

一、生产物流概述

1. 生产物流的概念

生产物流在《物流术语国家标准》中的定义是：生产过程中，原材料、在制品、半成品、产成品等在企业内部的实体流动。

也可以说，企业生产物流是指伴随企业内部生产过程的物流活动，即按照工厂布局、产品生产过程和工艺流程的要求，实现原材料、配件、半成品等物品在工厂内部供应库与车间、车间与车间、工序与工序、车间与成品库之间流转的物流活动。

2. 生产物流的目标

（1）提供畅通无阻的物流流转，以保证生产过程顺利、高效率地进行。

（2）减少物料搬运的数量、频率和距离，减少搬运费用，降低成本。

（3）防止物料损坏、丢失，防止人身设备事故。

3. 生产物流的影响因素

（1）生产类型

不同的生产类型，其产品品种、产品结构的复杂程度、工艺要求、精度等级以及原材料选配都有自己的要求，因而影响着生产物流的构成以及相互之间的比例关系。

（2）生产规模

所谓生产规模是指单位时间内的产品产量，单位时间一般以年为单位。生产规模越大，过程环节越齐全，物流量就会越大；反之，生产规模越小，生产规模过程环节难以精细化，从而物流量越小。

（3）专业化水平

企业专业化和社会协作化水平越高，企业内部的生产过程就越简化，物流流程就越缩短。比如，某些基本工艺的半成品，如毛坯、零件、部件等，可以外包，使企业得以简化物流流程。

二、生产物流的类型

1. 按照物流流向分类

（1）项目性生产物流

当生产系统所需要的物料进入生产场地后，物流的流动性减弱，几乎处于停止状态。

项目性生产物流分为两种：一种状态是物料进入生产场地后就被凝固在场地当中，与生产场地一起形成最终产品，如住宅、厂房、公路、铁路等；另一种状态是物料在流入生产场地后，经过长时间滞留，形成最终产品再流出，如大型水电设备、冶金设备、轮船等。

（2）连续性生产物流

物流处于均匀、连续的流动状态，不能中断。其最大特点是：产品、设备、工艺流程固定且标准化，工序之间基本没有半成品存储。

（3）离散性生产物流

生产过程中所投入的要素由许多可分离的零部件构成，且每个零部件的加工流程是独立的。其最大特点是：制成的零部件通过装配，最后组装成为产成品。产品的整个工艺流程是离散的。各个生产环节需要有一定的半成品储备。

2. 按照物流流经的区域和功能分类

（1）工厂间物流

指在大型企业各专业工厂间的运输物流，或者是独立组装与材料配件工厂之间的物流。

（2）工序间物流

指在车间内部和车间、仓库之间各个工序之间的物流。

三、企业生产物流计划与控制

1. 生产物流计划

（1）生产计划

生产计划是生产企业在计划期应达到的产品品种、质量、产量和产值等生产方面的指标、生产进度及相应的布置，是指导计划期生产活动的纲领性方案。

一个优化的生产计划必须具备以下三个特征：第一，有利于充分利用销售机会，满足市场需求；第二，有利于充分利用盈利机会并实现生产成本最低化；第三，有利于充分利用生产资源，最大限度地减少生产资源的浪费和限制。

从计划期来看，生产计划可分为3～10年的长期计划、一年或更长一些时间的中期计划以及月或跨月的短期计划（也称为生产作业计划）。

从内容来看，长期计划包含涉及企业长远发展目标以及为实现目标所制定的战略举措的产品与市场发展计划、资源发展计划、生产战略计划和财务计划等。

中期计划主要包括生产计划大纲和产品出产进度计划。生产计划大纲规定企业在计划年度内的生产目标。它用一系列指标来表示，如产品品种指标、产品质量指标（产品品级指标和生产过程工作质量指标）、产量指标、产值指标（商品产值、总产值和净产值）。产品出产进度计划是将生产计划大纲具体化为按产品品种、规格区分的分月产量计划以及分车间或按设备大组（大类）的总台时与人员的总工时粗略核算和平衡生产能力与其他资源的供应能力，如原材料、能源、外购配件、运输等的供需平衡情况。

短期计划（生产作业计划）是年度生产计划的具体执行计划，是协调企业日常生产活动的中心环节。它根据年度生产计划规定的产品品种、数量及交货期的要求对每个生产单位（车间、工段、班组等）在每个具体时期（月、旬、班、小时等）内的生产任务做出详细规定。生产作业计划的主要任务是：生产作业准备的检查；期量标准的制定；生产能力的细致核算与平衡。它包括物品需求计划、生产能力需求计划、总装配计划以及在这些计划实施过程中的车间作业进度计划和控制工作。企业常用的编制生产作业计划的方法主要有：在制品定额法（适用于大量、大批生产企业）、累计编号法（适用于成批生产的企业）、生产周期法（单件小批生产的企业经常使用这种方法）等。

（2）生产物流计划的任务

生产物流计划的任务是根据生产计划和生产作业计划的要求，研究物品在生产过程中的运动规律以及在各工艺阶段的生产周期，以此安排各工艺阶段的时间、数量以及在制品的结构、数量，进行系统内各环节的协调、均衡。通过物流计划中的物流平衡以及计划执行过程中的调度、统计，保证生产计划的顺利完成。

（3）期量标准

期量标准是生产物流计划的重要依据，也称为作业计划标准。它是通过对加工对象在生产过程中的运动进行科学分析计算而确定的时间和数量标准。期，表示时间，如生产周期、提前期；量，表示数量，如投放到生产中的在制品数量、应完成的产量、仓库最大存储量等。期与量结合构成了生产作业计划的整体。它是编制生产物流计划的重要依据和指标。按期量标准组织生产有利于建立正常的生产秩序，实现均衡生产。

2. 生产物流控制

生产物流系统在实际运行过程当中受企业外部、内部各种因素的影响，使得预定的生产物流偏离预定目标计划。因此，必须对生产物流进行有效地控制，以保证计划的完成。

（1）控制要素的系统的组成

一个生产物流控制系统一般由如下三大类要素组成，主要包括：

①控制对象，即生产物流过程。

②控制目标，即生产物流系统力争达到的目标。

③控制主体，需要一个管理机构或组织来比较当前生产物流系统的运行状态与目标状态的差距，如果发现出现偏离，就需要纠正。

(2) 物流系统控制方式

生产物流系统有两种基本的控制方式：反馈与前馈。

反馈控制由控制主体根据设立的目标发布控制指令，控制对象根据下达的命令执行，将系统信息传递到控制主体，经过与目标进行比较，确定调整量，通过控制对象来实施。反馈控制的特点有两个：一是根据当前状况决定下一步行动，由于从信息收集到调整有一定的时间滞后，在某些情况下可能会影响目标的到达；二是稳定性，其总趋势是保持系统的平衡状态。

前馈控制则着眼于对系统的未来状态的预测，采取措施应付即将发生的情况。很显然，这种控制的特点是具有主动性。

生产物流系统相对于工程技术系统而言，内容和结构要复杂得多。生产物流系统的目标也往往不是单一的，有时候既要保证满足生产要求，又要减少在制品库存，这些目标又往往是相互矛盾的，所以对生产物流的控制比较复杂，主要体现在以下几个方面：

①生产物流信息收集问题。为了对生产系统进行控制，必须掌握生产系统的各种信息。但生产物流系统设计范围大，采集周期、衡量尺度等不一致，所以需要建立统一、完善的数据采集系统。

②生产物流系统对反馈信息的响应速度慢。由于物流系统中的许多问题是非结构化的，控制决策复杂。在实际应用中主要依赖于管理人员的判断，这使生产物流系统对反馈信息的响应速度比工程技术系统要慢。

③生产物流控制系统设计难度大。物流系统往往是大规模的复杂系统；简单地直接使用反馈控制不一定能取得预期的效果。在物流系统中，为了正确设置控制目标，要充分估计系统当前的以及潜在的能力，要充分考虑系统中的多目标问题。通常，将计划看做控制的前提，即制订计划以后，为了实施计划而采用控制手段。在这个控制过程中，收集计划的完成情况以及系统状态经控制主体以后，采取调整措施，以便计划完成。

整个过程发生在一个计划期之内。当一期计划完成后，对系统内在能力进行评估，以作为以后编制计划的参考，甚至可以作为修订或编制计划的依据。

(3) 生产物流控制的内容和程序

生产物流控制的具体内容有：

①进度控制。物流控制的核心是进度控制，即物料在生产过程中的流入、流出控制以及物流量的控制。

②在制品管理。在生产过程中对在制品进行静态、动态控制以及占有量的控制。在制品控制包括在制品实物控制和信息控制。有效地控制在制品对及时

完成作业计划和减少在制品积压均有重要意义。

③偏差的测定和处理。在进行作业的过程中，按预定时间及顺序检测执行计划的结果，掌握计划量与实际量的差距，根据发生差距的原因、内容及严重程度，采取不同的处理方法。

与控制的内容相适应，物流控制的程序一般包括以下几个步骤：

①制定期量标准。物流控制从制定期量标准开始，所指定的标准要保持先进与合理的水平，随着生产条件的变化，标准要定期和不定期地进行修订。

②制定计划。依据生产计划制定相应的物流计划，并保持生产系统能正常运转。

③物流信息的收集、传送、处理。

④短期调整。为了保证生产的正常进行，及时调整偏差，保证计划顺利完成。

⑤长期调整及有效的评估。

四、现代物流的管理模式

1. JIT 生产方式（准时生产制）

在 20 世纪后半期，整个汽车市场进入了一个市场需求多样化的新阶段，而且对质量的要求也越来越高，随之给制造业提出了新课题，即如何有效地组织多品种小批量生产。生产过剩所引起的将是设备、人员、费用等一系列的浪费，从而影响到企业的竞争能力。

在这种历史背景下，1953 年，日本丰田公司的副总裁大野耐一综合了单件生产和批量生产的特点和优点，创造了一种在多品种小批量混合生产条件下高质量、低消耗的生产方式，即准时生产制（JIT 生产方式）。

JIT 生产方式的基本思想是“只在需要的时候，按需要的量，生产所需的产品”，也就是追求一种无库存或库存达到最小的生产系统，是对生产的计划和控制及库存的管理。

JIT 的基本原则是在正确的时间，生产正确数量的零件或产品。它将传统生产过程中由前道工序向后道工序送货，改为由后道工序根据“看板”向前道工序取货，看板系统是 JIT 生产现场控制技术的核心，但 JIT 不仅仅是看板管理。

JIT 生产管理方式在 20 世纪 70 年代末期从日本引入我国，长春第一汽车制造厂最先开始应用看板系统控制生产现场作业。到了 1982 年，长春第一汽车制造厂采用看板取货的零件数已达其生产零件总数的 43%。20 世纪 80 年代初，中国企业管理协会组织推广现代管理方法，看板管理被视为现代管理方法之一，在全国范围内宣传推广，并为许多企业采用。

近年来，我国的汽车工业、电子工业、制造业等实行流水线生产的企业应用JIT获得了明显效果，例如第一汽车制造厂、第二汽车制造厂、上海大众汽车有限公司等企业，结合厂情创造性应用JIT，积累了丰富的经验，创造了良好的经济效益。

JIT这一生产方式在推广应用过程中经过不断发展完善，为日本汽车工业的腾飞插上了翅膀，提高了生产效率。这一生产方式也为世界工业界所注目，被视为当今制造业中最理想且最具生命力的新型生产系统之一。

2. 物料需求计划

它是一种工业制造企业内的物资计划管理模式。根据产品结构层次、物品的从属和数量关系，以每个物品为计划对象，以完工日期为时间基准倒排计划，按提前期长短区别各个物品下达计划时间的先后顺序。

其主要内容包括客户需求管理、产品生产计划、原材料计划以及库存记录。

其中，客户需求管理包括客户订单管理及销售预测，将实际的客户订单数与科学的客户需求预测相结合即能得出客户需要什么以及需求多少。应注意的是，客户需求预测应是科学的预测，而不是主观的猜测或只是一个主观的愿望。

产品生产计划指的是最终生产的产品的时间和数量，这将成为决定需要多少劳动力和设备以及需要多少原材料和资金的依据。产品生产计划应是客户需求与现有库存量比较的结果。产品生产计划要求非常精确，因为不准确的产品生产计划有可能导致资源浪费或是不能满足客户的需求。

原材料计划是在产品生产计划的基础上制订的原材料需求计划，表示为生产所需要的产品而需要准备的原材料的具体情况。而在确定购买原材料之前，需要检查现有库存记录并通过比较得出实际的购买量，因此，保证库存数据的准确性尤为重要。

相对于庞大而复杂的生产系统而言，物料需求计划（MRP）的制订与执行具有很高的难度，必须有强有力的计算机软、硬件系统实行集中控制，才能达到预想的效果。

物料需求计划（MRP）系统的功能目标是随时可以掌握计划状态、储存状态和供货状态，涉及多方面的计划、文件及时间上的有机衔接，因此具有一定的复杂性。

3. 制造资源计划

制造资源计划，即MRPⅡ（Manufacturing Resource Planning），是美国在20世纪70年代提出的一种现代企业生产管理模式和组织生产的方式。

MRPⅡ的基本思想是：基于企业经营目标制订生产计划，围绕物料转化，组织制造资源，实现根据需要按时进行生产。具体地说，是将企业产品中的各种物料分为独立需求物料和相关需求物料，并按时间段确定不同时期的物料需求，从而解决库存物料订货与组织生产问题；按照基于产品结构的物料需求组织生产，根据产品完工日期和产品结构规定生产计划；根据产品结构的层次从属关系，以产品零件为计划对象，以完工日期为计划基准倒排计划，按各种零件与部件的生产周期反推出它们的生产与投入时间和数量，按提前期长短区别各种物料下达订单的优先级，从而保证在生产需要时所有物料都能配套齐备，不要过早积压，达到减少库存量和资金占用的目的。从一定意义上讲，MRPⅡ系统实现了物流、信息流与资金流在企业管理方面的集成，并能够有效地对企业各种有限制造资源进行周密计划，合理利用，提高企业的竞争力。

MRPII 系统分为五个计划层次：经营规划（Business Planning）、生产计划大纲、主生产计划（MPS）、物料需求计划和车间作业计划（PAC）（生产作业控制）。MRPⅡ计划层次体现了由宏观到微观、由战略到战术、由粗到细的深化过程。

【知识阅读】

什么是 ERP?

简单地讲，ERP 就是企业资源计划系统。ERP 是由美国著名的计算机技术咨询和评估集团 Garter Group 公司提出的一整套企业管理系统体系标准，指建立在信息技术基础上，以提高企业资源效能为系统思想，为企业提供业务集成运行中的资源管理方案。

ERP 的科学定义是：ERP——Enterprise Resource Planning，即企业资源计划系统，指建立在信息技术基础上，以系统化的管理思想，为企业决策层及员工提供决策运行手段的管理平台。

ERP 不仅仅是一个软件，更重要的是一种管理思想，它实现了企业内部资源和与企业相关的外部资源的整合。通过软件把企业的人、财、物、产、供、销及相应的物流、信息流、资金流、管理流、增值流等紧密地集成起来，实现资源优化和共享，这就是 ERP。

ERP 实施中的问题

最近 20 年来，ERP 在中国的发展很不顺利，实际应用状况不尽人意。对此，必须看到两个事实和两种发人深省的现象。第一个事实是制造业基本方程的普遍存在。众所周知，MRP 的基本功能是根据主生产计划（A：说明要生产什么）、物料清单（B：说明用什么生产）、库存记录（C：说明有什么）得出物料需求计划（D：说明还应得到什么）。MRP 所模拟的正是所谓的“制造业基本方程”，这个方程可以表示成一个概念公式：$A \times B - C = D$。有关文献指出：制造业基本方程就像地心引力，使企业只能面对，而不能改变它。第二个事实是使用计算机技术来提高企业的管理水平已是必由之路。那么，制造业基本方程和计算机技术相结合的结果是什么呢？回答是ERP！ERP在中国过去几年的发展可以用一句很形象的话来形容：效益好的企业想不到ERP，经营状况不好的企业顾不上ERP。基本状况是：①企业缺乏资金。②欠缺管理和IT技术应用经验。③客观的内外部环境使老板的决策不能由软件来全部代替。中国企业多年来“人治”的历史证明，中小企业的活力和优势不是规模也不是垄断，而应该是迅速和灵活。在全面实施ERP以后，软件只需提供参考数据，将决策的事情全由老板来做是违反规律的。④亟待扩张的业务规模不能因为实施信息化而停止。从我们的实践经验来看，对于国内大多数中小型民营企业来说，由于资源、经验乃至认识的不足，要做到一步到位绝非易事，但企业高层给予足够的重视与支持是ERP项目成功实施的最基本的要求。

资料来源：http：//www.blogcn.com/u3/37/51/frankguhongjia/blog/50763755.htm.

第四节 销售物流

一、销售物流概述

企业的产品只有通过销售才能实现其价值，从而创造利润，实现企业价值。

销售物流是指企业在销售过程中，将产品的所有权转给用户的物流活动，是产品从生产地到用户的时间和空间的转移，是以实现企业销售利润为目的的，销售物流是包装、运输、储存等环节的统一。

销售物流占企业销售总成本的20%。因此，销售物流的好坏直接关系到企业利润的高低。销售物流是企业物流活动的一个重要环节，它以产品离开生产线进入流通领域为起点，以送达用户并完成售后服务为终点。

企业一方面依靠销售物流将产品不断运至消费者和用户，另一方面通过降低销售过程中的物流成本，间接或直接增加企业利润。

二、销售物流主要环节

一般把销售物流分为六个环节，具体如下：

1. 产成品包装作业

包装是生产物流的终点，同时是销售物流的起点。包装的作用在于保护商品，使其便于仓储、运输，促进最终销售。因此考虑包装材料时，要考虑到包装的保护性、存储、运输的便利性、标准化问题、环保性及可回收性等因素。

2. 入库作业

商品入库时，通常需要根据订货信息进行验品作业。如果采用条码化管理措施，配以条码采集器，错误率便可以使人工方式的1/300降低到3/10000以下。商品入库后，还需要进行科学的商品养护和全部或区域的商品盘查。

3. 选择销售渠道

一般有如下三种销售渠道：

(1) 生产者→消费者。

(2) 生产者→零售商或批发商→消费者。

(3) 生产者→批发商→零售商→消费者。

在选择销售渠道时，需要考虑政策因素、产品因素、市场因素以及企业自身因素。在对上述因素进行了仔细比较研究后，还要对各销售渠道的销售量、费用、服务质量进行反复比较，找出最佳销售渠道。

4. 出库作业

出库作业是管理要求最严格的作业环节，由出库指示、商品拣选、出库检验以及包装等环节构成。

5. 发送运输作业

发送运输作业环节需要根据商品的批量、运输距离、地理条件等因素选择适当的运输方式。如果是生产企业直接发货，则需要考虑发货批量的大小问题，以实现运输费用和仓储费用最小化。

6. 退货作业

退货是销售必须要考虑的作业环节。发生退货时，需要进行登记和管理，同时还有费用发生，因此退货环节与企业的经济效益也是密切相关的，具体处理方式是：可以在数据上将库存商品分为退货商品和正品，但是实际物理存放空间不发生变化。

三、销售物流合理化——分销需求计划

分销计划需求（Distribution Requirement Planning，DRP）是流通领域中使用的一种物流技术，是物料需求计划在流通领域应用的直接结果，它主要负责制定分销的供应计划，以达到既有效满足市场需求，又使得配置费用最小化的目的。

需输入的文件包括：

(1) 社会需求。社会需求文件主要包含所有用户的订单、提货单和供货合同以及下属子公司、企业的订货单的内容。此外，还需要进行市场预测，确定一部分潜在的需求量。然后将所有需求信息按品种和需求时间进行统计，整理成社会需求文件。

（2）库存。库存文件是对自有库存物资的统计表。构建库存文件的目的是针对社会需求量确定必要的进货量。

（3）生产企业资源。生产企业资源文件包括可供应的商品品种和生产企业的地理位置等。地理位置之所以成为生产企业的资源性文件，是因为它与订货提前期有关。

输出计划包括：

（1）订货进货计划。订货进货计划是指从生产厂商进行订货的计划。对于所需物资，如果仓库内无货或者库存不足，则需要向生产厂商进行订货。当然，订货时需要考虑一定的订货提前期。

（2）送货计划。送货计划是针对用户的送货计划。为了保证商品按时送达，需要考虑计划作业时间和路程远近，提前一定时间开始作业。对于大批量需求可实行直送，而对于数量众多的小批量需求则可进行配送。

第五节 回收物流与废弃物流

一、回收物流与废弃物流概述

1. 回收物流与废弃物流的产生

随着科学技术的发展和人民生活水平的提高，人们对物资的消费要求越来越高，既要质量好又要款式新，于是被人们淘汰、丢弃的物资日益增多。这些产生于生产和消费过程中的物质，由于变质、损坏或使用寿命终结而失去了使用价值。它们中有生产过程中的边角余料、废渣废水以及未能形成合格产品而不具有使用价值的物质；有流通过程中产生的废弃包装材料；也有在消费后产生的排泄物，如家庭垃圾、办公室垃圾等。这些排泄物一部分可回收并再生利用，称为再生资源，形成回收物流。另一部分在循环利用过程中，基本或完全丧失了使用价值，形成无法再利用的最终排泄物，即废弃物。废弃物经过处理后，返回自然界，形成废弃物流。

回收物流与废弃物流不能直接给企业带来效益，但非常有发展潜力。

2. 回收物流与废弃物流的概念

回收物流与废弃物流都属于逆向物流。逆向物流是指产品卖给消费者并配送给消费者后，从消费者端开始，通过逆向渠道（废弃物从消费者到生产者流通的渠道）对使用过、损坏或过期的物品，从事回收与搬运储存的过程。

逆向物流的处理有两方面的含义。一是将其中有再利用价值的部分加以分拣、加工分解，使其成为有用的物质重新进入生产和消费领域。二是对已丧失再利用价值的排放物，从环境保护的目的出发将其焚烧，或送到指定地点堆放掩埋，对含有放射性的物质或有毒物质的工业废物，还要采取特殊的处理方法，如图 5-1 所示。

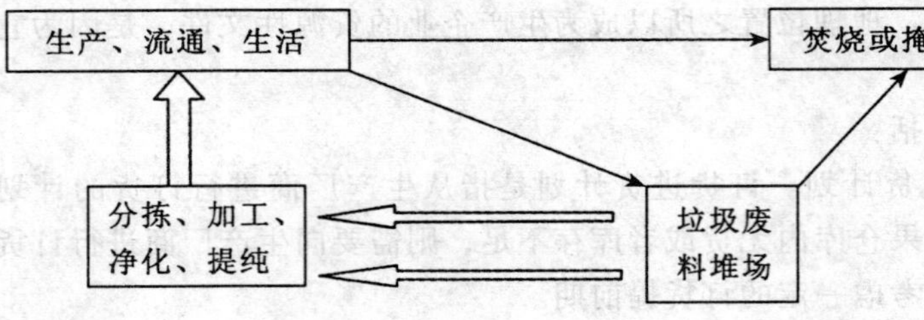

图 5-1 逆向物流流向图

3. 回收物流与废弃物流的意义

当今许多企业都把逆向物流纳入企业发展规划之中，使之成为新的降低成本、提高利润的出发点，通过供应链的规划和运作带来可观的经济价值和环境效益。逆向物流的战略价值主要体现在以下几个方面。

(1) 提高顾客价值，增强竞争优势

在当今买方市场的经济环境下，顾客价值是决定企业生存和发展的关键因素。许多企业通过逆向物流提高顾客对产品或服务的满意度，赢得顾客信任，增强企业的竞争力。对于最终顾客来说，逆向物流的成功运作能够确保不符合订单要求的商品能够及时退货。保证有质量问题的商品能够被及时召回，有利于消除顾客的后顾之忧，增加顾客对企业的信任感和回头率，扩大企业市场份额。

(2) 降低物料成本，增加企业效益

随着社会经济的不断快速发展，资源短缺问题日益严重，资源的供需矛盾也日益突出，逆向物流因此愈发凸显出竞争优势。传统管理模式下的物料管理范围仅仅局限于企业内部物料，不重视对企业外部废弃物品及物料的有效利用，造成大量可再用资源的闲置和浪费。而废旧物品的回购价格低、来源充足，若对这些物品进行回购加工，便可以大幅度降低企业的物料成本，增加企业经济效益。

(3) 改善环保行为，塑造企业形象

随着人们生活水平和文化素质的不断提高、环境保护意识日益增强，顾客对优质环境的期望越来越高，不仅考虑自己目前的生活状况和条件，而且开始密切关注人类后代的持续繁衍和发展，也就是可持续发展。另外，由于不可再生资源的稀缺以及环境污染程度的日益严重，各国都相继制定了许多环境保护法规，对企业的环境保护行为制定约束性标准。企业的环境保护业绩已经成为评价企业运营绩效的重要指标之一。企业实施逆向物流战略、保持和改善环境质量，不仅是为了提高企业自身的形象，更是企业本身道德和伦理行为所要求的社会责任感的体现。

二、回收物流与废弃物流技术

1. 回收物流与废弃物流技术的特点

(1) 小型化、专用化的装运设备

使用各种机动车和非机动车，采用多阶段收集、逐步集中的方式将分布广泛的各类生产和生活废弃物回收处理。

(2) 多样化的流通加工

对回收的废弃物流根据其类别采用分拣、分解、分类、压块、捆扎、切断和破碎的加工处理方法。

(3) 简易包装和存储

一般废弃物不需要包装，只需要露天堆放，但一些特殊废弃物应讲求包装，以防止对环境的污染。

2. 回收物流技术

(1) 以废汽车为代表的拆除及破碎分选技术

废汽车是再生资源，在废汽车的回收物流过程中，流通加工占有重要地位，所有的废旧汽车几乎都要通过一定的流通加工，然后以各种新的资源进入到新一轮循环利用中。

(2) 以废玻璃瓶为代表的回收复用技术

以废玻璃瓶作为再生利用资源的回收物流过程中，有一个回送复用的运输系统，依靠各个运输系统，可将用过的玻璃瓶回送到生产企业，成为再生资源。

(3) 以废纸为代表的收集集货物流技术

回收废纸资源的物流过程中，有一个收集废纸的废纸收集物流系统，这种收集系统是集货系统的一种，废纸需要收集、集中，才能批量提供给回收加工业。

(4) 以废粉煤炭为代表的联产供应物流技术

粉煤灰再生资源的回收物流过程中，采用管道这种物流手段，将电厂排放的粉煤灰，通过管道直接供应给生产企业进行加工处理。

3. 废弃物流技术

(1) 垃圾掩埋

在一定规划区内，利用原来的废弃坑塘或用人工挖出深坑，将垃圾运来后倒入，到一定处理量之后，表面用土掩埋。

(2) 垃圾焚烧

在一定地区高温焚烧垃圾以减少垃圾和防止污染及病菌、虫害滋生。

(3) 垃圾堆放

在远离城市地区的沟、坑、塘、谷中，选择合适位置直接倒垃圾也是一种物流技术。

(4) 净化处理加工

对垃圾进行净化处理，以减少对环境危害，尤其适合废水的净化处理。

(5) 垃圾发电

利用现代技术手段，对垃圾进行转化，通过燃烧和化学降解，使其转换成热能和电能。

4. 组织逆向物流的对策

(1) 制定和完善相关法律法规，依法管理，规范发展。目前国家经贸委正在组织和制定《再生资源回收管理条例》，依法管理再生资源回收行业的经营活动，明确各个环节的法律责任，防止各种违法行为的发生，加大处罚力度。

(2) 加快技术研究。尤其是尽快制定废家电、废旧轮胎、废电池回收利用的管理办法等。这些技术不妨借鉴国外的做法：拿废旧冰箱来说，德国有专门的处理工厂。在那里，先由工人手工操作，将冰箱中残存的制冷剂放出，以免后续处理中泄漏出来污染环境。然后按自动化的程序，用机器将其压扁、捶碎，再将不同的成分筛选出来。比如，先根据导电性将金属和非金属分开，再根据磁性和密度筛选出钢、铁、铜、铝等不同的金属。几条分选流水线过去，出来后就是成分比较单一的各种碎片。回收的金属冶炼后又是好材料。而合成橡胶粉碎后可以和沥青掺在一起，成为铺路材料。我国的城市路面80%是沥青混凝土路面，而乡村的泥土路面也可以选用沥青作为铺路材料。废电池的收集可以鼓励生产企业参与进来。比如，福建南孚电池就自己建立了处理站，既树立了企业形象，又降低了生产成本。

(3) 尽快出台再生资源回收利用的激励机制和政策措施。我国可以通过学习、借鉴发达国家的一些成功经验和做法，结合我国国情，研究建立适合我国现阶段经济发展水平、能够促进再生资源回收利用的激励机制；研究建立适应市场经济体制要求、促进再生资源行业自我积累、自我发展的有关措施，尤其要宣传“循环经济是可持续发展的必然战略”的观念。

例如，德国是个汽车大国——平均两个人一台车。2002年3月，德国政府批准了一项《旧汽车法》的修正案，规定汽车生产厂商与进口商有义务回收报废车辆。对于消费环节废弃物的回收由市政公司统一负责。每年年底，市政公司会发给各户主一份《垃圾回收日程表》，把下一年每天收什么垃圾安排得清清楚楚，比如，周一、周三回收生活垃圾，周二、周四回收绿色垃圾（枯枝落叶），周五回收废纸等。然后每年有几个特定的日子回收难处理的垃圾，旧家具、旧电器回收的日子都在日程表里安排得清清楚楚，而且各区的居民收到的日程表是不同的，各区的日子交错开，可以保持满负荷运转。

这种“循环经济”的效益表现在：一是德国市政公司盈利的多，亏本的少。当然也有国家对废旧品循环处理的税收优惠和补贴的因素。二是回收的铁、铜、铝等金属，最少的也占德国金属生产的5%以上。三是看来最没用的废旧橡胶渣，已经成为目前铺设和维护高速公路的主要原料，用橡胶渣沥青铺的高速公路，摩擦力大且有适度弹性，车感和安全性都好于水泥路面。

（4）抓好示范试点。引导和扶持有条件的中心城市建立再生资源回收网络和集散市场，推动再生资源回收利用企业逐步向集约化、规模化、产业化方向发展，提高技术和管理水平。目前我国已初步建立了比较完整的回收物流网络，但需要一些中心城市培育几个大型回收企业，以便发挥集聚效应和发散效应。

（5）加大宣传教育力度，提高全民资源和环境保护意识。再生资源回收利用需要全社会的共同努力和支持。通过各个层次各种渠道的宣传教育，提高全社会节约资源、保护环境的意识，使全社会都来理解、支持和自觉参与再生资源回收利用事业。

【阅读材料】

绿色物流

所谓绿色物流，就是以降低对环境的污染、减少资源消耗为目标，利用先进物流技术，规划和实施运输、仓储、装卸搬运、流通加工、配送、包装等物流活动。绿色物流是近年来才被提出的新课题，对这一问题进行探讨具有重要的理论意义和实践意义。

西方的最新研究指出，一个具有良好环境表现的企业通常也具有良好的盈利表现，道琼斯可持续发展（DJSG）指数等投资分析统计证明了这一事实。因此，绿色物流是可以为物流企业创造价值的。首先，绿色物流有利于树立良好的企业形象，使企业更容易获得股民和其他投资者的青睐；其次，绿色物流企业通过对资源的集约利用、对运输仓储的科学规划合理布局，可以大大压缩物流成本、降低物流的环境风险成本、拓展有限的“第三利润”空间；最后，资源循环、资源回用等逆向物流的举措可以给物流企业带来实际收益，成为物流企业利润的新源泉，据西方学者估计，目前全球逆向物流市场达200亿美元规模之巨。

绿色物流是现代物流发展的趋势之一。目前，国内绿色物流发展缓慢的原因，一是受经济发展阶段所限，二是对绿色物流的认识有所偏差。绿色物流不但可以压缩物流成本，还可以带来新的商机。

资料来源：浅议绿色物流 www. jctrans. com.

【本章小结】

作为微观层次的物流活动，与社会物流和行业物流相比，企业内部物流有着自身的内涵。本章分别介绍了企业物流中供应、生产、销售、逆向物流的概念以及各自内部运作的规律，要求重点掌握。另外，企业物流内部之间的联系，应该从全局上把握。

【案例分析】

云南烟叶公司实施物流系统管理

通过物流体系管理的建立，云南烟叶公司逐渐加强了现场管理，减少了简化生产工艺流程的方法，从而达到了降低综合损耗的目的。

生产物流是指企业在生产工艺过程中的物流活动，与整个生产工艺过程相关，将存储保管、装卸、运输、搬运、流通加工、配送和信息处理等基本功能有机地结合起来，从而构成了公司生产工艺过程的重要组成部分。

为了真正实现物流系统管理思路，公司改进了现有的生产物流系统。

取消了合并装卸搬运的环节和次数。装卸搬运不仅不增加烟叶的价值和使用价值，相反，随着流通环节的增加和流程的繁杂，烟叶的“综合碎耗”和生产成本随之增加，因而公司在生产物流系统设计中研究了各项装卸搬运作业的必要性，千方百计地取消合并装卸搬运环节和次数。

要实现生产物流作业的集中和集散分工。只有集中作业才能使生产作业量达到一定的水平，为保证实行机械化、自动化作业，公司在安排存储保管物流系统的卸载点和装载点时就要尽量集中；在货场内部，同一等级、产地的烟叶应尽可能地集中在同一区域进行物流作业，如建立专业货区、专业卸载平台等。

进行托架单元化组合，充分利用机械进行物流作业。公司在实施物流系统作业过程中要充分利用机械作业，如叉车、平板货车等，增大操作单位，提高作业效率和生产物流“活性”，实现物流作业标准化。

要合理分解装卸搬运程序，改进装卸搬运各项作业，提高装卸搬运效率，力争在最短时间内完成烟叶加工的所有工艺流程。

要提高生产物流的快速反应能力。公司通过烟叶数据库的建设，促进了网络信息的发展，将物流的各个环节连成一个整体，按照统一的生产计划准时地实现烟叶物资的流动。

通过物流体系管理的建立，公司逐渐加强了现场管理，减少简化生产工艺流程的方法，从而达到降低综合损耗的目的。

一是公司完成了“加湿降尘”和“加湿降碎”系统的技术改造，完善了加湿系统上的皮带加湿改造，改进和调整初烟解包投料方法，充分利用新建成使用的加湿系统，做到计划投料、加湿保湿。

二是改进了烟叶的传统堆码方法，采用整包保湿，在挑选工序完成烟叶解包的方式有效地减少了解包挑选工序的烟叶损耗。

三是对挑选生产的主要物流载体如烟笼、托盘等进行技术改造。公司在烟笼原结构基础上加装“斜三角支撑”，堆码高度由原来的三层增加到四层，实现了挑选生产系统和存储保管系统烟叶物流的“托架一体化运输”，有效地降低了烟叶生产的“综合碎耗”和生产成本投入。

生产物流是公司烟叶产品成本的一个关键点。通过对生产物流系统的建设和管理，强化了生产现场管理，整合了公司的现场管理系统，降低了烟叶的综合损耗，为降低企业的生产成本奠定了坚实的基础。

完成了挑选设备的各项技改及技术创新项目，实现了挑选设备良好的“人机配合”。这项管理不但增加了输送皮带的表面湿润度和车间内的环境湿度，降低了室内空气中的扬尘，使烟叶在解包挑选分级过程中的水分保持在16%～18%之间，不易破碎，缓解了打叶车间“回潮”工序的压力，大大降低了烟叶的综合损耗，而且极大地改善了职工的工作环境，促进了现场管理水平的提高。

通过实施物流管理系统，活化了各生产物流子系统及其相互间的作业关系，从根本上简化了生产作业流程，实现了标准化物流模式，有效地降低了烟叶的综合碎耗和生产成本。

◎评点

云南烟叶公司逐渐加强了现场管理，减少了简化生产工艺流程的方法，从而达到了降低综合损耗的目的。具体有三个做法：（1）完善加湿系统上的皮带加湿改造，改进和调整初烟解包投料方法，充分利用新建成使用的加湿系统，做到计划投料、加湿保湿。（2）改进了烟叶的传统堆码方法，采用整包保湿。(3）对挑选生产的主要物流载体如烟笼、托盘等进行技术改造。

【练习与思考】

1. 企业物流过程包括哪些内容？
2. 怎样理解经济订购批量公式？
3. 什么是企业生产物流？影响生产物流的因素有哪些？

4. 销售物流的管理包括哪些内容？如何把握？
5. 生产物流控制原理是什么？控制方法有哪些？
6. 分销需求计划的原理有哪些？
7. 什么是回收物流？什么是废弃物流？它们各有什么意义？

第六章 国际物流

【学习目标】

1. 掌握国际物流的含义及特点、国际多式联运的定义与特征。

2. 熟悉货物进出境的监管程序以及海运险的几种主要险别、国际物流运作的主要业务活动、国际物流商品出口运行模式与主要环节。

3. 了解国际物流的分类、作用及其系统构成、明确国际物流的未来发展趋势。

【关键词汇】

国际物流（International Logistics）

国际贸易（International Trade）

国际多式联运（International Multimodal Transport）

国际货运保险（International Freight Insurance）

随着经济全球化进程逐渐加快，各国间经济发展的依赖程度日益加深，越来越多的企业开始参与国际营销和分销，同时，企业间的竞争也在全球范围内展开。企业要想在国际市场上取得竞争优势，就必须在全球配置资源，而物流的国际化服务则成了资源全球化配置的主要影响因素。以信息技术和先进的物流设施设备为前提，国际化的第三方物流企业将客户企业的全球外包和内向物流模块与本土的仓储、配送系统整合起来，实现了供应链两极的衔接，从而满足了国际化物流的需求。可以说，国际贸易是国际物流产生和发展的基础和条件，而国际物流的高效运作则是国际贸易发展的必要条件。

第一节 国际物流概述

一、国际物流的概念

1. 国际物流的含义

国际物流（International Logistics，简称 IL），就是在不同国家之间展开的商务活动中，与商品移动相关的运输、配送、保管、包装、装卸、流通加工及信息管理，简言之，即是发生在不同国家之间的物流。它是国内物流的延伸和进一步扩展，是国际贸易的必然组成部分，各国之间的相互贸易最终都需要通过国际物流来实现。从狭义上讲，国际物流是当生产和消费分别在两个或两个以上的国家（或地区）独立进行时，为了克服供需之间的空间隔离和时间距离，对物质资料进行物理性移动的活动过程。

国际物流的实质是按照国际分工协作的原则，依照国际惯例，利用国际化的物流网络、物流设施和物流技术，实现货物在国际间的流动与交换，以促进区域经济的发展和世界资源的优化配置。

国际物流的总目标是为国际贸易和跨国经营服务，选择最佳的方式与路径，以最低的费用和最小的风险，保质、保量、适时地将货物从某国的供应方运到另一国的需求方。国际物流使各国物流系统相互"接轨"。

国际物流是现代物流系统中重要的物流领域，作为一种新的物流形态。以后将有很大的发展空间。

【阅读材料】

国际物流与国际贸易

国际物流与国际贸易之间有着密切的关系。前者是随着后者的发展而发展起来的，同时，前者的发展状况会制约后者的发展。国际贸易是国际物流产生和发展的基础和条件，国际物流的高效运作是国际贸易发展的必要条件。国际贸易促进物流国际化，并对国际物流提出了诸如质量、安全、效益等新的要求。

2. 国际物流的分类

根据划分标准的不同，国际物流主要可以分为以下几种类型：

（1）根据货物在国与国之间的流向分类

①进口物流

当国际物流服务于一国的货物进口时，称之为进口物流。

②出口物流

当国际物流服务于一国的货物出口时，称之为出口物流。

由于各国在物流进出口政策，特别是海关管理制度上的差异，进口物流与出口物流相比，既有交叉的业务环节，也存在不同的业务环节，需要区别对待。

（2）根据货物流动的关税区域分类

国际物流可以分为不同国家间的物流和不同经济区域间的物流。

（3）根据运送货物的特征分类

国际物流可以分为国际商品物流、国际邮政物流、国际军火物流、国际展品物流和废弃物物流、国际捐助或救助物资物流等。

（4）根据服务提供商的不同分类

国际物流可以分为各服务区域物流。

二、国际物流系统

1. 国际物流的系统构成

国际物流系统由商品的包装、储存、运输、检验、外贸加工和其前后的整理、再包装以及国际配送等子系统组成，其中，运输和储存作为其主要组成部分，实现其自身的时间和空间效益，满足国际贸易活动和跨国公司经营的要求。

（1）国际货物运输子系统

国际货物运输是国际物流系统中的动脉子系统，其克服了商品使用价值在空间上的距离，创造了物流的空间效益，使商品实体位置由卖方转移到了买方。

国际货物运输是国际物流系统的核心。通过国际货物运输作业使商品在交易前提下，由卖方转移给买方。在非贸易物流过程中，通过国际货物运输作业将物品由发货人转移到收货人。这种国际货物运输具有路线长、环节多、涉及面广、手续繁杂、风险性大、时间性强、内外运两段性（国内运输段和国际运输段）和联合运输等特点，与集装箱业的发展是分不开的。其中，所谓国际货物运输的两段性，是指国际货物运输的国内运输段（包括进口国、出口国）和国际运输段：

①国内运输段

出口货物的国内运输，是指出口商品由供货地运送到出运港（站、机场）的国内运输，是国际物流中不可缺少的重要环节。

②国际货物运输段

国际货物运输段是国内运输的延伸和扩展，同时又是连接出口国运输和进口国货物运输的桥梁与纽带，是保证国际物流畅通的重要环节。出口货物被集运到港（站、机场），办完出关手续后直接装船发运，便开始国际段运输。一般可采用由出口国装运港直接到进口国目的港卸货，或者采用中转经过国际转运点，再运给用户。

国际物流基本的运输方式有海运、空运、铁路运输、国际多式联运等。

第一，海上运输。海上运输是采用船舶工具将货物由装运港运到目的地港的一种运输方式。在国际贸易总量中约有2/3的货物是通过海上运输的。海上运输有两种方式，即班轮运输和租船。

第二，航空运输。国际航空货物运输是超越国界的现代化的航空货物运输，由于航空运输自身的特点，决定了它在国际货物运输中占有重要的地位。特别对某些轻而贵、少而急需、易破损的物品，如电子设备、精密仪器、鲜活商品、高价工艺品、药品、急用的机械零件等，更适宜于航空运输。航空运输主要有班机和包机两种形式。

第三，铁路运输。它是指在国际物流中，采用两个或两个以上国家的铁路，联合完成货物的运输。根据铁路运输的特点，国际铁路联运主要适用于散杂的货物运输，不受集装箱的限制，可以承运多种货物，如煤炭、钢材、建材、水泥、大型机械等。

第四，国际多式联运。国际多式联运是国际间多种运输形式的联合运输，也被称为国际综合一贯运输，是按照国际多式联运合同，以两种以上的不同运输方式，由一个总承运人负责全程运输并且直接对货主负责，跨国界进行联合运输。这是在集装箱运输基础上发展起来的更先进的运输组织形式。

（2）国际物流中的仓储子系统

国际货物的储存、保管使货物在其流通过程中处于一种或长或短的相对停滞状态，然而，这种停滞是完全必要的，因为国际货物的流通是一个由分散到集中，在由集中到分散的源源不断的流通过程，而库存是维持正常生产、保持连续、应付不确定需要所必需的。其实质是克服商品使用价值在时间上的差异，物流部门可以依靠储存保管创造商品的时间价值。

国际货物的储存与保管主要是在各国的保税区进行的，这就涉及保税制度与保税仓库两个问题。保税制度是对特定的进口货物，在入境后，尚未确定内销或复出的最终去向前，暂缓缴纳进口税，并由海关监管的一种制度。保税仓库是经海关批准专门用于存放保税货物的仓库。它必须具备专门储存、堆放货物的安全设施、健全的仓库管理制度和详细的仓库账册，配备专门的经海关培训认可的专职管理人员。

（3）国际物流的采购子系统

①国际采购子系统的内涵。国际采购是指利用全球的资源，在全世界范围内寻找供应商及质量最好、价格合理的产品。在经济全球化背景下，它已成为企业创造客户价值的重要手段之一。

②国际采购的特点。第一，追求更低的成本是其最大特点。第二，国际采购的跨地域性使得在订货、备货、制造和运输上的时间都被延长。第三，由于不同国家和地区运输能力、社会条件、自然环境、运作模式等物流条件的不同，国际采购更加复杂，难度也更大。第四，与传统门到门运输不同，国际采购包含物料流动、资金管理、风险控制、战略合作。

③国际采购管理的内容。与国内采购相比，国际采购在管理方面涉及的因素较多，主要有四个方面的内容：交易和采购管理、订单管理、运输管理、财务管理。

(4) 国际物流的配送子系统

从物流角度来看，配送几乎包括了所有的物流功能要素，是物流的一个缩影或在某一小范围中物流全部活动的体现。

(5) 国际物流中的报检、报关子系统

由于国际贸易和跨国经营具有投资大、风险高、周期长等特点，这就使得报检、报关成为国际物流系统中重要的子系统。商品报检确定交货品质、数量和包装条件是否符合合同的规定。如发现问题，可分清责任，向有关方面索赔。在买卖合同中，一般都定有商品检验条款，其主要内容有检验时间和地点、检验机构与检验证明、检验标准与检验方法等。

另外，由于进出口商品的流通要在不同的国家进行，因此商品的出入境还须申请通关，即国际货物的报关。报关是指出口商（或其代理人）、进口商（或其代理人）向海关申报出口或进口，接受海关的监督与检查，经海关同意，货物得到放行的过程。报关手续通常包括申报、查验、征税和放行四个基本环节。

(6) 国际货物保险子系统

在国际物流中，货物的交换要经过长途运输、装卸和存储等环节，在整个运输过程中，因遭遇自然灾害或意外事故而造成损失的可能性较大。为了转移货物在运输过程中的风险损失，货主或其代理人便需要办理货物保险。

国际货物运输保险是以对外贸易国运输过程中的各种货物作为保险标的，保险是投保人为了规避自然灾害和意外事故风险而采取的一种经济措施。

该保险子系统根据海运、陆运、空运、邮政送递等途径，相应地包括四类：海洋运输货物保险、陆上运输货物保险、航空运输货物保险和邮包保险。

(7) 国际物流的包装子系统

杜邦定律认为，63%的消费者是根据商品的包装进行购买的，国际市场和消费者是通过商品来认识企业的，而商品的商标和包装就是企业的面孔，它反映了一个国家的综合科技文化水平。

(8) 进出口商品的流通加工子系统

一种是贸易服务性加工，另一种是生产性外延加工。

(9) 国际物流的信息子系统

该业务的主要功能是采集，处理和传递国际物流和商流的信息情报。国际物流信息的主要内容包括进出口单证的作业过程、支付方式信息、客户资料信息、市场行情信息和供求信息等。该系统的特点是信息量大、交换频繁、传递量大、时间性强；系统环节多、点多、线长。国际贸易中，EDI的发展就是一个重要趋势。

2. 国际物流系统网络

国际物流系统网络是指由多个收发货的“节点”和它们之间的“连线”所构成的物流抽象网络以及与之相伴随的信息流网络的有机整体。

收发货节点是指进、出口国国内外的各层仓库，如制造厂仓库、中间商仓库、口岸仓库、国内外中转点仓库以及流通加工配送中心和保税区仓库。国际贸易商品就是通过这些仓库的收入和发出及在中间存放保管，实现国际物流系统的时间效益，克服生产时间和消费时间上的分离，促进国际贸易系统的顺利运行。

连线是指连接上述国内外众多收发货节点间的运输，如各种海运航线、铁路线、飞机航线以及海、陆、空联合运航线。

网络连线是库存货物的移动（运输）轨迹的物化形式；每一对节点有许多连线以表示不同的运输路线、不同产品的各种运输服务；各节点表示存货流动暂时停滞；信息流动网的连线通常包括国内外的邮件或某些电子媒介（如电话、电传、电报以及目前的EDI电子数据交换等），其信息网络的节点则是各种物流信息汇集及处理之点，如员工处理国际订货单据、编制大量出口单证或准备提单、电脑对最新库存量的记录；物流网与信息网并非独立，它们之间的关系是紧密相连的。

三、国际物流的特点与作用

1. 国际物流的主要特点

与国内物流相比，国际物流具有以下几个主要特点：

(1) 涉及范围的广泛性

国际物流的研究对象是国际贸易中的物流现象及其规律。这就涉及不同国家或地区的诸多要素，其物流渠道长、物流环节也多。如时间上、空间上的功能要素系统与外界的沟通。

(2) 物流环境的复杂性

各国物流环境的差异，尤其是物流软环境的不同，使得一个国际物流系统需要在几个不同经济、政治、人文、法律、科技、设施的环境下运行，这无疑会增加物流的难度和系统的复杂性。

(3) 国际物流的风险性

包括政治风险、经济风险、自然风险等。

(4) 信息系统的时效性

由于国际市场瞬息万变，如果没有高效率的信息传递渠道，就会影响物流功能的正常发挥。因此，国际物流对信息的要求更高，必须建立高效率的信息系统。但是世界上各个国家或地区的物流信息水平不一定完全均衡，而且此系统投资较大、统一化管理困难。目前，建立国际物流信息系统的一个较好的办法是各国海关的公共信息系统联机，便于及时掌握有关各个港口、机场和联运路线、站场的实际状况，为供应销售物流决策提供支持。例如，联合包裹公司在新泽西和亚特兰大建立了两大数据神经中心。

【阅读材料】

新加坡港的“高效”智能物流

新加坡港——全球海运中心，平均每2～3分钟就有一艘船进出港，每天约处理42艘货柜船的装卸作业，每个月的货柜吞吐量超过100万TEU。

在过去五年，新加坡港投资了一亿六千万新元在信息科技运用上，目前有超过350个应用系统在处理港埠管理、规划与作业，其主要系统有PORTNET，负责对外的电子数据通信与交换。PORTNET所提供的服务主要有数据库查询服务，包括船舶靠港时程、货柜/货物清单、货柜/货物追踪及化学危险品数据库等；提供海运相关信息、船舶动态数据；电子文件交换、货柜舱单、危险品申报、靠港申请及出港时程预报等通关自动化，通过贸易网络（TradeNet）关贸网络网网相连，可与政府国贸及签审机关做数据交换。

倚仗强大的技术支持，新加坡物流业充分体现了“高效”的含义。新加坡物流公司基本实现了整个运作过程的自动化，它们都设有高技术仓储设备、全自动立体仓库、无线扫描设备、自动提存系统等现代信息技术设备。可以说，高科技是新加坡物流业的主要支撑力量之一，而网络技术则是重中之重。

网络技术主要包括政府的公众网络系统和物流企业的电脑技术平台。“贸易网络”系统可实现企业与政府部门之间的在线信息交换。除了政府提供的公众网络外，物流企业都先后斥资建成了电脑技术平台。通过这个技术平台，客户不但可以进行下订单等商务联系，在托运的货物进入公司运行以后，客户还可以随时通过公司的网络了解所交运货物即时的空间位置，了解货物当时所处的运送环节和预计送达的时间。现代科技还保证了货物的安全。在各个物流公司的具体操作过程中，条形码和无线扫描仪对货物的安全提供了保障，使每天多达数千万份的货品的运送准确率超过99.99%。

资料来源：国际物流网。

（5）运输方式的整合性

国际物流是多种运输方式的组合。

（6）物流标准的高要求

要使国际间物流顺畅，提高物流效率、效果，统一国际物流标准显得异常重要。目前，美国、欧洲基本实现了物流工具、设施的统一标准，如条码技术及集装箱的几种统一规格等，大大减少了物流的费用，降低了转运的难度。而不向这一标准靠拢的国家，必然要在转运、换车底等方面多耗费时间和费用，从而降低其国际竞争能力。

2. 国际物流与国内物流的区别

国际物流作业与国内物流作业有相似之处，同样也存在着差异，其主要表现在以下方面：

（1）运作周期的长短不同

这是二者的主要区别。国际物流作业往往需要以周或月为单位来衡量运作周期的长短。其之所以需要较长的完成周期，是因为受到特殊包装要求、通融资金需要、通信传输延迟、远洋运输船期表、长途运输时间以及海关清关手续等因素综合作用的影响。虽然现在 EDI 传输技术越来越普遍，在货物还未抵达目的港口之前事先办好产品装运交付的清关手续，但上述过程所消耗的完成周期的时间依然很长。

（2）作业复杂程度不同

①使用语言

国际物流作业要求产品和有关单证使用多国语言，诸如计算机或计算器之类的产品必须具有地方特征，比如其产品本身的键盘字母和说明书上的语言等。

除产品的语言外，国际物流作业对交付所经过的每一个国家都需要使用多语言的物流单证。尽管英语是通用的商业语言，但有些国家要求提供用当地语言翻译好的物流单证和海关文件，这就增加了国际作业的时间和劳动强度，因为在装运交付前必须将复杂的物流单证翻译完毕。不过，现在可以通过标准 EDI 方式的交易得到克服。

②产品数目

这一现象部分归因于上述的语言差别，然而产品本身也有可能存在着内在特点的差异，如能源供应特点、性能特征及安全上的需要等。虽然它们有可能并不具有实质上的差异，但是国与国之间的细微区别也许会大大增加所需的库存单位数以及随之而来的存货水平。

③存货的物权和地点

有效的全球存货管理无法事先确定存货的物权和实际地点，目前许多厂商的做法是把存货管理的责任放到许多地点，每一个存货管理地点试图通过示范性服务来证明存货水平是合理的。这种理念导致存货数大大超过了供应链上的总需求。

④单证数量

国内作业一般只用一份发票和一份提单就能完成，而国际作业往往需要大量的有关订货项目、运输方式、资金通融以及政府控制等方面的单证和文件。

⑤运输复杂性

在我国国内市场获准从事运输业务的运输服务部门的运输能力往往在国际上并不能行得通。例如，在国内市场上，物流作业只需要与单一的或数量有限的承运人签订合同，这是件相对比较简单的事，但在国际运输市场上，需要从事的是全球化的物流作业，托运人很难与单一的承运人签订合同来有效管理其他承运人的服务，因此运输的复杂性大大加强了，而且就目前来说，能达到或有实力来承担这一角色的承运人更少。

⑥系统一体化

从历史角度来看，跨国企业中的国际信息系统显示不出公共性，这是因为每一个国家的作业都可以被看做一个独立而又自治的合法群体。国际物流在作业上的差异要求企业加强整个系统一体化的作业协调，包括发送、订货的能力，以满足使用 EDI 方式在世界任何地方从事存货管理能力。但这不是一种短期内就能产生的变化，也很少有企业具备一体化的全球物流信息系统。

⑦联盟

与承运人和专业化服务供应商的联盟尽管对于国内作业十分重要，但对于国际作业来说则更加重要。国际联盟能够提供市场通道和专业人员，并且减少在全球物流作业中的潜在风险。

3. 国际物流的作用

国际物流是世界经济发展的必然结果，其自身的发展水平也取决于国际社会经济发展的程度。经济全球化离不开国际物流，国际物流的作用在其中显得尤为重要。

（1）加快国际商品流通，促进世界经济发展

比如利用计算机网络，将超市、配送中心和供货商、生产企业连接，能够以配送中心为枢纽形成一个商业、物流业和生产企业的有效组合。有了计算机迅速及时的信息传递和分析，通过配送中心的高效率作业、及时配送，将信息反馈给供货商和生产企业，可以形成一个高效率、高能量的商品流通网络，为各国企业管理决策提供重要依据，同时，还能够大大加快商品流通的速度、降低商品的零售价格、提高消费者的购买欲望，从而促进世界经济的发展。

（2）对进出口货物在港口的集散和各国（地区）之间的商品流通起着重要作用

各国（地区）之间调运外贸商品、原材料、半成品和包装物料，主要是通过国际物流来完成的。

(3) 创造社会效益和附加价值

实现装卸搬运作业机械化、自动化，不仅能提高劳动生产率，而且也能解放生产力。把工人从繁重的体力劳动中解脱出来，这本身就是在创造社会效益。随着国际物流的发展，全球居民的生活环境、生活质量将得到改善和提高。

第二节 国际物流实务

一、国际多式联运

运输在整个物流业务中占有不可忽视的重要地位。同样，在国际物流业务中占有核心地位的是国际货物运输。就目前来说，国际货物的基本运输方式主要有海运、空运、陆运、河运、邮运以及国际多式联运等。国际间的早期货物运输主要依靠于海运。现在，其运输方式开始倾向于多种运输方式联合进行，即国际多式联运。

1. 国际多式联运的概念

国际多式联运（International Multimodal Transport）是一种利用集装箱进行联运的新的运输组织方式，它通过采用海、陆、空等两种以上的运输手段，完成国际间的连贯货物运输，从而打破了过去海、铁、公、空等单一运输方式互不连贯的传统做法，根据 1980 年《联合国国际货物多式联合公约》（简称“多式联运公约”）以及 1997 年我国交通部和铁道部共同颁布的《国际集装箱多式联运管理规则》的定义，国际多式联运是指“按照多式联运合同，以至少两种不同的运输方式，由多式联运经营人将货物从一国境内接管货物的地点运至另一国境内指定地点交付的货物运输”。

国际多式联运作为一种综合连贯的运输方式，是实现“门到门”运输的有效途径。它简化了手续，减少了中间环节，降低了运输成本。同时，国际多式联运还能集中发挥各种运输方式的优势，加快了国际货物运输的速度，并且保证了货物的安全，提高了货运质量。这些都为多式联运实现“门到门”运输创造了有利条件。

2. 国际多式联运的特征

根据国际多式联运的定义，其主要特征如下：

(1) 必须有一个多式联运合同。多式联运合同是多式联运经营人与托运人之间订立的据以收取运费、负责完成或组织成国际多式联运的合同。它明确规定了多式联运经营人和托运人之间的权利、义务、责任和豁免。

(2) 必须是国际间两种或两种以上不同运输方式的连贯运输。一般来说，国际多式联运是以集装箱为媒介，把海、陆、空各种单一的传统运输方式有机地结合起来，形成诸如海—铁、海—铁—公、海—公—海以及海—空等多种联运方式。这些运输方式及各种运输环节的有机组合被称为“多式联运链”。目前，多式联运链的种类主要有陆桥运输链、海空联运链、远东—北美多式联运链和远东—非洲多式联运链。其中，应用较多的为大陆桥运输链。

【阅读材料】

国际物流的大陆桥运输

大陆桥运输实际上是以铁路为主体，以集装箱为媒介，海运、公路、航空、河流、管道等多种运输方式相结合，横跨洲际大陆，实行海陆衔接、一票到底的国际联运。目前，世界上的大陆桥主要有：

①西伯利亚大陆桥

西伯利亚大陆桥是大陆桥中最典型的多式联运链，货物由远东海运到俄罗斯东部港口，跨越欧亚大陆的西伯利亚运至波罗的海沿岸，然后再采用铁路、公路或海运运至欧洲各地。西伯利亚大陆桥是远东至欧洲间运输距离最短的一条运输链，从远东经俄罗斯太平洋沿岸港口去欧洲的陆桥运输线全长13 000km，而相应的全程水路运输距离约为20 000km，从日本横滨到欧洲，采用陆桥运输可以使运距缩短20% ~30% 左右；其次，它实现了货物的集装箱门到门的运输，因而对货主有很大的吸引力。现在使用这条陆桥运输线的经营者主要是日本、中国和欧洲各国的货运代理公司。由此可见，它为沟通欧亚大陆、促进国际贸易起到了重要作用。目前，经西伯利亚大陆桥往返欧洲与亚洲间的联运链主要有三条：海路——铁路、海路——铁路——公路和海路——铁路——海路。

②北美大陆桥

北美大陆桥是指利用北美的大铁路实现从远东到欧洲的“海陆海”联运。它包括1967年开通的美国大陆桥和1979年开通的加拿大大陆桥这两条大陆桥。北美大陆桥是世界上历史最悠久、影响最大、服务范围最广的陆桥运输线，其主要连接了太平洋与大西洋以及太平洋与墨西哥湾。据统计，从远东到北美东海岸的货物大约有50%以上是全程水运，而大陆桥方式通常要快1 ~2周。例如，集装箱从日本东京到欧洲通常约要5 ~6周的时间，而采用北美大陆运输只需3周时间。

③新欧亚大陆桥

新欧亚大陆桥东起我国的日照、连云港等沿海港口城市，经陇海铁路到新疆，出阿拉山口至鹿特丹，横贯西亚各国、波兰、俄罗斯、德国、荷兰等三十多个国家和地区。与海运相比，新欧亚大陆桥可节省60%左右的运输时间，大大缩短了运输里程。目前，新欧亚大陆桥对我国西部落后的地区与东部先进地区的交流，对中国与中亚、欧洲国家的经济合作的战略推动作用已日益凸显，正逐步成为我国中西部地区与中亚、中东和欧洲地区之间的新的经济纽带。

资料来源：国际物流网。

(3) 必须使用一份包括全程的多式联运单据。此单据是可作为多式联运合同的证明以及多式联运经营人收到货物的收据和凭其交货的凭证。

(4) 必须是国际间的货物运输。

(5) 必须由一个多式联运经营人对全程运输负总责任。多式联运经营人，是指本人或通过其代表订立多式联运合同的任何人，具有双重身份，既是承运人又是托运人。多式联运经营人除负有履行合同的责任外，还负责全程的运输，并对货物的灭失、损坏、延迟交付等承担责任。

(6) 必须是全程单一运费费率。托运人将全程不同运送设备的运费一次性支付给多式联运经营人，其中包括全程各段运费的综合、经营管理费用和合理利润。

3. 国际多式联运中各方承担的责任

在国际多式联运中，签订合同的各方包括发货人、收货人和多式联运经营人。由于在联运中所处的地位不同，这三方所承担的责任也各不相同。

(1) 发货人的责任

按照《多式联运公约》的定义，发货人的责任义务：一是准确无误地提供货物；二是托运危险货物时的告知义务。若发货人违反此两项义务，则对多式联运经营人因此遭受的一切损失负有赔偿责任。

(2) 收货人的责任

收货人处于多式联运整个过程的最终环节，其主要的责任是及时提货。收货人应在收到通知后凭联运提单办理提货手续。若货物卸船后超过10天不提，由此产生的堆放费用由收货人负担。

(3) 多式联运经营人的责任

多式联运经营人最主要的责任和义务在于履行多式联运合同。在多式联运经营人履行合同时，即承运货物时，需要对货物在运输过程中发生的灭失、损坏或延迟负主要责任。其所承担的责任已形成各种制度，即网状责任制、统一责任制、修正性的统一责任制和责任分担制。由于国际多式联运的运输方式多样、路程较长、涉及人员众多，故经常使用网状责任制。

虽然多式联运在世界各地取得了快速的发展，但还是存在着一系列的问题。比如说运输组织与管理的系统化问题、卡车服务和联运中心的建设问题以及各个国家的相关政策问题等。这些问题在很大程度上成为制约多式联运发展的瓶颈。对于我国而言，要认真看待这些问题，争取优势来发展国际多式联运。

二、进出境货物监管

对于在国际间流动的货物而言，要想加快流通速度，除了要选择合适的路线和运输工具外，还必须了解进出各国国境需要注意的问题。其中最值得关注的是各国海关的监管制度，即海关对进出本国国境的货物或物品进行的监察管理。

1. 进出境货物的监管制度概述

海关监管是指海关根据《海关法》和国家其他进出口法律、法规以及政策，对进出境运输工具、货物、物品及相关的进出境行为进行监督，为确保有关进出境行为的真实性与合法性而采取的一种行政管理行为。

（1）监管对象

根据海关法和有关法律、行政法规的规定，海关监管的对象主要是：带有贸易性质的进出境货物、带有非贸易性质的进出境物品以及用以运载人员、货物、物品进出境的各种船舶、车辆、航空器等运输工具。

其中，进出境货物是海关监管的主要对象，根据其进出境方式的不同，具体可以分为进出口货物、过境货物、转运货物和通运货物这几种。

（2）任务

代表国家依照海关法和其他有关法律、行政法规对进出境的活动实施有效的监督管理是海关监管的基本任务，主要有三个：

①依照国家外贸管制法规，监督管理运输工具、货物、物品进出境，保证国家对外经济贸易政策的贯彻实施。这是海关的首要任务，也是海关监管的具体任务。

②加强海关对市场经济的宏观监控，维护国家主权利益，促进经济、科技、文化交流。这也是海关监管的明确目的。

③为海关征税、统计、稽查和查私及时提供原始单证、资料和线索，保障国家经济安全。

2. 货物进出境的通关程序

货物进出境程序，是指海关的监管对象在办理进出境手续时必须依照的法定步骤或者有关规定。这些步骤或规定是为正确、有效地实施海关监管的各项规定，方便运输工具、货物、物品的合法进出，保证关税征收，严厉打击走私犯罪行为而设置的。由于海关的监管对象、监管措施不同，因而在监管程序上也不尽相同。一般来说，进出境通关程序主要包括了四个部分。

(1) 申报

在准备货物进出境时，必须先由进出口货物的收发货人或者其代理人，按照海关的规定，向海关申报办理进境或者出境的手续，这是海关监管程序的第一步。

①进出口货物的申报地点。按照《海关法》及其他相关规定，进口货物应当在进境地海关申报；出口货物应当在出境地海关申报。对于一些特殊情况，比如货物的生产地和起运地不在一处，为了节约通关时间，可以由收发货人报请海关同意，进口货物在指运地海关申报，出口货物在启运地海关申报。

②进出口货物的申报期限。对于进口货物而言，进口货物的收货人应当从运载进口货物起 14 天内向进境地海关进行申报。超期报关者，由海关征收一定滞报金。

对于出口货物来说，应于货物装运出境前 24 小时，由出口货物的发货人向海关进行申报。

③申报单证的准备。在向海关做货物的进出境申报之前，进出口货物的收发货人或其代理人必须按照《海关法》及其他规定准备好相关单证。这些单证可以分为两大类：

第一类，主要单证，即报关单。报关单是由海关制作的具有规范的格式和内容的报关单据，是海关进行审核、查验、征税、放行以及统计的基本单据。报关单的法定形式有两种，即纸质报关单和电子数据报关单。目前，在一些发达国家如美国，已普遍采用电子申报的报关方式，我国目前多数海关还采用纸质报关单的形式，但随着我国通关系统的改革，通关作业电子化程度不断提高，电子数据报关单的形式将会越来越广泛地被采用。

第二类，随附单证。随附单证包括了三种，基本单证、特殊单证和预备单证。基本单证主要包括进出口货物的货运单据，比如提货单、装箱单、发票、货物明细单等以及商业单据。特殊单证则包括了进出口许可证、加工贸易登记手册、特定减免税证明、原产地证明书、出口收汇核销单等。贸易合同以及进出口企业的有关证明文件则作为海关在审单、征税的时候需要调阅或者收取备案的预备单证。

国家海关规定，报关单的填写必须真实、准确、完整，随附单证必须齐全、有效、合法。如果报关单证不真实、不合法，则报关行为也不符合法定要求，甚至可能有逃避海关监管的行为。此外，国家海关还规定，报关单证及其内容不得修改或者撤销。确有正当理由的，经海关同意，方可修改或者撤销报关单证。

④申报结果。申报结果是指海关是否接受进出口货物的收发货人的申报行为。海关接受申报以后，报关企业应当在收到“现场交单”或“放行交单”

通知之日起10日内，持打印的纸质报关单及随附单证并签名盖章，到货物所在地海关提交书面单证并办理相关手续。若报关企业受到海关反馈的“不接受申报”的报文，意味着申报失败。申报失败后，应根据报文提示的问题进行修改，并重新申报。

进出口货物的收发货人或其代理人是否按时、按规定向海关提出申报，申报时相关证件是否准备齐全等，都将关系到货物的通关速度。

(2) 查验

货物查验是海关根据国家的法律规定确定进出境货物的性质、价格、数量、原产地、货物状况等是否与报关填报内容一致的行为。其主要目的是核对收发货人的申报是否属实，并确定征收关税的事实依据以及检查有无藏匿走私货物的情况。

海关查验货物的地点一般是在设有海关的码头、机场、车站的仓库、场院等海关监管场所，特殊情况下，也可由货主申请，海关派人到有关公司或生产经营单位的仓库去查验货物。查验时间一般设置在海关正常工作时间内，海关通常以书面的形式提前通知报关企业查验时间；对于不宜长期保存的货物，可申请进行优先查验。根据不同的具体情况，海关查验货物可以采用不同的方法，通常采用的是一般查验和重点查验这两种方法。

查验货物是海关实际监管的具体体现，是海关对进出口货物实施监管的核心环节，进出口货物都应当接受海关查验。

(3) 征收关税

关税是由海关代表国家，按照国家制定的关税政策和税法，对进出境的货物、物品征收的一种税。征收关税是海关的基本任务之一，关税不仅是重要的财政收入，而且是执行国家对外经济贸易政策的重要手段。

目前，我国对于关税的计征，一般有从价关税、从量关税、复合关税等三种计征标准。其中，从价关税是最基本的一种标准。

(4) 签印放行

放行货物，就是指海关在对进出口货物查验后，在货物的进出口货运单据上签盖海关放行章，进出口货物的收发货人凭以提取或装运货物，以表明海关监管的结束。海关在放行环节的工作重点是对货物通关过程中申报、查验、征税几个环节的工作进行复核。通过复核，可以及时弥补申报、查验中的问题和差错，从而避免给国家利益造成损失。

三、国际货物运输保险

在国际间流动的货物，一般都需要经过联合多种运输方式的长距离运送，所以在运送过程中，由于遇到自然灾害或意外事故而使途中货物遭受损失的几率，自然就比在国内流动货物的几率要高。因此，货主为了转嫁货物在运输过程中的风险损失，就需要向专门的保险公司或企业办理货物运输保险。

1. 国际货物运输保险概述

（1）定义和分类

国际货物运输保险是一种经济补偿制度，它是指保险人对被保险货物遭受承保范围内的风险而受到损失时进行赔偿的一种制度。

根据货物运输方式的不同，国际货运保险可以分为海运货物保险、陆运货物保险、空运货物保险、邮包保险以及多式联运保险。

（2）货运保险的办理程序

①确定投保办理人

在国际货物买卖过程中，由哪一方负责办理保险，应根据买卖双方商定的价格条件来确定。价格条件，也被称为“国际贸易术语”，它是用来表示买卖双方所承担的费用、风险和责任划分的专门用语。目前，国际上通用的贸易术语主要是三个：FOB、CIF 和 CFR。其中，FOB 和 CFR 这两种价格条件规定了保险应由买方办理；而 CIF 价格条件则规定了保险由卖方代为办理。

【知识阅读】

国际贸易术语关于风险的划分

（1）FOB

FOB 是 Free on Board 的缩写，意为装运港船上交货（指定装运港）。它是指卖方负责办理出口清关手续，当货物在指定的装运港越过船舷后，卖方就算完成了交货任务。这意味着 FOB 术语是以装运港船舷作为划分风险的界限。货物在装上船之前的风险，包括在装船时货物跌落码头或海中所造成的损失，均由卖方承担。而买方则必须承担货物装上船之后，包括在起航前和在运输过程中所发生的损失或灭失等一切风险。

（2）CFR

CFR 是 Cost and Freight 的缩写，即成本加运费（指定目的港）。这一术语规定了卖方必须按时在装运港将货物装船并及时通知买方；同时，还需要办理出口结关手续并支付将货物运至指定目的港所需的运费才算完成交货义务。而买方则承担了货物在装运港越过船舷后的一切风险和费用，办理货物进口或必要时经由另一国家过境运输的一切海关手续以及支付货款的基本义务。按照 CFR 术语，成交时，买卖双方风险划分和费用划分的地点是相分离的，即风险划分地点是在出口国家的装运港，而费用划分地点却在进口国家的目的港。

（3）CIF

CIF 是 Cost Insurance and Freight 的缩写，即成本加保险费、运费（指定目

的港)。这种术语规定在装运港当货物越过船舷时卖方即完成交货。虽然卖方必须支付将货物运至指定的目的港所需的运费和保险费，但交货后货物灭失或损坏的风险以及由于各种事件造成的任何额外费用由买方来承担而非卖方。

资料来源：《国际贸易实务》。

②确定保险金额

保险金额是保险公司在保险事故发生后应向被保险人支付补偿的最高金额，是货物发生损失后计算赔偿的依据，通常采用定值保险方式。这种方式是以合同双方当事人事先议定好的保险货物的实际价值作为保险金额确定的依据。而保险货物的实际价值一般采用两种标准来确定：一种是用货物的购进价格加上运达目的地的一切运杂费、包装费、保险费及税款等费用的总和作为货物的总价值，即所谓的目的地成本价。第二种方法则被称为目的地市价，也就是货物到达目的地的销售价格。

③取得保险单

首先是投保人向保险公司提出投保的书面申请，即填写投保单。随后，投保人在交付一定的保险费后，方能取得保险单。只有领取了保险单，投保人才能在货物发生保险范围内的损失或灭失时，向保险人要求赔偿。

④提出索赔手续

当被保险货物运抵目的地后，如果收货人发现货物有明显缺损的情况，应立即向承运人或有关方面索取货损或货差证明，并联系保险公司指定的检验理赔代理人申请检验，提出检验报告，确定损失程度；同时，向承运人或有关责任方提出索赔。属于保险责任的，可填写索赔清单向保险公司索赔。索赔应当在保险有效期内提出并办理，否则保险公司可以不予办理。

2. 海上货物运输保险

由于国际间货物的运输主要依靠的是海洋运输，因此海运保险就成了国际货运保险的主要组成部分。

(1) 海运保险的承保范围

国际货物海上运输保险承保的范围主要包括海上的风险、损失和费用。

①海上风险：它包括由于恶劣气候、流冰、海啸、雷电等自然灾害和海上意外事故，比如船舶的搁浅、触礁、爆炸等。

②海上损失。它是指被保险货物在海运过程中，由于海上风险所造成的损坏或灭失。根据货物的损坏程度，可以将海损分为全部损失和部分损失。而根据货物损失的性质，又可以将海损分为共同海损和单独海损。

③费用损失。海上风险不仅会造成货物的损失，还会产生费用方面的损失。比如说被保货物在遭受灾害事故时，被保险人为了防止损失的扩大化采取

的一系列救护措施而所支付的合理的费用。

(2) 海运保险的险别

按照我国的保险习惯，可将各种海上货物运输保险的险别分为主要险别和附加险别这两种。

①主要险别

我国的海运保险中的主要险别包括了平安险、水渍险和一切险。

平安险主要负责对因意外事故所造成的单独海损进行赔偿，但不负责赔偿由于自然灾害所造成的单独海损。

水渍险的责任范围除了包括平安险的各项责任外，还负责被保险货物由于恶劣气候、雷电、海啸、地震、洪水等自然灾害而产生的部分损失。

一切险的责任范围除包括上述平安险和水渍险的所有责任外，还包括货物在运输过程中，各种外来原因所造成保险货物的损失，可以说是平安险、水渍险和一般附加险的总和。但是，一切险并不是对一切风险所造成的损失都进行赔偿，它对货物的内在缺陷、自然损耗以及一些特殊外来原因（比如罢工、战争等）所引起的风险损失不负责赔偿。

②附加险别

附加险别包括了一般附加险和特殊附加险。

由于被保险货物的品种多样，其性质和特点也各不相同，所以引起这些不同货物损失的一般外来风险也是多种多样的。由此，为应对这些一般外来风险的一般附加险种类也很多，主要包括了以下附加险：偷窃提货不着险、淡水雨淋险、短量险、渗漏险、串味险、碰损险、受热受潮险、钩损险、包装破裂险、锈损险。一般附加险不能单独承保，投保人必须在投保了平安险和水渍险的基础上才能投保一般附加险。但如果投保人投保的是一切险，则这些一般附加险已经被包括在了一切险的承保范围内。

特别附加险的承保范围不在一切险的范围之内。它一般与政治、国家行政管理规章所引起的风险相关，比如战争险和罢工险。

③海运保险的险别选择

在办理国际货物运输保险时，要做到既节省不必要的保险费支出，又能够获得足够的经济保障，同时还要投保符合实际需要的险别，就必须综合考虑各方面的因素。这些因素被称为险别的选择五要素：货物的种类、性质和特点；货物的包装情况；货物的运输情况，包括运输方式、运输路线以及运输工具；在港口和装卸过程中货物的损耗情况等；目的地的货物市场价格变动趋势以及政治局势。

在选择险别时，要注意对主要险别，特别是对一切险的选择。虽然一切险的责任范围包括了平安险、水渍险和各种一般附加险，对于投保人来说此险别与其他险别相比而言比较方便，但是一切险的保险费率也是比较高的，其费率约为水渍险的两倍，约为平安险的三倍。因此，选择一切险要视商品的价值而定。

(3) 海运保险责任的起讫范围

由于按照国际保险市场的一般解释，凡与海陆连接的陆运过程中发生的货物损失也被算在海损的范围内。因此，海运保险的责任范围自被保险货物离开保险合同所标明的启运地仓库或其他场所处开始，包括正常运输中的海上、陆上、内河等运输在内，直至进入保险合同上标明的最终目的地仓库或储存所时为止。也就是说海运保险应就运输全程所发生的危险，向被保险人提供连续、不间断的保险。海运保险的这一起讫范围被称为“仓至仓”条款。

第三节　国际物流的发展

与市场国际化相对应，企业间的竞争也开始在全球范围内展开，随着经济全球化进程逐渐加快，各国间经济发展的依赖程度日益加深，促使物流向国际化纵深发展。

一、国际物流的产生和发展阶段

虽然国际物流的概念最近才被提出并得到人们的重视，但国际物流活动早已随着国际贸易和跨国公司的国际渗透而发展。物流活动的国际化发展经历了以下几个阶段。

第一阶段——第二次世界大战以前。国际物流活动的萌芽阶段。

第二阶段——20世纪50年代至20世纪70年代末。这一阶段，物流设施和物流技术得到了极大的发展，建立了配送中心，广泛运用电子计算机进行管理，出现了立体化无人仓库，一些国家建立了本国的物流标准化体系等。集装箱及集装箱船的发展使大数量、高服务型物流从石油、矿石等物流领域向难度较大的中、小件杂货领域深入。物流系统的改善促进了国际贸易的发展，物流活动已经超出了一国范围，这样系统物流进入国际领域，但物流国际化的趋势还没有得到人们的重视。

第三阶段——20世纪80年代至20世纪90年代初。随着经济技术的发展和国际经济往来的日益扩大，物流国际化趋势开始成为世界性的共同问题。随着国际联运形式物流及物流信息和电子数据交换系统的出现，物流逐渐进入信息时代，物流信息系统和EDI系统开始应用。美国密歇根州立大学教授波索克斯认为，进入20世纪80年代，美国经济已经失去了兴旺发展的势头，陷入长期倒退的危机之中。因此，必须强调改善国际性物流管理，降低产品成本，并且要改善服务、扩大销售，在激烈的国际竞争中获得胜利。与此同时，日本正处于成熟的经济发展期，以贸易立国，要实现与其对外贸易相适应的物流国际化，采取了建立物流信息网络、加强物流全面质量管理等一系列措施，以提高物流国际化的效率。这一阶段，物流国际化的趋势发展仅限于美国、日本和欧洲一些发达国家和地区。

第四阶段——20 世纪 90 年代至今。这一阶段，国际物流的概念和重要性已成为各国政府和外贸部门普遍接受。贸易全球化、信息化的高度发展以及 Internet 条码和卫星定位系统的应用，必然要求物流国际化，即物流设施国际化、物流技术国际化、物流服务国际化、货物运输国际化、包装国际化和流通加工国际化等。世界各国广泛开展国际物流理论和实践的大胆探索。对物流无国界观念的出现，人们已经形成共识：只有广泛开展国际物流合作，才能促进世界经济繁荣。

二、物流产业国际化发展趋势

由于经济全球化脚步的加快，伴随着国际贸易经济增长的国际物流将会得到更大的发展空间，与此同时也出现了一系列与经济全球化相适应的发展趋势。根据各国间贸易的发展情况以及国际间物资的流通情况，对于国际物流的发展趋势，可以做如下归纳：

1. 标准化趋势

对于国际贸易来说，其阻碍因素主要是贸易壁垒问题。这些贸易壁垒涉及的内容广泛，上至产品所含原料，下至产品的大小规格，都可以作为阻挡他国产品进入本国市场的理由。而随着国际贸易发展起来的国际物流也面临着这样的一个问题，比如对外销产品的包装、消毒以及运输工具等，也正逐渐成为贸易壁垒的新内容。防止贸易壁垒最好的办法就是标准化。所谓标准化，是指在社会实践中，对一些普遍活动制定、发布和实施统一的标准。各国统一标准，对符合标准的产品，他国就没有理由拒绝其入境。而除了可以解决贸易壁垒外，还可以通过对国际物流的流程以及技术的标准化，来提高国际物流的作业效率。比如，对集装箱、托盘的尺寸定一个统一标准，便于在远洋运输船舶等运输工具上装载集装箱，同时也便于查清集装箱中的货物数量。

2. 信息化趋势

随着现代社会向信息时代迈进以及整个社会对于信息化的要求，物流活动也开始追求信息化，特别是在国际物流的活动中，信息化的趋势显得尤为突出。国际物流的运输距离较长，在运输上耗费时间较多，这一事实在目前来说是无法改变的。因此，要想达到物流活动的快速、高效的目标，只能依靠提高其他环节的工作效率来完成。比如货物的通关环节，用电子报关单来代替纸质单证可以缩短货物的通关时间。此外，依靠条形码和电子跟踪系统还可以即时掌握远距离的货物情况。只有依靠商品信息电子化、物流信息的处理电子化和收集数据库化，电子报关和电子跟踪货物才能实现。

3. 绿色化趋势

经济发展到今天，各国政府已开始注意原来只注重经济发展而带来的一些负面影响，比如说环境问题。针对这样的问题，各国政府也提出了解决之道，强调“可持续发展”，即经济的发展必须建立在维护地球环境的基础上。但是，物流活动的一些环节却会产生一些不利于经济可持续性发展的影响，如汽车运输带来的尾气污染，货物的外包装、衬垫由于不能降解而影响卫生和土地的使用等。所以为适应现在的经济可持续发展的战略，在开展物流活动的同时要考虑环保和可持续发展的问题，要从环境的角度对自身的体系进行改进。在抑制物流活动对环境造成危害的同时，最好是能形成一种新的物流系统，即可以促进经济和消费向可持续方向转变的物流系统，亦即绿色化的物流系统。由于可持续发展已经变成了一个全球性的发展战略，所以对于国际物流而言，建立绿色化、环保型的物流系统已迫在眉睫。

4. 服务多元化趋势

对国际物流而言，其提供的服务已不仅仅局限于将货物从一国运送至另一国的运输领域。现在的国际物流所提供的服务，已开始朝着多元化的方向发展，比如代为办理货物的通关手续和进出口货物的检验检疫手续等。特别对于第三方物流服务公司来说，有时面临着为跨国公司提供优化供应链结构的增值服务，有时又面临着为一些国内生产企业提供在全球范围内优化其资源配置的服务等。随着国际贸易活动的进一步开展和跨国公司的增多，国际物流所提供的服务也面临着新的挑战。要满足跨国企业或其他企业的新需求，国际物流就必须提供多元化的服务，而不仅仅是局限于提供跨国运输或包装之类的服务。

21 世纪的经济发展还将继续朝着全球化的目标前进，而国际物流的发展趋势也不仅局限于标准化、信息化、绿色化和服务多元化，它还会随着经济全球化的发展而呈现出更多的发展趋势。

三、我国的国际物流体系合理化建议

纵观我国物流企业的国际化，国际物流体系已粗具规模，但由于政治、历史等各种因素的影响导致国际环境的复杂性，特别是部分国家对来自特定国家的企业采取了歧视性政策可能造成潜在的风险。同时，不同国家间物流标准、物流技术等方面的差异在一定程度上对我国物流业国际化进程形成了障碍。为促进我国的国际物流体系合理化，可采取以下措施：

1. 重视培养国际物流人才，提升物流经营管理水平

我国物流业方兴未艾，物流发展需要有充足的技术支持和管理保障，然而我国物流管理、业务人才相对匮乏，要求加强理论研究和人才培训来指导现代物流的实践，大力培养应用型、复合型人才是当务之急。为此，我国要逐步建立和完善物流教育和培训体制，形成较合理的物流人才教育培训系统。

2. 提高物流技术装备水平，加快物流基础设施建设

现今，我国物流企业技术装备落后、物流作业水平低、服务质量尚未满足企业的现代物流服务技术，相比之下，国际物流领域实现了高度的机械化、自动化，在物流企业中，计算机管理系统被普遍应用。

建设高起点的物流基础设施和提高物流技术装备水平是提升国内物流系统在国际物流系统中地位的重要保证。

3. 增加作业技术含量

在包装、仓储、运输、装卸等环节中，采用先进的方式、方法，降低成本。

4. 建立现代物流配送中心

现代物流配送中心是一种全新的流通运作模式，其管理水平要求达到科学化和现代化。其内在体系的建设是随物流系统中商品品种少量化、多频度、小单位化发展以及 JIT 等新型生产、流通体制的进化而演变。它是在对应物流信息化、智能化、机械化发展的过程中，从供应链管理的角度寻求物流系统的整体最优，并通过灵活运用外部委托或共同配送，在充分考虑经济可持续发展的前提下，实现物流产业和社会的最大绩效。

5. 建立全球物流信息网络

现代物流企业一般要为多家企业服务，而不能只服务于一两个客户以避免受制于人。因此，服务地域的广阔性决定了企业的服务设施必须实现网络化，物流系统的信息化势在必行。推进 EDI 项目建设，建立全国交通通信服务专网系统；采用先进的数字编码、调制和时分多址技术；将物流技术与数字化技术、网络技术嫁接，抢占该领域的全球制高点；建立多个全国性的物流信息平台，加强完善物流实网和虚拟网，充分发挥网络优势，组建网上物资贸易和物资配送服务市场，提高全国范围内物流信息的搜集、处理和服务能力，缩短物流信息交换与作业时间；应用全程物流概念，完善大交通管理体制，充分发挥海、陆、空立体交通网络的功能，基本建立成为以现代化综合交通体系为主的运输平台，以邮电通讯及网络技术为主的信息平台，形成以运输商品配送和电子商务为支撑的现代物流。我国的物流企业要在国际竞争中立于不败之地，全方位、多角度地把握信息、提供服务才是应有之策。

【本章小结】

国际物流是国内物流的延伸和进一步扩展。本章主要介绍了国际物流的概念、特点、主要业务活动、国际物流实务、国际物流的未来发展趋势等，需要了解国际物流与国内物流的区别，重点掌握国际物流的活动环节，宏观把握国际物流的发展及其在我国应该如何推进。

【案例分析】

多式联运货损责任认定不可忽视交接单

2001 年 11 月 18 日，华映公司与特灵台湾公司签订了进口三套冷水机组的贸易合同，交货方式为 FOB 美国西海岸，目的地为吴江。2001 年 12 月 24 日，买方华映公司就运输的冷水机组向人保吴江公司投保一切险，保险责任期间为“仓至仓条款”。同年 12 月 27 日，原告东方海外公司从美国西雅图港以国际多式联运方式运输了装载于三个集装箱的冷水机组经上海到吴江。2002 年 1 月 11 日，货物到达上海港后，原告与被告中外运江苏公司约定，原告支付被告陆路直通运费、短驳运费和开道车费用等共计 9 415 元，将提单下的货物交由被告陆路运输至目的地吴江。但事实上，中外运江苏公司并没有亲自运输，而由吴淞公司实际运输，被告向吴淞公司汇付了 8 900 元运费。次年 1 月 21 日，货到目的地后，收货人发现两个集装箱破损，货物严重损坏。

收货人依据货物保险合同向人保吴江公司索赔。保险公司赔付后向原告进行追偿，原告向保险公司做出 11 万美元的赔偿。之后，原告根据货物在上海港卸船时的理货单记载“集装箱和货物完好”以及集装箱发放/设备交接单对比显示的“集装箱出堆场完好，运达目的地破损”，认为被告中外运江苏公司在陆路运输中存在过错，要求被告支付其偿付给保险公司的 11 万美元及利息损失。

此案后经上海海事法院审理，判决被告中外运江苏公司向原告东方海外公司赔偿 11 万美元及其利息损失。

◎评点

此案件是一个关于划分多式联运经营人责任的案例。该案件具有一定的代表性，涉及诸多国际多式联运中的相关知识点。除了关于责任的划分外，此案件还提醒我们注意单证的重要性。

（1）首先要确定此案件的多式联运经营人和承运人之间的责任义务

该案中的货物是从美国运至中国吴江，经过了海运和陆路运输，货物的运输是在国际间发生的，并且经历了两种不同的运输方式，因此该案件中的运输方式应该是属于国际多式联运。原告东方海外公司作为该案件中货物的全程承运人，也就是多式联运经营人，它对货物在运输过程中发生的灭失、损坏或延迟负主要责任。所以人保吴江公司对涉案货损向买方华映公司做出赔偿后，应当向多式联运经营人，即东方海外公司，提出追偿。该程序符合情理和法律规定。

而作为多式联运经营人，在对保险公司承担赔偿责任后有权就其所受的损失向承包各段运输的承运人进行追偿。在这个案件中，涉案两个集装箱货物的损坏发生在上海至吴江的陆路运输区段，该区段的承运人为中外运江苏公司。由于中外运江苏公司与原告东方海外公司之间订立的合同是属于国际多式联运的陆路运输合同，中外运江苏公司应按约全面适当地履行运输义务，故被告应对货物在其责任期间内的损失承担赔偿责任。当多式联运经营人对受害人赔付后，向发生货损的区段承运人追偿于法不悖，法院追究被告承担货损的过错责任是公正合理的。

(2) 货物在运输过程中，承运人责任的归责原则

在运输中，法律规定对承运人责任的归责原则为过错推定责任原则，只要货物在该运输途中发生了损坏，若没有相反的证据，就推定承运人存在过错，必须对自己的过错行为负责。

本案的集装箱在卸下船时良好，在陆运出场时也完好无损，而到目的地进场时出现破损，那么自然推定集装箱及箱内的货物损坏发生在陆路运输阶段，其责任承担人应该为该区段的承运人。

(3) 运输过程中，对于单证的审核

本案中，货物是由发货人自己装箱，承运人在货物装船时一般无法对集装箱内货物的实际状况进行检查。所以，要证明是否有货损发生，通常是看集装箱进出堆场时设备交接单上的记载情况。若集装箱进场和出场的设备交接单上均记载“集装箱及其设备状况良好”且集装箱铅封完好，那么通常推定集装箱内的货物状况良好，承运人在运输过程中没有造成箱内货物的损坏。

因此，必须要注意单证上面填写的内容，特别是对于多式联运中的相关交接单证，尽管设备交接单记载有关于集装箱及其设备的状况，但该记载并非与箱内货物的状况毫无关系，在没有相反证据的情况下，该记载可以作为推定箱内货物状况和确定最终货损承担者的初步证据。

【练习与思考】

1. 如何理解国际物流？
2. 简述国际物流的主要特点及作用。
3. 结合实际，谈谈国际物流系统的构成。
4. 国际多式联运应具备的条件有哪些？

5. 试述一般进出口货物的海关监管程序。
6. 论述我国海运险中几个主要险种的区别和联系。
7. 简述国际物流的发展趋势。

第七章 现代物流管理

【学习目标】

1. 了解物流成本的分类、特征和物流质量的基本术语、库存的种类。

2. 明确降低物流成本的途径，了解物流企业质量管理的特点和内容、库存管理的重要性和物流标准化的种类。

3. 掌握物流成本管理的原则与方法以及物流成本合理化管理的流程；物流质量管理的原则及物流质量保证体系的建立，库存合理化的内容及 ABC 分类管理法，物流标准化的形式及国际通行的标准。

【关键词汇】

现代物流（Logistics）

物流管理（Logistics Management）

物流成本（Logistics Cost）

物流质量管理（Logistics Quanlity Management）

库存控制（Stock Control）

物流标准化管理（Logistics Standardization Management）

随着电子商务的发展，现代物流在我国得到了蓬勃发展。然而，与发达国家相比，我国的物流管理水平还比较低。因此，加强物流管理、降低物流成本、提高物流质量、创造物流效益，是我国企业和各级政府相关部门普遍关注的问题。本章将分别对物流成本管理、物流质量管理、物流库存管理以及物流标准化等现代物流管理的基本内容进行论述。

第一节 物流成本管理

一、物流成本概述

1. 物流成本的概念

物流成本（Logistics Cost）是指物品在空间位移（含静止）过程中所耗费

的各种劳动和物化劳动的货币表现。它有广义与狭义之分。狭义的物流成本是指由于物品实体的场所（或位置）位移而引起的有关运输、包装、装卸等的成本。广义的物流成本是指包括生产、流通、消费全过程的物品实体与价值变换而发生的全部成本。

2. 物流成本的特征

(1) 物流费用全貌难以显现

物流成本大多数混在其他费用之中，没有清楚地进行分割，因此很难看出其全貌。日本早稻田大学的西泽修教授据此提出了“物流成本冰山说”。他认为，盈亏计算中的“销售费和一般管理费”栏中所记载的外付运费和外付储存费只不过是冰山一角，而在企业内部占多数的物流成本却混在其他费用之中，隐藏在冰山里面，我们无法清楚地认识。西泽修教授的“冰山说”如图7-1所示。

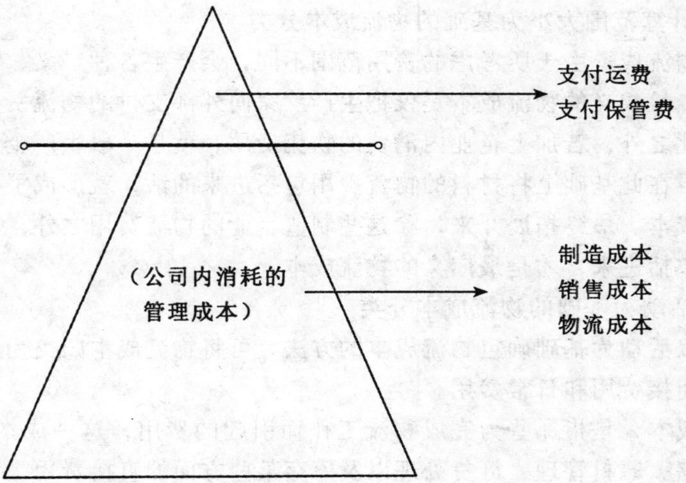

图 7-1　物流成本冰山说示意图

(2) 物流成本之间存在效益背反现象

所谓效益背反，是指改变系统中任何一个因素，都会影响到其他要素的改变。在物流系统中物流成本之间存在效益背反的规律。在物流功能之间，一种功能成本的削减会使另一种功能成本增加，由于各种费用的关联性，必须考虑整体最佳成本。也就是说，物流管理的目标是追求物流总成本的最小化。

(3) 物流部门难以控制全部物流成本

在物流成本中，有不少是物流部门不能控制的，例如，保管费中包括了由于过多进货或过多生产而造成积压的库存费用。从销售方面来看，物流成本并没有区分多余的服务和标准服务的不同。例如，在物流成本中，常包含促销费用。

（4）物流成本削减的乘法效应

物流成本的控制，对企业利润的增加具有显著作用，这可以从物流成本削减的乘法效应看出。假定销售额为100亿元，物流成本为10亿元，如果物流成本下降1亿元，那么，就可得到1亿元的收益。这个道理是不言自明的。现在假定物流成本占销售金额的10%，那么，如果物流成本下降1亿元，销售金额就将增加10亿元，这样，物流成本的下降对企业经济利益的巨大影响会产生极大的经济效益。这个理论类似于物理学中的杠杆原理，物流成本的下降通过一定的支点，可以使销售额获得成倍的增长。

二、物流成本的分类

在进行物流成本计算时，首先应确定计算口径，即从哪个角度来计算物流成本，因此，必须对物流成本进行科学的分类。

1. 以计算范围大小为基础的物流成本分类

企业物流成本由于所考虑的费用范围不同，会产生各种广义、狭义的物流成本概念。最狭义的物流成本是仅把生产厂家向外部支付的物流费用算做物流成本。除此之外，若加上企业内消费的物流费用，就是一般生产企业的狭义物流成本。再在此基础上将材料的物流费用包括进来的话，就形成了生产企业的广义物流成本。最终拓展开来，除这些制造企业的物流费用之外，再将销售业的费用也包括进来，才是最广义的物流成本。

2. 以活动为基础的物流成本分类

根据以活动为基础确定物流成本的方法，可将物流成本归类为三大项：直接成本、间接费用和日常费用。

直接成本，是指那些为完成物流工作而引起的费用，这种成本不难找出。运输、仓储、原料管理、订货处理以及库存某些方面的直接费用是可以从传统的成本中提取出来的。

间接费用是较难分离的，因为与间接因素有关的费用往往涉及固定成本的分摊。物流活动间接费用的确定经常决定于管理者的判断，一般在每一件平均成本的基础上分配间接费用。

日常费用，是指一个企业的所有组织单位都承担着的相当大的一笔费用，诸如灯光或暖气所需的费用。为此，就要求对如何将这些日常费用和在什么程度上将这些类型不同的日常费用分配到特定的活动中去做出判断和决定。一种方法是直接将总的企业日常费用在一个统一标准的基础上分配到所有的运作单位上去。另一种传统并日益引起争论的分配方法是以直接劳动费用为基础的分摊方法。

三、降低物流成本的途径

降低物流成本是企业的“第三利润源泉”，也是企业可以从中挖掘利润的一片新的绿地。物流成本在企业中占有很大的比重，但一直未受到足够的重视，传统的企业总是将目光关注于制造成本的降低和销售利润的提高，关注于如何提高产品质量，却很少考虑如何以最小的成本将产品准时、准确地送到顾客手中，或准时、准确地获得原材料和半成品。随着顾客对交货的要求越来越高，物流成本也随着对顾客服务水平的提高而水涨船高，物流逐渐吸引了企业家的注意力，并逐渐被发现是块未开发的处女地。于是，物流成本的降低成为企业获得利润的重要方面。从长远的角度来看，降低企业的物流成本可通过以下几个途径：

1. 促使物流合理化

物流合理化就是使一切物流活动和物流设施趋于合理，以尽可能低的成本获得尽可能好的物流服务。物流各个活动的成本往往此消彼长，若不综合考虑的话，必然会造成物流费用的极大浪费。对于一个企业而言，物流合理化是降低物流成本的关键因素，它直接关系到企业的效益，也是物流管理追求的总目标。物流的合理化要根据实际物流流程来设计、规划，不能单纯地强调某环节的合理、有效、节省成本，而是要通盘考虑。因此，设计一个合理的物流服务方案，需要具有广博的知识及进行广泛的调查，具体包括运输方式、运输路线的选择，还有仓库的选择、货物的堆码技术等各个领域的知识。

2. 提高物流质量

加强物流质量管理也是降低物流成本的有效途径，这是因为只有不断提高物流质量，才能不断减少和消灭各种差错事故，降低各种不必要的费用支出，降低物流过程的消耗，从而保持良好的信誉，吸引更多的客户，形成规模化的集约经营，提高物流效率，从根本上降低物流成本。

3. 加快物流速度

加快物流速度可以减少资金占用，缩短物流周期，降低储存费用，从而节省物流成本。海尔公司提出的“零运营资本”，就是靠加快采购物流、生产物流、销售物流的速度，来缩短整个物流周期，加大资金的利用率，从而达到零运营资本。美国的生产企业的物流周期为平均每年 16 ~ 18 次，而我国还不到 2 次，也就是说，生产同样的东西，我国需要的资金是对方的 8 ~ 9 倍。由此可见，在我国，通过提高物流效率来降低物流成本的空间非常巨大，这是一个亟待开采的大金矿。

4. 培养与培训物流人才

归根结底，21 世纪的竞争是人才的竞争。使物流合理化、提高物流服务质量及加快物流速度，这些都需要专业的人员去做，他们的技能及工作的方法、态度，都将间接影响企业物流成本的大小。我们要想发展物流，实现现代化物流，就必须重视物流人才的培养与培训，同时，还需要制定出培养人才、留住人才、使用人才的管理办法，给他们创造一个良好的工作环境。

四、物流成本管理

1. 物流成本管理的概念

所谓物流成本管理，不是管理物流成本，而是通过成本去管理物流，可以说是以成本为手段的物流管理，通过对物流活动的管理降低物流费用。

物流成本管理的具体内容包括：物流成本预测、物流成本决策、物流成本计划、物流成本控制、物流成本核算、物流成本分析和物流成本检查等。

加强物流成本管理，对降低物流成本、提高物流活动的经济效益具有非常重要的意义。

2. 物流成本管理的原则与方法

(1) 物流成本管理的原则

物流成本管理是企业财务管理的一项重要内容。物流成本管理应遵循下列原则：

①认真执行财务制度

由于物流成本是特殊的成本体系，因此，物流管理开支必须按照财务制度的规定，不得随意扩大开支范围和提高开支标准。财务部门要严格审查一切费用开支，正确划分物流费用支出的界限，保证费用开支的真实性和合理性。

②节约开支

在保证物流活动正常进行和提高物流服务水平的前提下，尽量节约一切不必要的开支，努力降低费用水平。

③实行计划管理

正确编制流通费用计划，对企业的费用开支实行计划管理，而且应当坚持按照计划开支，保证完成计划规定的降低物流费用的任务。

(2) 物流成本管理的方法

物流成本管理的方法有以下三种：

①物流成本横向管理法

物流成本横向管理即对物流成本进行预测和编制计划。物流成本预测是在编制物流计划之前进行的。它是在对本年度物流成本进行分析、充分挖掘降低物流成本的潜力的基础上，寻求降低物流成本的有关技术经济措施，以保证物流成本计划的先进性和可靠性。物流成本计划按时间标准进行划分，有短期计划、中期计划和长期计划。

②物流成本纵向管理法

物流成本纵向管理即对物流过程的优化管理。物流过程是一个创造时间性和空间性价值的经济活动过程。为使其能提供最佳的价值效能，就必须保证物流各个环节的合理化和物流过程的迅速、顺畅。物流系统是一个庞大而复杂的系统，要对它进行优化，需要借助于先进的管理方法和管理手段。

③计算机管理系统

计算机管理系统将物流成本的横向与纵向连接起来，形成一个不断优化的物流系统的循环。通过每次循环、计算和评价，使整个物流系统不断地优化，最终找出总成本最低的最佳方案。

3. 物流成本管理的作用

物流成本虽然是一种必要的耗费，但此种耗费不创造任何新的使用价值。国外学者认为，物流成本是降低成本的最后边界，并称其为“第三利润源泉”。为此，所有企业都在谋求降低物流成本的途径。同样，我国也开始致力于这方面的研究。实行物流成本管理，降低物流成本，提高效益，对国家和企业都具有现实与长远的作用。其主要作用如下：

（1）改进企业的物流管理

企业物流管理水平的高低直接影响着物流耗费的大小。因此，企业要降低物流成本水平，就必须不断提高服务质量，不断改进物流管理的方法及技能。从某种程度上说，加强物流成本管理、降低物流成本是企业提高物流管理水平、提高服务质量的一个激励因素。

（2）降低产品价格

物流成本是产品价格的组成部分之一，物流成本的大小对产品价格的高低具有重大影响。通过对物流成本进行管理，使得物流成本降至最低，企业便可在一个较大的幅度内降低其产品价格，从而增强企业的竞争能力；同时，也可减轻消费者的负担。

（3）为社会节约大量财富

实行物流成本管理可以减少财产损失和商品损耗，减少社会财富的浪费；同时，亦可增加生产领域的投入，以创造更多的物质财富。

4. 物流成本的合理化管理

凡是能够降低成本、提高物流效率的物流优化管理，都可以被认为是物流成本的合理化管理。物流成本的合理化管理应该遵循以下管理流程：

①做好物流成本的预测和计划

成本预测是对成本指标、计划指标事先进行测算平衡，寻求降低物流成本的有关技术经济措施，以指导成本计划的制订，而物流成本计划是成本控制的主要依据。

②强化物流成本计算

在计划开始执行后，对产生的生产耗费进行归纳，并以适当方法进行计算。

③采取适当手段进行物流成本控制

对日常的物流成本支出，采取各种方法进行严格的控制和管理，使物流成本减到最低限度，以达到预期的物流成本目标。

④进行科学的物流成本分析

对计算结果进行分析，检查和考核成本计划的完成情况，找出影响成本升降的主客观因素，总结经验，发现问题。

⑤及时向决策部门反馈物流成本信息

收集有关数据和资料并提供给决策部门，使其掌握情况，加强成本控制，保证规定目标的实现。

⑥进行物流成本决策

根据信息反馈的结果，采用能以最少耗费获得最大效果的最优方案，以指导今后的工作，更好地进入物流管理的下一个循环过程。

第二节　物流质量管理

质量管理是物流企业管理的内容之一。质量是企业素质的综合反映，对影响质量的因素进行全面、系统的管理是现代物流企业质量管理的根本所在。

一、质量管理

1. 质量管理的概念

物流企业质量管理就是依据物流系统运动的客观规律，为了满足物流顾客的服务需要，通过制定科学合理的基本标准，运用经济方法开展的策划、组织、计划、实施、检查和监督、审核等所有管理活动的过程。组织物流质量管理必须满足两个方面的要求：一是满足生产者的要求，必须保证生产者的产品能保质保量地转移给顾客；二是满足顾客的要求，按顾客的要求将其所需的商品交给顾客。

物流质量管理主要包括两个方面的内容：质量保证和质量控制。质量保证是对顾客而言的，就是要对顾客实行质量保证，是为了维护客户的利益、使顾客满意并取得顾客信任的一系列有组织、有计划的活动。质量保证是物流质量管理的核心。质量控制是对物流企业内部来说的，是为保证某一工作过程和服务的质量达到作业技术标准所采取的有关活动。质量控制的目标就是确保产品的质量能满足顾客、法律法规等方面所提出的质量要求。质量控制是质量保证的基础。

2. 物流企业质量管理的基本特点

物流活动具有内在的客观规律，在质量管理方面同样反映出相应的基本要求。质量管理主要具有以下特点：

（1）系统性

质量是一个系统过程，它渗透在全企业的每个环节中，只有理解这一点，才能实现全面质量管理。物流企业是一个完整统一的系统，加强物流企业质量管理就必须从系统的各个环节、各种资源以及整个物流活动的相互配合和相互协调做起，通过强化整个企业基本质量素质来促进企业质量的系统发展。

（2）全员性

质量被认为是物流企业里每个人的责任，而全员性正是由物流的综合性、物流质量问题的重要性和复杂性决定的，它反映了企业质量管理的客观要求。

（3）目的性

质量应以满足顾客需要而存在，而不只是为了满足占领市场或提高生产效益的需要而存在。

（4）先进性

现代质量管理的改进要求有新的技术手段，包括从质量设计到改进的计算机辅助手段。

（5）广泛性

质量改进必须由各阶层的人员参加，这些人员不仅包括本企业员工，也包括社会各阶层人士，没有他们的参加和帮助是不能改进质量的。

（6）全面性

物流业区别于其他行业，不仅影响物流企业质量的因素是综合、复杂、多变的，而且物流企业质量管理的内容也是广泛的，除了包括物流现象本身，还包括相关的工作质量、工程质量和服务质量。要加强物流企业质量管理、全面分析各种相关因素、把握内在规律，就必须建立、健全合理的质量管理体制，只有这样才能真正实现全面质量管理。

3. 物流企业质量管理的主要内容

（1）物流服务质量

企业物流活动具有服务的本质特性，既要为企业生产经营过程服务，也要为企业产品和服务的顾客提供全面的物流服务。服务质量因顾客不同而要求各异。

（2）商品质量保证的改善

物流的对象是具有一定质量的实体，具有合乎要求的等级。尺寸、规格、性质、外观，这些质量是在生产过程中形成的，物流过程在于转移和保护这些质量，最后实现对顾客的质量保证。因此，对顾客的质量保证既依赖于生产，又依赖于流通。要重视将包括统计方法在内的各种质量管理方法和科技成果，用于产品的质量控制和质量保证。传统的质量检查法正逐渐被越来越先进的检测手段所取代。

(3) 物流工作质量

工作质量指的是物流各环节、各工种、各岗位的具体工作质量。工作质量是物流服务质量的某种保证和基础。重点抓好工作质量，物流服务质量也就有了一定程度的保证。同时，需要强化企业物流管理，建立科学合理的管理制度，充分调动员工积极性，不断提高物流工作质量。

(4) 物流工程质量

物流质量不但取决于工作质量，而且取决于工程质量。在物流过程中，将能对产品质量产生影响的各因素统称为“工程”。提高工程质量是进行物流质量管理的基础工作，能提高工程质量，就能做到“预防为主”的质量管理。

二、质量管理体系

1. 质量管理原则

2000 版 GB/T19000idt ISO 9000 标准在 1994 版的基础上做了调整和发展，特别是管理思想上，遵循了多年来国际管理专家总结出的质量管理八项原则，使 2000 版标准对体系的要求能与管理的客观规律结合得更好。质量管理八项原则是对质量管理理论的研究成果和大量的质量管理实践的总结。

(1) 以顾客为关注焦点

以顾客为关注焦点是质量管理的核心思想。任何企业都依存于顾客，企业如果失去了顾客，就失去了存在和发展的基础。因此，物流企业必须时刻关注顾客的动向、顾客的潜在需求和期望以及对现有产品和服务的满意程度。其目的是根据顾客的要求和期望做出改进，以取得顾客的信任，从而稳定地占有市场，并能根据市场的变化动向做出快速反应，进而更多地占有市场。

(2) 领导作用

领导者确立企业统一的宗旨及方向。他们应当创造并保持使员工能充分参与实现组织目标的内部环境，作为领导应该提出目标、落实职能、提供资源、促进参与、检查绩效、组织实施改进。

(3) 全员参与

各级人员都是企业之本，只有他们充分参与，才能使他们的才干为企业带来收益。员工是企业的根本，产品是员工劳动的结果，质量管理体系需要全体员工充分参与。要让员工知道企业的宗旨和方向，知道为完成质量方针自己需要做些什么，知道本职工作的目标，也知道该如何去完成，使其能全身心地投入。

(4) 过程方法

将活动和相关的资源作为过程进行管理，可以更高效地得到期望的结果。以过程为基本单元是质量管理考虑问题的一种基本思路。为了支持产品实现过程，还需要测量和提供资源等过程，它们之间相互联系，也相互制约，形成了一个过程网络。

（5）管理的系统方法

将相互关联的过程作为系统加以识别、理解和管理，有助于企业实现目标的有效性和效率。GB/T19001 标准从四个方面规定了质量管理体系的过程网络，这四个方面是管理职责、资源管理、产品实现和测量、分析和改进。

（6）持续改进

持续改进总体业绩应当是企业的一个永恒目标。市场是变化的，顾客会不断地提出新的要求，如果企业不能随之持续改进，就会失去顾客、失去市场。持续改进本身也是一个过程，策划、实施、检查和改进就是持续改进过程中的四大步骤，PDCA 循环就通过这些步骤实施改进，不仅适用于产品实现过程，也适用于支持过程。

（7）基于事实的决策方法

有效决策是建立在数据和信息分析的基础上的。基于事实的决策方法就是指企业的各级领导在做出决策时要有事实依据。这是减少决策不当和避免决策失误的重要原则。

（8）与供方互利的关系

企业与供方是相互依存的，互利的关系可增强双方创造价值的能力。企业的活动不是孤立的，一般都是需要供方提供资源，形成“供方-企业-顾客”的供应链。企业在建立与供方的关系时，要考虑短期利益和长远利益的平衡，要营造一个清晰和公开的沟通渠道，与关键的供方共享必要的信息和利益，确定联合改进活动，激发、鼓励和承认他们的改进成果。这八项质量原则形成了 GB/T19000 族质量管理体系标准的基础。

2. 质量管理体系

质量管理体系是指在质量方面指挥和控制企业的管理体系。国家质量技术监督局于 2000 年 12 月 28 日正式发布了质量管理体系标准。GB/T19000 族的下述标准可帮助各种类型和规模的企业实施并运行有效的质量管理体系。这些标准包括：GB/T19000-ISO9000《质量管理体系基础和术语》；GB/T19001-ISO9001《质量管理体系要求》；GB/T19004-ISO9004《质量管理体系业绩改进指南》。上述标准共同构成了一组密切的质量管理体系标准，为物流企业建立质量管理体系确立了依据。

3. 建立物流企业的质量保证体系

质量保证体系是指运用系统的原理和方法，以保证和提高产品质量为标准，把企业各部门、各环节的生产经营活动严密地组织起来，规定它们在质量管理方面的职责、任务和权限，并建立统一协调这些活动的企业机构，使企业内形成一个完整的质量管理有机体。质量保证体系是全面质量管理深入发展的必然产物。从一些先进企业的实践来看，建立、健全质量保证体系，必须做好以下工作：

(1) 加强统一领导，建立全面质量管理网络，严格贯彻质量责任制

运用有效的激励措施，实行全员质量管理。根据顾客需求环境的相对不确定性，运用有效的奖励和激励措施，激励员工提高学习能力和创新能力，鼓励员工承担风险，探索减少物流差错的新方法。

根据质量管理环境不确定性的程度确定质量管理措施，加强全面质量控制，严格贯彻质量责任制，有效地做好质量管理工作。

(2) 建立物流质量指标体系

衡量物流质量的主要指标是根据物流服务的最终目标确定的，即“目标质量”的具体构成内容。围绕这些指标，在工作环节中，各项工程又可以制定出实现“分目标”的一系列质量指标，这就形成了一个质量指标体系，如表 7-1 所示。

表 7-1　物流质量指标体系

<table>
<tr><td rowspan="12">物流服务目标质量指标</td><td rowspan="6">工作质量指标</td><td>信息工作质量指标</td></tr>
<tr><td>运输工作质量指标</td></tr>
<tr><td>装卸搬运工作质量指标</td></tr>
<tr><td>仓库工作质量指标</td></tr>
<tr><td>流通加工工作质量指标</td></tr>
<tr><td>包装工作质量指标</td></tr>
<tr><td rowspan="6">工程质量指标</td><td>信息工程质量指标</td></tr>
<tr><td>运输工程质量指标</td></tr>
<tr><td>装卸搬运工作质量指标</td></tr>
<tr><td>仓库工程质量指标</td></tr>
<tr><td>流通加工工作质量指标</td></tr>
<tr><td>包装工程质量指标</td></tr>
</table>

(3) 运用“PDCA”循环推动整个质量体系运转

PDCA 循环模式简述如下：

P（策划）——策划是根据顾客的要求和组织的方针，建立过程的目标，确定过程的方法和准则，确定过程所需要的资源与信息。

D（实施）——按照策划的结果实施过程。

C（检查）——根据方针、目标和产品要求，对过程的参数和过程的结果进行监视和测量，并报告监视和测量的结果。

A（处置）——依据监视和测量的结果，采取纠正和预防措施，持续改进过程。

PDCA 的方法不仅运用于产品实现的过程，也适用于采购控制过程，还适用于运输过程和仓储过程等物流各环节的运作过程，适用于质量管理体系的全部过程。

(4) 推行质量管理业务标准化、管理流程程序化，加快物流标准化体系的建设

物流标准化是指以物流为一个大系统，制定系统内部运作的各种机械、装备，包括专用工具、设施等的技术标准和包装、装卸、运输等各类工作标准，并形成全国以及和国际接轨的标准化体系。它对于保障物流活动的通畅、最大限度地节省投资和流通费用、提高服务质量有重要意义。

(5) 树立企业物流整体质量管理思想

①真正形成物流整体质量管理的认识。

②认真做好物流服务过程的整体质量管理。

③整体考核物流服务质量管理水平。

④提高企业内部物流服务质量和外部物流服务质量。

(6) 建立质量信息反馈系统，不断完善质量管理的基础工作

企业建立有效的服务质量管理信息系统能为企业提供物流服务质量改进决策所必需的各种信息，能激励组织内部员工改进物流服务工作。

(7) 运用行为科学提高自检效果

物流企业在调动全员的积极性、发动全员参加质量管理的工作中，要有一套旨在鼓励员工重视质量的措施。要让员工看到自己的工作给用户带来了帮助还是损害，如果质量不好，会给用户带来多大的麻烦等，以此提高员工的自检意识和效果。

第三节 物流库存管理

一、库存概述

1. 库存的含义和分类

(1) 库存的含义

库存是指处于储存状态的商品，是储存的表现形态。库存是仓储的最基本的功能。除了进行商品储存保管外，它还具有整合需求和供给、维持物流系统中各项活动顺畅进行的功能。企业为了能及时满足客户的订货需求，就必须经常保持一定数量的商品库存。配送中心为了维持配送的顺利进行，就必须预先储存一定数量的商品来满足订货需求。企业存货不足会造成供货不及时、供应链断裂、丧失市场占有率或交易机会；整体社会存货不足会造成物资贫乏、供不应求。商品库存需要一定的维持费用，同时还存在由于商品积压和损坏而产生的库存风险。因此，在库存管理中既要保持合理的库存数量，防止缺货和库存不足，又要避免库存过量，发生不必要的库存费用。

(2) 库存的分类

库存范围的确认应以企业对存货是否具有法定所有权为依据，而不论该物品存放在何处和处于何种状态。企业持有的库存可按用途和目的进行分类。

①按库存的用途进行分类

第一，原材料库存。原材料库存是指企业通过采购和其他方式取得的用于制造产品并构成产品实体的物品以及供生产耗用但不构成产品实体的辅助材料、修理用备件、燃料及外购半成品等，是用于支持企业内制造或装配过程的库存。

第二，在制品库存。在制品库存是指已经过一定生产过程，但尚未全部完工、在销售以前还要进一步加工的中间产品和正在加工中的产品。在制品库存之所以存在，是因为生产一件产品需要时间（称为循环时间）。

第三，维护/维修/作业用品库存。维护/维修/作业用品库存是指用于维护和维修设备而储存的配件、零件、材料等。维护/维修/作业用品库存的存在是因为维护和维修某些设备的需求和所花的时间有不确定性，对维护/维修/作业用品库存存货的需求常常是维护计划的一个内容。

第四，包装物和低值易耗品库存。包装物和低值易耗品库存是指企业为了包装本企业产品而储备的各种包装容器和由于价值低、易损耗等原因而不能作为固定资产的各种劳动资料的储备。

第五，产成品库存。产成品库存就是已经制造完成并等待装运，可以对外销售的成产品的库存。产成品必须以存货的形式存在的原因是用户在某一特定时期的需求是未知的。

②按照库存的目的进行分类

第一，经常库存。经常库存也叫周转库存，是指为满足客户日常的需求而建立的库存。经常库存的目的是为了衔接供需，缓冲供需之间在时间上的矛盾；保障供需双方的经营活动都能顺利进行。这种库存的补充是按照一定的数量界限或时间间隔反复进行的。

第二，保险库存。保险库存也叫安全库存，是指为了防止由于不确定因素（例如，突发性大量订货或供应商延期交货）影响订货需求而准备的缓冲库存。供应过程存在许多不确定因素，导致供应中断的原因主要有两个方面：一是物品的耗用率（实际消耗速度）高于预测；二是外部供货延误，未能按期到货。当出现这两种或其中一种情况时，就需要用安全库存来解决。根据资料显示，这种缓冲库存约占零售业库存的1/3。

第三，季节性库存。季节性库存是指为了满足特定季节中出现的特定需求而建立的库存，或是指对季节性商品在出产的季节大量收购所建立的库存，一般有两种类型：一种是进货的季节性，这是由于运输季节性（如冬季北方河流封冻使通过河运的进货中断）或供货季节性（如农产品生产季节性）而形成；另一种是用料的季节性，如防汛物品、冬季取暖用煤。这两种类型都影响着供应的均衡性、节奏性，需通过季节性库存来解决。

第四，加工和运输过程库存。加工库存是指由于流通加工或等待加工而处于暂时储存状态的商品。运输过程的库存是指处于运输状态（在途）或为了运输的目的（待运）而暂时处于储存状态的商品。

第五，促销库存。促销库存是指为了应付企业的促销活动产生的预期销售增加而建立的库存。

第六，时间效用库存。时间效用库存是指为了避免商品价格上涨造成损失，或者为了从商品价格上涨中获利而建立的库存。

第七，沉淀库存或积压库存。沉淀库存或积压库存是指因商品品质变坏或损坏，抑或因没有市场而滞销的商品库存，还包括超额储存的库存。

2. 库存的重要性

下面从原材料库存和产成品库存两个方面来讨论企业保持库存的重要性。

（1）原材料库存。保持这种库存的原因主要有以下几个方面：

①获得大量购买的价格折扣。企业大量采购可以得到价格折扣，因为增购的部分不是立即用于生产，所以就会增加库存成本。只要库存成本的增加低于购买价格的节约，企业就愿意增加原材料库存。

②大量运输降低运输成本。大批量采购导致了大批量装运，许多企业整车皮、整卡车甚至整船运输原材料。整车运输的运费率比零担运输低许多，从而减少了运输成本。运输成本通常是原材料最终售价的一个重要组成部分，运输费率的降低对企业是非常重要的。

③避免由于紧急情况而出现停产。企业通常保持一定数量的库存作为缓冲，即保险库存，以防在运输或订货方面出现问题而影响生产。许多企业不愿意因为原材料缺货而关闭装配线，因为这种成本是相当高的。保险库存的数量

将根据延迟交货的概率以及原材料的使用数量来确定。

④防止涨价、政策的改变以及延迟交货等情况的发生。一些企业会面临原材料供应的不确定性，例如，当黄金有涨价征兆时，珠宝制造商就会提前购买和存储黄金；对于从国外进口原材料的企业来说，如果供应国发生政变或经济危机，那么供应就会被中断，从而导致缺货。

⑤调整供需之间的季节差异。农产品如小麦或其他谷物只在一年中的某些时期生产，因此需要存储这些产品以满足全年的需求。在一些情况下，运输方式也可能因季节供给出现问题，如在冬季一些航道和港口封冻，使得货物的供应受阻。在这种情况下，公司需要增加库存成本以维持生产的连续进行。

⑥保持供应来源。大型制造企业利用小供应商制造本企业也能制造的装配件或半成品是非常有利的。当他们没有足够的生产能力满足高峰需求时，可以从小供应商处购买。如果大制造商在一年中的某个时期不从小供应商那里购买产品，小制造商可能就会关闭工厂并辞掉所有员工。当大制造商再次需要从小供应商进货时，小制造商就要重新招聘员工。这样不仅会提高成本，还会降低产品质量。因此，大制造商在淡季给小供应商一些订单使其维持生产或部分生产能力是有必要的。这样做对于大型企业来说，虽然会增加库存，但比改变供应商或使小供应商重新生产的成本更低。

（2）产成品库存。企业保持一定数量产成品库存的原因主要有以下几个方面：

①节省运费。保持产成品库存的一个原因与前面提到的原材料库存原因类似，即运输的经济性。整车运输比零担运输的运费率低，只要运费低于仓储成本，那么大批量运输就对企业有利。许多企业在市场附近建立面向市场的仓库，公司将产品由工厂大批量运送到仓库，然后将产品以零担方式短距离运送给客户。这样企业不仅可以缩短运货时间、提高服务水平，而且可以降低运输成本、在途存货成本。

②做到生产的节约。长期连续生产会降低产品的生产成本，但这意味着生产先于需求，产品不能马上全部销售出去，企业需要权衡考虑降低的生产成本与增加的库存成本之间的关系，对于技术含量高、生命周期短的产品尤其要慎重考虑。

③调整季节差异。对于任何企业来说，根据季节性高峰需求设计生产能力是没有效率的，而且风险极大，较好的方法是全年有规律地小规模生产，当然，这也就形成在非高峰需求期间的产成品库存。

④提高客户服务水平。由于市场竞争的日益加剧，企业只有不断提高服务水平才能保持和提高竞争力。许多企业采取的一个策略就是将产成品库存靠近客户以有利于及时交货，尤其对于可替代性很高的产品，这种策略更为重要。

⑤保留技术工人。在非高峰时期，为了不让技术工人停工失业，就必须继续生产，从而产生库存，这在一定时期可起到保留技术工人的作用。

【典型案例】

青啤集团的现代物流管理

青啤集团引入现代物流管理方式，加快产成品走向市场的速度，同时使库存占用资金、仓储费用及周转运输在一年多的时间里降低了3 900万元。青啤集团从开票、批条子的计划调拨，到在全国建立代理经销商制，是青啤集团为适应市场竞争的一次重大调整。但在运作中却发现，由代理商控制市场局面，在市场上倒来倒去的做法只能牵着企业的鼻子走，加上目前市场的信誉度较差，使青啤集团在组织生产和销售时遇到很大困难。

青啤集团将“让青岛人民喝上当周酒，让全国人民喝上当月酒”作为目标，先后派出两批业务骨干到国外考察、学习，提出了优化产成品物流渠道的具体做法和规划方案。这项以消费者为中心，以市场为导向，以实现“新鲜度管理”为载体，以提高供应链运行效率为目标的物流管理改革，建立起了集团与各销售点物流、信息流和资金流全部由计算机网络管理的智能化配送体系。

青啤集团首先成立了仓储调度中心，对全国市场区域的仓储活动进行重新规划，对产成品仓储、转库实行统一管理和控制。由提供单一的仓储服务，到对产成品的市场区域分布、时间等全面的调整、平衡和控制，仓储调度成为销售过程中降低成本、增加效益的重要一环。以原运输公司为基础，青啤集团注册成立了具有独立法人资格的物流有限公司，引进现代理念和技术，完全按照市场机制运作。作为提供运输服务的卖方，物流公司能够确保按规定要求，以最短的时间、最少的环节和最经济的运送方式，将产品送至目的地。同时，青啤集团建立在Internet信息传输基础上的ERP系统，筹建了青岛啤酒集团技术中心，将物流、信息流、资金流统一在计算机网络的智能化管理之下，建立起各分公司与总公司之间的快速信息通道，及时掌握各地最新的市场库存、货物和资金流动情况，为制定市场策略提供准确的依据并简化了业务运行程序，提高了销售系统的运作效率，增强了企业的应变能力。青啤集团还对运输仓储过程中的各个环节进行了重新整合、优化，以减少运输周转次数、压缩库存、缩短产品仓储和周转时间等。具体做法是根据客户订单，产品从生产厂直接运往港、站；省内订货从厂内直接运到客户仓库。仅此一项，每箱的成本就下降了0.5元。同时，对仓储的存量做了科学界定，并规定了上限和下限。低于下限发出要货指令，高于上限再安排生产，这样使仓储成为生产调度的平衡器，从根本上改变了淡季库存积压、旺季市场断档的局面，满足了市场对新鲜度的需求。

目前，青啤集团仓库面积由70 000多平方米下降到29 260平方米，产成品库存量平均降到6 000吨。这个产品物流体系实现了环环相扣，销售部门根据各地销售网络的要货计划和市场预测，制订销售计划；仓储部门根据销售计划和库存，及时向生产企业传递要货信息；生产厂有针对性地组织生产，物流公司则及时地调度运力，确保交货质量和交货期。同时销售代理商在有了稳定的货源供应后，可以从人、财、物等方面进一步降低销售成本，增加效益。经过一年多的运转，青岛啤酒物流网已取得了阶段性成果。先是市场销售的产品新鲜度提高，青岛及山东市场的消费者可以喝上当天酒、当周酒；省外市场的东北、广东及沿海城市的消费者可以喝上当周酒、当月酒。

现代物流管理体系的建立使青啤集团的整体营销水平和市场竞争能力大大提高，青岛啤酒集团产销量再登国内榜首。其建立的信息网络系统还具有较强的扩展性，为企业在拥有完善的物流配送体系和成熟的市场供求关系时开展电子商务准备了必要的条件。

二、库存水平控制

库存控制又称库存管理，是对制造业或服务业生产、经营全过程的各种物品、产成品以及其他资源进行管理和控制，使其储备保持在经济合理的水平上。库存水平控制是物流管理中的一个难题，也是物流管理的核心，库存作为生产与销售之间的桥梁，它的变化不但影响到企业财务状况，同时也影响到生产、采购、客户服务水平。

1. 库存控制的作用

在保证企业生产、经营需求的前提下，使库存量经常保持在合理的水平上；掌握库存量动态，适时、适量提出订货，避免超储或缺货；减少库存空间占用，降低库存总费用；控制库存资金占用，加速资金周转。

2. 库存的合理控制

库存量过大所产生的问题：增加仓库面积和库存保管费用，从而提高了产品成本；占用大量的流动资金，造成资金呆滞，既加重了货款利息等负担，又会影响资金的时间价值和机会收益；造成产成品和原材料的有形损耗和无形损耗；造成企业资源的大量闲置，影响其合理配置和优化；掩盖了企业生产、经营全过程的各种矛盾和问题，不利于企业提高管理水平。

库存量过小所产生的问题：造成服务水平下降，影响销售利润和企业信誉；造成生产系统原材料或其他物料供应不足，影响生产过程的正常进行；使订货间隔期缩短、订货次数增加，使订货（生产）成本提高；影响生产过程的均衡性和装配时的成套性。

库存的合理控制是指以最经济的方法和手段从事库存活动并发挥其作用的一种库存状态及运行趋势。具体来说，库存合理化包含以下内容：

（1）库存“硬件”配置合理化

库存“硬件”是指各种用于库存作业的基础设备。实践证明，物流基础设施和设备数量不足，其技术水平落后或设备过剩、闲置都会影响库存功能作用的有效发挥。如果设施和设备不足或技术落后，不但库存作业效率低下，而且也不可能对库存物资进行有效的维护和保养；如果设施和设备重复配置，以至于库存能力严重过剩，就会增加被储物资的成本而影响库存的整体效益。因此，库存“硬件”的配置应以能够有效地实现库存职能、满足生产和消费需要为基准，从而做到适当合理地配置仓储设施和设备。

（2）组织管理科学化

库存组织管理科学化有这样几种表现：

①存货数量保持在合理的限度之内，既不能缺少，也不能过多。

②货物存储的时间较短，货物周转速度较快。

③货物存储结构合理，能充分满足生产和消费的需要。

④货物存储空间合理，能充分满足不同的流通环节和不同地点的需要。

（3）库存结构符合生产力的发展需要

从微观上说，合理的库存结构是指在总量和存储时间上，库存货物的品种和规格的比例关系基本上是协调的；从宏观上说，库存结构符合生产力发展的要求，意味着库存的整体布局、仓库的地理位置和库存方式等有利于生产力的发展。在社会化大生产的条件下，为了发展规模经济和提高生产、流通的经济效益，库存适当集中应当是库存合理化的一个重要标志。库存适当集中除了有利于采用机械化、现代化方式进行各种操作外，更重要的是，它可以在降低存储费用和运输费用以及提供保供能力等方面取得优势。无数事实证明，以集中化的库存来调节生产和流通，在一定时期内，库存货物的总量会远远低于同时期分散库存的货物总量。因此，相对来说，其资金占有量是比较少的。与此同时，由于库存比较集中，存储货物的种类和品种更加齐全，在这样的结构下，库存的保证供应能力自然更加强大。

3. 库存控制系统

库存控制系统是物流大系统中重要的子系统，是现代物流管理研究的一个重要领域。把库存量控制到最佳数量，尽量少用人力、物力、财力把库存管理好，获取最大的供给保障，是很多企业、经济学家追求的目标，甚至是企业之间竞争生存的重要一环。

（1）库存控制系统概念

库存控制系统是以控制库存为共同目的的相关方法、手段、技术、管理及操作过程的集合，这个系统贯穿于从物资的选择、规划、订货、进货、入库、储存直至最后出库的一个长过程，这个过程的作用结果是最后实现了按人们的目标控制库存的目的。

(2) 库存控制系统要素

一般的库存控制系统中，起决定作用或较大作用的要素是：

①企业的选地和选产

这是库存控制系统中决定库存控制结果的最初的要素。在规划一个企业时，企业的选址与未来控制库存水平的关系极为密切，如果这个企业远离原材料产地而运输条件又差，则库存水平便很难控制到低水平，库存的稳定性也很难控制。同样，企业产品的决策本身也是库存控制的一个影响因素，有的产品决策脱离了该地库存控制的可能而导致产品失败的先例是不少的。企业选地和选产在一定意义上是库存对象物的供应条件的选择，即对该供应条件是否能保证或满足某种方式的控制。

②订货

订货批次和订货数量是决定库存水平的非常重要的因素。订货与库存控制关系十分密切，乃至不少企业的库存控制转化为订货控制，以此解决库存问题。

③运输

订货只是商流问题，是否能按订货意图的批量和批次来实现控制取决于运输的保障。运输是库存控制的一个外部影响要素。有时候库存控制不能达到预期目标并不是控制本身或订货的问题，而是运输的提前或延误导致的。提前则一下子增大了库存水平，延误则使库存水平下降甚至会出现失控状态。

④信息

在库存控制中，信息要素的作用同它在其他系统中的作用应当是不分伯仲的。在库存控制系统中，监控信息的采集、传递、反馈是控制的一个关键，这可以说是信息要素在这个系统中的突出点。

⑤管理

管理和信息一样，也是一般要素，库存控制系统并不靠一条流水线、一种高新技术工艺等硬件系统支持，而是靠管理。因此，管理要素的作用可能更大一些。

(3) 库存控制系统的制约条件

库存控制是受许多环境条件制约的，库存控制系统内部也存在“交替损益”现象，这些制约因素可以影响控制水平，乃至决定控制的成败。主要制约因素如下：

①需求的不确定性。在许多因素影响下，需求可能是不确定的，如突发的热销造成的需求突增等会使控制受到制约。

②订货周期。由于通讯、差旅或其他自然、生理的因素，订货周期不确定，会制约库存控制。

③运输。运输的不稳定和不确定性必然会制约库存控制。

④资金制约。资金的短缺、资本运动不灵等会使预想的控制方法落空。因而也是一个制约因素。

⑤管理水平的制约。管理水平达不到控制的要求，则必然使控制无法实现。

⑥价格和成本的制约。

三、ABC 库存分类管理法

一般来说，企业的库存物资种类繁多，每个品种的价格不同，而且库存数量也不等，有的物资品种不多但价值很大，而有的物资品种很多但价值不高。由于企业的资源有限，因此，对所有库存品种均给予相同程度的重视和管理是不可能的，也是不切实际的。为使有限的时间、资金、人力和物力等企业资源能得到更有效的利用，应对库存物资进行分类，将管理的重点放在重要的库存物资上，进行分类管理和控制，即依据库存物资重要程度的不同，分别进行不同的管理。这就是 ABC 分类方法的基本思想。

ABC 分类管理方法就是将库存物资按重要程度分为特别重要的库存（A 类库存）、一般重要的库存（B 类库存）和不重要的库存（C 类库存）三个等级，然后针对不同的级别分别进行管理和控制。

A 类库存（品种占总数的 10% 左右，资金占总数的 70% 左右）。这类库存物资数量虽少，但对企业却最为重要，是最需要严格管理和控制的库存。企业必须对这类库存定时进行盘点，详细记录及经常检查分析物资使用、存量增减和品质维持等信息，加强进货、发货、运送的管理，在满足企业内部需要和顾客需要的前提下，维持尽可能低的经常库存量和安全库存量，加强与供应链上下游企业的合作来降低库存水平，加快库存周转率。

B 类库存（品种和资金均占总数的 20% 左右）。这类库存属于一般重要的库存，对该类库存的管理强度介于 A 类库存和 C 类库存之间。对 B 类库存一般需要进行正常的例行管理和控制。

C 类库存（品种占总数的 70% 左右，资金占总数的 10% 左右）。这类库存物资数量最大，但对企业的重要性最低，因而被视为不重要的库存。对于这类库存一般只需进行简单的管理和控制。例如，实行大量采购、大量库存，减少该类库存的管理人员和设施、库存检查时间间隔等。

对这三类库存的管理和控制要求如表 7-2 所示。

表 7-2 **ABC 分类管理**

项目/级别	A 类库存	B 类库存	C 类库存
控制程度	严格控制	一般控制	简单控制
库存量计算	依库存模型详细计算	一般计算	简单计算或不计算
进出记录	详细记录	一般记录	简单记录
存货检查频度	密集	一般	很低
安全库存量	低	较大	大量

四、现代库存管理

1. 现代企业库存管理的特点

近年来，企业的经营环境发生了很大变化，从而使企业的生产实践出现了许多新的倾向，这些倾向对企业库存管理产生了极大的影响，主要表现在以下几个方面：

（1）产品系列化、多样化，使得企业的库存水平上升。如果某个企业只生产一种产品，那么企业根据预计销售量就可以确定相应的周转库存和保险库存；如果该企业生产时要增加产品的花色品种，那么它在决定库存数量时，就必须为每一种产品保持相应的库存，其库存总数就会大大增加。

（2）存货由零售商转向供应商。存货的转移加大了企业库存管理的难度。买方市场的形成使零售业、制造业的竞争日益激烈，零售商往往采用减少存货的方法来压缩成本，这样做的结果使供应商不得不增加库存来满足零售商的随时订货。

（3）库存被看成是一项投资，使企业库存管理更加重要。库存在企业资产中占据重要的位置，许多企业的库存达到总资产的 50% 以上。减少库存投资，就可以节省储存成本。

（4）总成本最小的目标。该目标的确立使企业有时需要加大库存。库存系统是企业系统的一个组成部分，库存成本管理的目标是受企业的总目标约束的，有时为了追求企业总成本最小会增加库存。如果适当增加部分库存能减少其他形式的成本并且其节约额超过了库存成本的增加额，那么企业就会选择增加库存。

2. 企业库存管理的内容

库存管理的责任是测量特定地点现有库存的单位数和跟踪基本库存数量的

增减。这种测量和跟踪可以手工完成，也可以通过计算机技术完成。其主要的区别是速度、精确性和成本。

为了实施期望的库存管理，必须经常检查库存水平并与有关库存参数进行对照，确定何时订货以及订多少货。库存控制可以是连续的，也可以是定期的。

库存系统都要求有准确的记录。没有这些记录，管理者就无从做出订货、计划和运输方面的准确决策。记录准确可以使企业不必去弄清“每一件库存品种”的库存情况，而只要关注那些他们需要的品种。

为了保证库存记录准确，入库和出库的记录都必须做好，就像要保证仓库安全一样。一个安排合理的仓库应该只有较少的进出口、安全的仓库管理以及存储固定货物的存储空间。货柜、货架以及零部件都要准确地标记好。

即使一家企业在维持库存记录准确性方面投入了大量的精力，但仍然有必要对这些记录不断予以核实。这种核实以循环计数法最为有效。而在一些企业所采用的年度实地盘存的方法中，常常需要停业或停产，并让有经验的人来清点商品、材料或零部件。

3. 库存管理的作用

(1) 库存管理在企业经营中的作用

在企业经营过程的各个环节间存在库存，也就是说，在采购、生产和销售的不断循环的过程中，库存使各个环节相对独立的经济活动成为可能。同时，库存可以调节各个环节之间由于供求品种和数量的不一致而发生的变化，把采购、生产和销售等企业经营的各个环节连接起来，起到润滑剂的作用。

(2) 库存管理在供应链中的作用

如果把视野从单个企业扩大到由供应商、制造商、批发商和零售商组成的供应链范围来考虑库存问题的话，就会发现有问题的库存数量将会大大增加。组成供应链的各企业之间的关系在过去是相互买卖交易的关系，因而企业并不习惯在相互之间交流信息，也不习惯相互协调进行库存管理，更不用说在整个供应链水平上分享交流信息和共同协调进行库存管理，这样往往会形成不必要的大量库存，同时也可能降低顾客的满意度。例如，过去组成供应链的各个企业对各自供应商及时、准确交货的承诺并不能完全信赖，因而它们的储存往往超过实际需要的库存量，以防范出现供应商延期交货或不能交货的情况，这种超过实际需要的库存常被称为“缓冲库存”。同样地，以往组成供应链的各个企业与各自的顾客（需要方）之间缺乏必要的信息交流，从而对顾客的需要，特别是最终消费者的实际需要难以把握，往往依靠预测来安排生产。由于预测与实际往往存在差距，因此，容易产生库存不足（缺货）或库存过剩的现象。另外，企业为了满足顾客的大量突发性订货往往会准备“缓冲库存”。据有关资料统计，这种缓冲库存差不多占整个零售业库存的1/3。因此，从供应链整体来看，传统的交易习惯所导致的不必要库存给企业增加了成本，而这些成本最终将反映在销售给顾客的产品价格上，从而降低顾客的满意度。因此，在供应链范围内进行库存管理不仅可以降低库存水平，从而减少资金占用和库存维持成本，而且还可以提高顾客的满意度。当然，实现真正意义上的零库存在现实中是不可能的，这只是及时生产方式下的努力目标。

目前，已经出现了许多在维持或改进顾客服务水平的基础上，优化企业内部和整个供应链库存的方法和技术。

随着组成供应链的企业间的关系从过去建立在买卖交易基础上的对立型关系向基于共同利益的协作伙伴型关系的转变，供应链各个企业之间交流、分享信息以及协调进行库存管理成为可能，而先进的库存管理方法和技术的出现使这种可能变为现实。

第四节 物流标准化

一、物流标准化的概念

物流涉及不同国家、地区和不同行业的很多企业，如果每个企业都用自己的基准进行物流活动，则必然导致各个企业之间无法沟通，物流很难实现国际化。物流要实现国际化和通用化，必然要建立一个国际标准。

1. 物流标准化的概念

物流标准化是指在运输、配送、包装、装卸、保管、流通加工、资源回收及信息管理等环节中，对重复性事物和概念通过制定发布和实施各类标准，达到协调统一，以获得最佳秩序和社会效益。物流标准化包括以下三个方面的含义：

(1) 从物流系统的整体出发，制定各子系统的设施、设备、专用工具等的技术标准以及业务工作标准。

(2) 研究各子系统技术标准和业务工作标准的配合性，按配合性要求，统一整个物流系统的标准。

(3) 研究物流系统与相关其他系统的配合性，谋求物流大系统的标准统一。

以上三个方面是分别从不同的物流层次上考虑将物流实现标准化。要实现物流系统与其他相关系统的沟通和交流，在物流系统和其他系统之间建立通用的标准，首先要在物流系统内部建立物流系统自身的标准，而整个物流系统的标准的建立又必然包括物流各个子系统的标准。因此，物流要实现最终的标准化必然要实现以上三个方面的标准化。

2. 物流标准化的形式

制定物流标准化要通过以下的形式：

（1）简化

简化是指在一定范围内缩减物流标准化对象的类型数目，使之在一定时间内满足一般需要。如果对产品生产的多样化趋势不加限制地任其发展，就会出现多余、无用和低功能产品品种，造成社会资源和生产力的极大浪费。

（2）统一化

统一化是指把同类事物的若干表现形式归并为一种或限定在一个范围内。统一化的目的是消除混乱。物流标准化要求对各种编码、符号、代号、标志、名称、单位、包装运输中机具的品种规格系列和使用特性等实现统一。

（3）系列化

系列化是指按照用途和结构把同类型产品归并在一起，使产品品种典型化；同时，把同类型的产品的主要参数、尺寸，按优先数理论合理分级，以协调同类产品和配套产品及包装之间的关系。系列化是使某一类产品的系统结构、功能标准化形成最佳形式。系列化是改善物流、促进物流技术发展最为明智而有效的方法。比如按 ISO 标准制造的集装箱系列，可广泛适用于各类货物，大大提高了运输能力，还为计算船舶载运量、港口码头吞吐量和公路与桥梁的载荷能力等提供了依据。

（4）通用化

通用化是指在互相独立的系统中，选择与确定具有功能互换性或尺寸互换性的子系统或功能单元的标准化形式，互换性是通用化的前提。通用程度越高，对市场的适应性越强。

（5）组合化

组合化是按照标准化原则，设计制造若干组通用性较强的单元，再根据需要进行合并的标准化形式。对于物品编码系统和相应的计算机程序同样可通过组合化使之更加合理。

二、物流标准化的分类

依照内容和性质的不同，物流标准化可以分为三类：

1. 物流系统标准化。物流系统标准化就是制定出在整个系统中各子系统共同使用的标准，包括基础编码标准化、专业计量单位标准化、物流基础模数尺寸标准化、集装模数尺寸标准化、物流专业名词标准化、物流单据（票证）标准化、物流标志和识别标准化、物流成本核算标准化、统计标准化等。

2. 物流技术标准化。物流技术主要包括装备、材料、信息管理等技术，其标准化具体包括运输工具标准化、仓库技术标准化、站场技术标准化、作业车辆标准化、传输机具标准化、包装材料及技术标准化、信息管理标准化等。

3. 管理组织工作标准化。管理组织工作标准化主要指为实现物流活动而要进行的计划、管理等组织工作，包括对各项物流活动制定统一要求和规范化规定，明确划分各岗位的职责范围、权利和义务、工作方法、核查督导等方面的标准化。

三、物流标准化的重要性

随着生产的发展、科学技术的进步，标准化不断得到丰富和发展，由技术标准发展到管理标准、工作标准，由个别少数标准发展到标准化系统。目前的标准已成为现代化管理科学中的一个重要组成部分，对物流系统化管理发挥重要的作用。

1. 物流标准化是实现物流系统化管理的重要手段和必要条件

要使整个物流系统形成一个统一的有机整体，从技术和管理的角度上来看，物流标准化起着纽带作用。只要制定了各种物流标准并严格执行，就能实现整个物流大系统的高度协调统一，使各项工作有条不紊地进行。还应积极采用国际标准建立物流质量保证体系，提高企业物流系统标准化管理水平。

2. 企业物流标准化有利于发挥物流系统功能，保证商品质量

物流工作的重要任务是把工厂生产的合格商品保质保量地送到用户手中。物流标准化对运输、包装、装卸搬运、仓储、配送等各个子系统都制定了各种标准，这些标准是物流的质量保证体系，只要严格执行这些标准，就能保证合格的商品安全地送到用户手中。

3. 企业物流标准化有利于降低物流成本，提高物流效益

整个物流系统标准化后，可以实现一贯制的物流，可以加快运输、装卸搬运的速度；可以降低暂存费用、减少中间损失、提高工作效率，因而可获得直接的或间接的经济效益。如果某一环节的标准化工作没有做好，就会造成经济损失。

4. 企业物流标准化有利于提高物流技术水平

企业物流标准化有利于在运输工具、包装、装卸搬运、仓储等方面采用国际标准，开展国际交流和合作，加强与国外各环节的物流设施、设备、机具的相互配合，使运输、装卸搬运、仓储等物流运作实现一体化，提高物流技术水平，有效地促进我国物流标准化发展。

四、国际通行的物流标准

1. 大系统配合性、统一性标准

（1）基础编码标准

基础编码标准是对物流对象物编码，并且按物流过程的要求，转化成条形码，这是物流大系统能够实现衔接、配合的最基本的标准，也是采用信息技术对物流进行管理和组织、控制的技术标准。只有在这个标准之上，才可能实现电子信息传递、远程数据交换、统计、核算等物流活动。

（2）物流基础模数尺寸标准

物流基础模数尺寸考虑的基点主要是简单化，基础模数尺寸一旦确定，设备的制造、设施的建设、物流系统中各环节的配合协调、物流系统与其他系统的配合就有所依据。ISO中央秘书处及欧洲各国已基本认定600mm×400mm为基础模数尺寸。

由于物流标准化系统较之其他标准系统建立较晚，所以确定基础模数尺寸主要考虑了目前对物流系统影响最大而又难改变的事物，即输送设备。

物流基础模数尺寸指标准化的共同单位尺寸或系统各标准尺寸的最大公约尺寸。在基础模数尺寸确定之后，各个具体的尺寸标准，都要以基础模数尺寸为依据，选取其整数倍数为规定的尺寸标准，这就大大减少了尺寸的复杂性。物流基础模数尺寸的确定不但要考虑国内物流系统，而且要考虑到与国际物流系统的衔接，具有一定难度和复杂性。

（3）物流建筑基础模数尺寸

主要是物流系统中各种建筑物所使用的基础模数，它是以物流基础模数尺寸为依据确定的，也可选择共同的模数尺寸。该尺寸是设计建筑物长、宽、高等尺寸、门窗尺寸、建筑物柱间距、跨度及进深等尺寸的依据。

（4）集装模数尺寸

集装模数尺寸是在物流基础模数尺寸基础上推导出的各种集装设备的基础尺寸，以此尺寸作为设计集装设备三项尺寸的依据。在物流系统中，由于集装是起贯穿作用的，集装尺寸必须与各环节物流设施、设备、机具相配合，因此，整个物流系统设计时往往以集装尺寸为核心，然后在满足其他要求前提下决定各设计尺寸。因此，集装模数尺寸影响和决定着与其有关各环节标准化。

（5）物流专业名词标准

为了使大系统有效配合和统一，尤其在建立系统的情报信息网络之后，要求信息传递异常准确，这首先便要求专用语言及所代表的含义实现标准化，如果同一个指令，不同环节有不同的理解，这不仅会造成工作的混乱，而且容易出现大的损失。物流专业名词标准包括物流用语的统一化及定义的统一解释。

（6）物流单据、票证的标准化

物流单据、票证的标准化可以实现信息的录入和采集，将管理工作规范化和标准化也是应用计算机和通信网络进行数据交换和传递的基础标准。它可用于物流核算、统计的规范化，是建立系统情报网、对系统进行统一管理的重要前提条件，也是对系统进行宏观控制与微观监测的必备前提。

(7) 标志、图示和识别标准

物流中的物品、工具、机具都处于不断的运动当中，因此，识别和区分便十分重要，对于物流中的物流对象，需要有易于识别的又易于区分的标志，有时需要自动识别，这就可以用复杂的条形码来代替用肉眼识别的标志。

(8) 专业计量单位标准

除国家公布的统一计量标准外，物流系统还有许多专业的计量问题，必须在国家及国际标准基础上，确定本身专门的标准，同时，由于物流的国际性很突出，专业计量标准还需考虑国际计量方式的不一致性和国际习惯用法，不能完全以国家统一计量标准为惟一依据。

2. 分系统技术标准

分系统技术标准主要有：运输车船标准、作业车辆标准、传输机具标准、仓库技术标准；包装、托盘、集装箱标准包括包装、托盘、集装系列尺寸标准、包装物标准、货架储罐标准等。

【本章小结】

物流管理是指为以最低的物流成本达到用户所满意的服务水平，对物流活动进行的计划、组织、协调与控制。现代物流管理是供应链的管理，其管理超出了传统的单个企业的边界。

本章主要介绍了物流成本管理、物流质量管理、物流库存管理、物流标准化等企业物流管理的基本内容。其中，应该重点掌握以下内容：物流成本管理的原则和方法以及物流成本合理化管理的流程；物流质量管理的原则及物流质量保证体系的建立；库存的合理控制及 ABC 分类管理法；物流标准化的形式及物流基础模数尺寸。

【案例分析】

美国福特汽车公司的及时制

20 世纪最初 20 年间，福特首先将泰勒的科学管理原则应用于生产的组织过程，创立了流水线作业体系，从而奠定了现代大工业管理组织方式的基础，因此，该方法也被称为泰勒制或福特制。其基本特点表现为大规模批量生产，以实现规模经济效益。这种最早应用于汽车工业的组织生产方式很快就扩散到其他产业。在 20 世纪 50、60 年代创造了现代工业的“黄金时代”。进入 20 世纪 70 年代后，福特制出现了严重的危机，欧美企业陷入困境，其原因并非简单的生产成本问题，更重要的是他们无法对市场多样化的需求做出更快、更适宜的反应。

20世纪80年代以来，美国、西欧及其他国家开始学习和应用日本首创的JIT管理方法。福特汽车公司是北美三大汽车制造公司之一，其工厂遍及北美，生产重点在于汽车组装，依赖北美许多供应商供应零部件，于1987年开始实施JIT。

福特汽车的及时生产是以最低库存直接针对市场需求的小批量生产，其生产设计具有迅速转产或转型的灵活性。厂房的布局使机械加工过程组合得更密切，这样可以减少材料的移运。另外，由于与零售商达成协议，因此生产计划可以保持稳定。公司的及时生产需要及时制系统的支持。福特汽车公司的及时制系统具有以下几个特点：

一、厂内系统

福特汽车公司的生产线进料储存量设计为保持全天所需的原材料外加半天的保险库存，除非需要做安全库存的关键物品，其将消除大多数非生产线进料库存。大部分原料直接传递到生产线进料地点，消除大宗库存，取消库存用地。将原料直接传递到生产线进料地点，取消了额外的物资管理。同时，使用可退换容器来改进搬运效率。

二、包装系统

所用的包装是专门为福特汽车公司设计的，采用可折叠式包装以便回收。减少可消耗包装的成本，提高包装的保护性以便于运输，标签及文字记录的位置准确化，使得搬运快捷、准确。优化模型设计，方便运输工具及铲车作业，提高搬运效率，尤其是生产线进料处的搬运效率。

三、运输系统

及时物流需要可靠的运输供应者。福特公司尽量减少运输承运人的数量，谈判合同包括惩罚条款。随时检查运输系统的可靠性，必要时用汽车运输来代替铁路运输。在可能的情况下，用及时性铁路运输来取代常规铁路运输。

四、内向运输系统

汽车和铁路运输定时到达福特工厂，采用时间窗口进行递送：使用转动式拖车卸货，而不采用倾倒和转换式卸货，这样可消除拖车连成一串的情况，使接货的人力安排更有效，减少卸货车辆的等待时间。

五、供应者

供货方均以年度合同的方式向福特公司供货。供货方掌握20天的关于福特公司每日生产需求的连续报表，以便做供货计划，由每天的物资需求系统来连接。每天晚上，DMRS将次日的物资需求信息传递给运输公司。供应者必须及时将物资准备好以便装车。运输采用特定的集装箱、用特定的拖盘并在特定的时间、窗口进行。承运人将在特定的时间、窗口提取物资，货物往往在当日或连夜运送。

◎评点

从福特公司的成功经验来看，及时管理协调员是确保系统正常运行的关键：当供货者、承运人或福特厂家未能按计划运作时，及时管理协调员对系统进行调整；当供货者或承运人一方违约时，及时管理协调员要追究其责任。另外，福特公司和供货者及承运人三方按计划运作，建立伙伴关系，履行各自的承诺。福特公司对可靠的服务支付费用并帮助培训。

【练习与思考】

1. 物流成本有何特征？如何降低企业物流成本？
2. 物流成本管理的原则与方法分别是什么？
3. 物流成本合理化管理的流程是什么？
4. 物流企业质量管理有哪些特点？其内容有哪些？
5. 质量管理的八原则是什么？
6. 如何建立物流企业的质量保证体系？
7. 库存合理化包括哪些内容？库存管理有哪些作用？
8. 什么是 ABC 分类管理法？如何进行 ABC 管理？
9. 什么是物流标准化？包括哪些种类？具有哪些重要作用？
10. 国际通行的大系统配合性、统一性物流标准有哪些？

第八章　物流信息系统

【学习目标】

1. 掌握物流信息的概念和内容、物流信息的功能和特征。
2. 了解物流信息系统的概念和特点。
3. 熟悉物流运作中几种常见的物流信息技术。

【关键词汇】

物流信息（Logistics Information）
条形码（Barcode）
全球卫星定位系统（Global Position System，简称 GPS）
地理信息系统（Geographic Information System，简称 GIS）
射频（Radio Frequency）

人类社会已进入信息时代。人们越来越清楚地认识到信息就是力量、信息就是财富。现代物流是一系列繁杂而精密的活动，要计划、组织、控制和协调这一活动，离不开信息技术的支持。随着计算机技术、数据采集及处理技术、网络技术的快速发展，建立高效的物流信息系统，及时采集、传输、处理、储存、发布物流信息，做到物流信息资源的充分开发、合理配置和有效利用，实现物流、信息流、资金流的良性循环，完成物流资源的有效整合，提升企业的竞争能力，是现代物流管理活动的必然要求。

第一节　物流信息概述

一、物流信息的定义

物流是现代商品流通的重要组成部分。物流与信息流密不可分。

《中华人民共和国国家标准物流术语》（GB/T18354-2001）中关于物流信息的定义是：物流信息（Logistics Information）是反映物流各种活动内容的知识、资料、图像、数据、文件的总称。

物流信息是物流活动中各个环节生成的信息，一般是随着从生产到消费的物流活动的产生而产生的信息流，与物流过程中的运输、保管、装卸、包装等各种功能有机结合在一起，是整个物流活动顺利进行所不可缺少的物流资源。物流信息通常有广义与狭义之分。

1. 狭义的物流信息

从狭义的范围来看，物流信息是指与物流活动（如运输、保管、包装、装卸、配送、流通加工等）有关的信息，它是伴随物流活动发生的。在物流活动的管理与决策中，如运输工具的选择、运输线路的确定、在途货物的追踪、仓库的有效利用、订单管理等，都需要详细和准确的物流信息，因为物流信息对运输管理、库存管理、订单管理等物流活动具有支持、保证的功能。

2. 广义的物流信息

从广义的范围来看，物流信息不仅指与具体的物流活动有关的信息，还包括与其他流通活动有关的信息，即物流活动以外发生的，但提供给物流使用的信息，包括供货人信息、顾客信息、订货合同信息、交通运输信息、市场信息、政策信息，还有来自企业内生产、财务等部门的与物流有关的信息。

在物流活动中，物流信息流动于各个环节之中，并起着神经系统的作用，如图 8-1 所示。因此，对物流信息的有效管理是物流现代化管理的基础和依据。

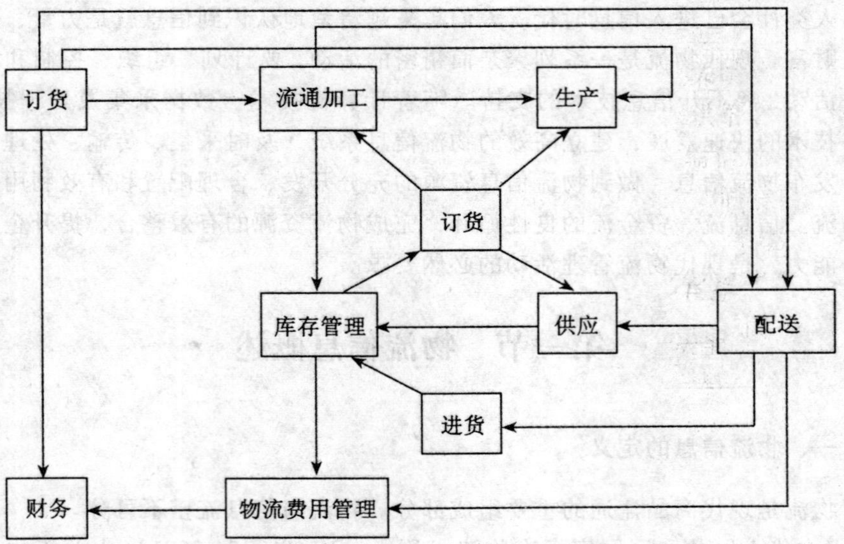

图 8-1 物流信息的流动图

物流信息一般由两部分组成：

(1) 物流系统内部信息，即伴随着物流活动而发生的信息，包括物料流转信息、物流作业层信息、物流控制层信息和物流管理层信息。

(2) 物流系统外部信息，即在物流活动以外发生的，但提供给物流活动使用的信息，包括供货人信息、顾客信息、订货合同信息、交通运输信息、市场信息、政策信息以及来自有关企业内部生产、财务等部门与物流有关的信息。

二、物流信息的特征

物流信息相对于其他领域的信息有着自身的特征，具体表现在以下几个方面：

1. 物流信息信息量大、分布广

由于物流信息涉及范围广，在整个物流活动中均会产生信息，因而物流信息具有源点多、信息量大的特点。

2. 物流信息动态性强

物流信息是在物流活动中产生的，由于市场状况、用户需求变化多样，物流信息会瞬息万变，因而信息的价值衰减速度快，这对信息管理的及时性要求较高，在物流信息中强调及时性，信息收集、加工、处理的过程的速度要快。

3. 物流信息种类繁多

在供应链系统中，物流系统作为一个子系统与其他系统如生产、供应、销售、财务等密切相关，不断地发生物质与能量的交换，因而在信息管理中除了收集物流系统内在活动所产生的信息，还要收集物流系统外部环境的相关信息，从而增加了物流信息的分类、研究、筛选等工作的难度。

4. 物流信息的不一致性

物流信息总是伴随着物流活动而产生的，因而物流信息的产生、加工和利用因时间、来源不一致，在收集、加工、传播的方式上也不尽相同。

现代物流系统是一个庞大复杂的系统，特别是全程物流，包括运输、仓储、配送、搬运、包装和物流再加工等诸多环节，每个环节信息流量十分巨大。面对如此巨大的物流信息，物流管理人员必须充分认识到物流信息的特征，进行准确、高效地收集和及时处理，以此帮助决策者做出快速、准确的决策，实现对物流过程的控制，降低整个过程的物流成本，提高物流系统的经济效益。

三、物流信息的作用

现代物流信息在物流活动中起着神经系统的作用，“牵一发而动全身”，主要通过它的几项基本功能来实现，包括：

1. 市场交易活动功能

交易活动主要记录接货内容、安排储存任务、作业程序选择、制定价格及相关人员查询等。物流信息的交易作用就是记录物流活动的基本内容。其主要特征是：程序化、规范化、交互式，强调整个信息系统的效率性和集成性。

2. 业务控制功能

物流服务的水平和质量以及现有管理个体和资源的管理，要有信息系统进行相关的控制，应该建立完善的考核指标体系来对作业计划和绩效进行评价和鉴别，这里强调了信息系统作为控制工作和加强控制力度的作用。

3. 工作协调功能

在物流运作中，加强信息的集成与流通，有利于工作的时效性，提高工作的质量与效率，减少劳动强度系数。这里，物流信息系统也发挥了重要作用。

4. 支持决策和战略功能

物流信息管理协调工作人员和管理层进行活动的评估和成本-收益分析，从而使其能更好地进行决策。物流信息管理系统具有支持决策和战略定位的作用。

第二节　物流信息系统概述

一、物流信息系统的定义

1. 信息系统的定义

信息系统是人员、过程、数据库相互联系的集合，是在一定的组织机构和范围中，不断地收集、处理、存储、传递在不同业务层次上的事务处理信息和支持管理决策信息的综合系统。

信息系统是由人、硬件、软件和数据资源组成的，目的是及时、正确地收集、加工、存储、传递和提供信息，实现组织中各项活动的管理、调节和控制。

2. 物流信息系统的定义

物流信息系统是计算机信息系统在物流领域的综合应用。从广义上讲，物流信息系统应包括物流过程中各个环节的信息系统，包括运输、仓储、配送、货代、快递等，是一个由计算机硬件系统、软件系统、通信设备联结而成的网络互动的综合信息。从狭义上说，物流信息系统是信息系统在某一涉及物流的企业中的具体应用，是某一企业用于管理物流活动的系统。

在企业的整个生产经营活动中，物流信息系统与各种物流作业活动密切相关，具有有效管理物流作业系统的职能。

二、物流信息系统的特点

1. 管理性和服务性

物流信息系统必须精确反映当前物流服务状况和定期活动，对物流作业活动进行监控，同时通过数据挖掘，提供管理决策信息，帮助管理人员做出正确的决策，体现物流信息系统的管理性。

物流信息系统必须能够为企业和客户提供即时的、最快速的管理信息反馈。例如，系统能够快速响应客户的一个新的订货需求，物流信息系统能快速进行订单处理，生成拣货计划和工作单，工作人员能按相关信息的指示进行拣货、包装、装车，最后出库配送至客户手中，体现物流信息系统的服务性。

2. 适应性和易用性

物流信息系统的结构必须与企业的流程相适应。每个企业都有自己在组织机构、管理流程、管理技术、管理目标等方面的独特性，因而物流信息系统不可能千篇一律，而必须根据企业需求，进行有针对性的规划与设计，从而使物流信息系统与企业适应。

物流信息系统提供的物流报告应该规范，以适当的形式对物流信息进行表述，建立正确和规范的物流信息表达结构，方便客户查询、阅读、打印和存档。物流报告的表现形式应与传统报告相结合，便于企业相关人员阅读和分析。

3. 集成化和模块化

集成化是指物流信息系统将相互有关联的各个物流环节连接在一起，为物流企业进行集成化的信息处理工作提供平台。物流信息系统各个子系统的设计将遵循统一的标准和规范，便于系统内部实行信息共享。模块化系统的一个基本方法就是将一个大系统根据功能的不同，分成相互独立的若干个子系统。各个子系统分别遵循统一的标准进行功能模块的开发，最后再按照一定的规范进行集成。

4. 网络化和智能化

由于物流信息具有信息量大、分布广、动态性强、种类繁多、信息不一致性等特点，物流活动的范围可能在国内甚至世界各地任何地方，这就要求物流信息系统具备网络化的特征。能对来自国内甚至世界各地的实时数据通过网络进行收集、筛选、分类、加工和传递，满足企业客户多样化的信息需求。

物流信息的价值衰减速度很快，这对物流信息系统的及时性提出了更高的要求。现代物流信息系统大量采用条形码技术、EDI 技术、RFID 技术来提高数据采集的速度，全球卫星定位技术 GPS 以及地理信息系统 GIS 也有助于加强物流信息系统的及时性。通过各种物流信息技术的综合运用，大大提高了物流信息系统的智能化水平。

三、物流信息系统的基本功能

物流信息系统作为整个物流系统的指挥和控制系统，可以有多种子系统或者多种基本功能，通常其基本功能可以归纳为以下几个方面：

1. 数据处理功能

（1）数据的收集和输入

物流数据的收集首先是将数据采用手工、条码技术、EDI 技术、RFID 技术等技术，通过收集子系统从系统内部或者外部收集到预处理系统中并整理成为系统要求的格式和形式，然后再通过输入子系统输入到物流信息系统中。

（2）物流信息的存储

物流数据进入到系统中之后，在其得到处理之前，必须在系统中存储下来。当得到处理之后，如果没有完全丧失信息价值，往往也要将结果保存下来，以供使用。物流信息系统的存储功能就是保证已得到的信息能够不丢失、不走样、不外泄、整理得当、随时可用。

无论哪一种物流信息系统，在涉及信息的存储问题时，都要考虑存储量、信息格式、存储方式、使用方式、存储时间、安全保密等问题。数据的存储必须要考虑数据的组织，目的是为了数据的处理和检索。

物流信息系统的不同层次对信息存储的要求是不同的。在作业层中，需要存储的信息格式往往比较简单，存储时间比较短，但是数量往往很大。控制层与管理层的信息格式比较复杂，要求存储比较灵活，存储的时间也较长。

（3）物流信息的传输

物流数据和信息在物流系统中，必须及时、准确传输到各个职能环节才能发挥其功效，这就需要物流信息系统具有克服空间障碍的功能。

物流信息系统必须要充分考虑所要传递信息的种类、数量、频率、可靠性要求等因素。现代化的信息传输是以计算机为中心，通过通信线路与近程终端或远程终端相连，形成联机系统；或者通过通信线路将中、小、微型计算机联网，形成分布式系统，衡量数据传输的指标是传输速度和误码率。

（4）物流信息的处理

物流信息系统的最基本目标就是将输入数据加工处理成物流信息。

物流信息处理工作，是对收集到的信息进行筛选、分类、加工及分析存储等活动，形成满足需要的物流情报。信息处理的手段可以是简单的查询、统计，也可以是通过数据挖掘，获得决策的知识。信息处理能力是衡量物流信息系统能力的一个极其重要的方面。

（5）物流信息的输出

信息输出必须采用便于人或计算机理解的形式，在输出形式上力求易读易懂、直观醒目，这是评价物流信息系统的主要标准之一。目前，物流信息系统正在向数据采集的在线化、数据存储的大型化、信息传输的网络化、信息处理的智能化以及信息输出的多媒体化方向发展。

2. 业务管理功能

物流信息系统的业务管理功能是指利用数据处理功能提供的信息辅助物流经理完成各种业务管理工作。例如，物流经理为了在交货期内将产品准确地配送给客户，通过物流信息系统，就可以查询交货期限，确定主生产计划与物料采购计划，进而在需要的时候采购原料，减少库存积压，同时通过条形码对物料进行跟踪，及时掌握生产进度，适当地调配产品至仓库、配送中心，同时完成运输的整合、减少物流费用等。

3. 决策支持功能

物流信息系统的决策支持功能是指利用积累的数据、方法、管理模型、典型案例等资料代替人的经验，综合某些业务活动的具体要求与目标，做出合乎逻辑的分析、推理和判断，辅助物流经理完成制订计划、最优控制等管理决策。

四、物流信息系统的内容

物流信息系统因服务对象广泛，有面向生产企业的物流信息系统，有面向零售商、供应商的物流信息系统，有面向第三方物流企业的物流信息系统，有面向供应链的物流信息系统，因而物流信息系统所包含的内容也有所不同，但大体包括以下子系统：

1. 客户管理子系统

包括客户维护、客户管理和合同管理三部分，主要是对预备客户、正式客户和历史客户的基本情况、合同情况、业务情况、支付情况等方面的管理。

2. 配送管理子系统

针对按料件清单和配送计划对客户实行销售配送的完整的业务过程，包括从接到作业指令单开始，到完成货品的分拣、加工、出仓、入仓、装卸及发送的过程，通过信息系统确保配送业务的准确无误。

3. 仓储管理子系统

仓库作为物流活动的缓冲环节，作用非同小可。仓储管理子系统主要是帮助管理者掌握各仓库的物料库存量、进行库存控制、维持商品必要的库存量、核算仓库成本等。

4. 运输管理子系统

货物运输是物流重要的环节。针对不同的客户需求、不同的运输方式、不同的运输工具，运输管理子系统的主要任务是最大限度地满足客户的需求、最大限度地降低服务成本。

5. 财务结算子系统

该子系统主要是对物流采购、加工、包装、配送、运输、装卸等一系列作业过程中产生的费用进行财务结算，便于物流成本的核算与控制。

第三节　物流信息技术

一、条形码系统及其应用

1. 条形码的定义

条码技术是在计算机的应用实践中产生和发展起来的一种自动识别技术。它提供了快速、准确进行数据采集与输入的有效手段，解决了由于计算机录入速度慢、错误率高而造成的“瓶颈”问题。

条形码是利用光电扫描阅读设备识读并实现数据输入计算机的一种特殊代码。它是由一组按特定规则排列的、粗细不同、黑白或彩色相间的条、空及相应的字符、数字、字母组成的标记，“条”指对光线反射率较低的部分，“空”指对光线反射率较高的部分，这些条和空组成的数据表达一定的信息，并能够用特定的设备识读，转换成与计算机兼容的二进制和十进制信息。

条形码是实现 POS 系统、EDI、电子商务、供应链管理的技术基础，是物流管理现代化、提高企业管理水平和竞争能力的重要技术手段。

2. 条形码的特点

(1) 高速数据输入

条码可以很快地由识读设备读取并将数据转入到系统中。如 EAN-13 通用商品条码由 13 位代码组成，使用键盘进行输入需要 6 秒钟左右的时间，使用光电耦合式 CCD 扫描器进行读取需要 1 ~ 2 秒钟的时间，而使用固定激光式扫描器瞬间就可以完成数据输入。

(2) 高读取率

读取率是通过对条码的扫描次数与能够读取的次数进行计算而得到的。条码的读取精度与印刷在标签上面的条码精度有关，而读取率与条码识别设备的光学分解能力有关。

(3) 低误读率

误读率与条码的种类、条码标签的印刷精度以及条码识读设备有关。一般来说，使用任何的码制都可以满足一般业务对准确性的要求。

（4）非接触式读取

如果读取条码的过程比较烦琐，就不可能达到省力的效果，所以非接触自动读取是非常重要的。特别是用自动分拣设备的感应系统读取标贴在货物上的条码时，必须采用非接触方式。现在手持式激光扫描器能够读取超过10米距离的条码，大大提高了数据采集的速度。

（5）操作方便

条码扫描器可以在固定式的情况下自动读取条码，也可以用手持式方便地读取条码，而且不需要专门的培训，任何人都可以方便地进行操作。

（6）低使用成本

条码扫描器的价格因设备的原理而异，随着技术的不断进步和使用数量的增加，其价格也越来越低廉，一般在经常维护的情况下可以使用7年左右。条码标签的成本价格随介质和尺寸的大小而不同，即使包括打印或印刷等费用，也比其他自动识别方式的成本低许多。

（7）广泛的利用领域

由于条码能够快速、正确地收集数据，被应用于社会的各个领域。在流通领域的销售与物流、工厂的生产管理、医疗领域的各种检查与血液的管理、图书馆的图书借阅管理等方面都广泛地得到应用。

（8）丰富的关联设备

条码扫描器和打印机以及打印介质等多种多样，能够满足条码用户的需要，还可以根据用户的需要进行相应设备的开发。

但条码也有缺点，如污染后不容易读取、记录数据的密度低等。其最大的缺点是不能够修改和替换。

3. 条码类别

条形码可分为一维条码和二维条码两大类，目前在商品上的应用仍以一维条码为主；二维条码功能比一维条码强，应用范围更加广泛。

（1）一维条码（1-Dimensional Bar Code）

①一维条码常用种类

世界上约有225种以上的一维条码，每种一维条码都有自己的一套编码规格，规定每个字母（可能是文字或数字或文数字）是由几个线条（Bar）及几个空白（Space）组成以及字母的排列。常用的一维码的码制包括：EAN码、39码、交叉25码、UPC码、128码、93码及Codabar码（库德巴码）等。

不同的码制有它们各自的应用领域：

第一，EAN码：是国际通用的符号体系，是一种长度固定、无含义的条码，所表达的信息全部为数字，主要应用于商品标志。

第二，39码和128码：为目前国内企业内部自定义码制，可以根据需要确定条码的长度和信息，它编码的信息可以是数字，也可以包含字母，主要应用于工业生产线领域、图书管理等。

第三，93 码：是一种类似于 39 码的条码，它的密度较高，能够替代 39 码。

第四，25 码：只应用于包装、运输以及国际航空系统的机票顺序编号等。

第五，Codabar 码：应用于血库、图书馆、包裹等的跟踪管理。

②一维条码的结构

一个完整的一维条码的组成次序依次为：左侧空白区、起始符、数据符、(中间分隔符，主要用于 EAN 码)、(校验符)、终止符、右侧空白区，如图 8-2所示。

图 8-2　条形码组成

空白区，又称静区，指条码左右两端外侧与空的反射率相同的限定区域，它能使阅读器进入准备阅读的状态，当两个条码相距距离较近时，空白区则有助于对它们加以区分，空白区的宽度通常应不小于 6mm（或 10 倍模块宽度）。

起始/终止符，指位于条码开始和结束的若干条与空，标志条码的开始和结束，同时提供了码制识别信息和阅读方向的信息。

数据符，位于条码中间的条、空结构，它包含条码所表达的特定信息。

构成条码的基本单位是模块，模块是指条码中最窄的条或空，模块的宽度通常以 mm 或 mil（1‰英寸）为单位。构成条码的一个条或空称为一个单元，一个单元包含的模块数是由编码方式决定的，有些码制中，如 EAN 码，所有单元由一个或多个模块组成；而另一些码制，如 39 码中，所有单元只有两种宽度，即宽单元和窄单元，其中的窄单元即为一个模块。

(2) 二维条码

在水平和垂直方向的二维空间存储信息的条码称为二维条码（2-Dimensional Bar Code）。它不需要数据库的支持就可使用，实际上是一种高密度、高信息量的便携式数据文件，具有信息容量大、编码范围广、纠错能力强、译码可靠性高、防伪能力强等技术特点，可广泛应用于各个领域。由于一维条码的信息容量很小，如商品条码仅能描述出商品的代码，更多的商品信息只能依赖数据库的支持，离开了预先建立的数据库，这种条码的应用范围就受到了一定的限制。基于这个原因，人们迫切希望发明一种新的条码，除具有普通条码的优点外，同时具有信息容量大、可靠性高、保密和防伪性强、易于制作、成本低等优点，二维条码正是满足上述条件的新的条码方式。一维条码与二维条码的比较如表 8-1 所示。

表 8-1　　**一维条码与二维条码之比较**

条码类型 项　目	一维条码	二维条码
资料密度与容量	密度低，容量小	密度高，容量大
错误侦侧及自我纠正能力	可以检查码进行错误侦测，但没有错误纠正能力	有错误检验及错误纠正能力，并可根据实际应用设置不同的安全等级
垂直方向的资料	不储存资料，垂直方向的高度是为了识读方便，并弥补印刷缺陷或局部损坏	携带资料，对印刷缺陷或局部损坏等可以错误纠正机制恢复资料
主要用途	主要用于对物品的标志	用于对物品的描述
资料库与网络依赖性	多数场合须依赖资料库及通讯网络的存在	可不依赖资料库及通讯网络的存在而单独应用
识读设备	可用线扫描器识读，如光笔、线型 CCD、雷射枪等	对于堆叠式可用型线扫描器的多次扫描或用图像扫描仪识读。矩阵式则仅能用图像扫描仪识读

常用的二维条码有：Codabar 块、PDF417 码、Maxi 码等。

4. 条码在物流中的应用

(1) 应用于零售商店的销售点（POS 系统）

在商业零售领域，商品的种类和数量都在成倍地增加。销售人员仅靠人工记忆去处理要销售的商品已十分困难。采用条码技术，结合信息技术，可实现在销售过程中的商品信息自动采集，通过通信设备调用后台数据库系统，可快速地了解商品销售信息，为销售员提供了巨大的便利。

此外，所有的销售信息经后台处理，可对货物的销售情况、库存信息进行分析，及时组织畅销商品、降低库存和流通费用，使企业在竞争中立于不败之地。

（2）物料搬运和跟踪

今天的仓库作业和库存控制作业已十分多样化、复杂化。如果不能保证正确的进货、验收、质量保证及发货，就会导致浪费时间，产生库存，延迟交货，增加成本，以致失去为客户服务的机会。

采用条码技术，并与信息处理技术结合，可用于生产线零件自动追踪、客户服务自动追踪、维修记录自动追踪、危险物品自动追踪、库存物料自动追踪等，可自动盘点物流中心、仓储中心、仓库的货品及固定资产，发挥"立即盘点、立即决策"的效果。可确保库存量的准确性，保证必要的库存水平及仓库中物料的移动，与进货发货协调一致，保证产品的最优流入、保存和流出仓库。

（3）供应链管理中的应用

一次完整的商务过程包括由生产厂家将产品生产出来，通过运输、仓储、加工、配送到用户、消费者的物流全过程，分为以下几个方面：生产厂家将生产的单个产品进行包装，并将多个产品集中在大的包装箱内；然后，经过运输、批发等环节，在这一环节中通常需要更大的包装；最后，产品通过零售环节流通到消费者手中，产品通常在这一环节中再还原为单个产品。人们将上述过程的管理称为供应链物流管理。供应链物流系统从生产、分配、销售到用户不是孤立的行为，是一环扣一环的，相互制约，相辅相成，因此，必须协调一致，才能发挥其最大效益。

条码技术的应用解决了数据录入和数据采集的"瓶颈"问题，为供应链管理提供了有力的技术支持。从企业生产的角度来讲，企业为了满足市场需求多元化的要求，生产制造从过去的大批量、单调品种的模式向小批量、多品种的模式转移，给传统的手工方式带来更大的压力。手工方式效率低，由于各个环节的统计数据的时间滞后性，会造成统计数据在时序上的混乱，无法进行整体的数据分析进而给管理决策提供真实、可靠的依据。利用条码技术，可对企业的物流信息进行采集跟踪的管理信息系统。通过对生产制造业的物流跟踪，满足企业针对物料准备、生产制造、仓储运输、市场销售、售后服务、质量控制等方面的信息管理需求。

二、地理信息系统

1. 地理信息系统的定义

地理信息系统简称 GIS（Geographical Information System），它是 20 世纪 60 年代开始迅速发展起来的地理学研究技术，是多种学科交叉的产物。它以地理空间数据为基础，采用地理模型分析方法，适时地提供多种空间的和动态的地理信息，是一种为地理研究和地理决策服务的计算机技术系统。其基本功能是将表格型数据（无论它来自数据库、电子表格文件或直接在程序中输入）转换为地理图形显示，然后对显示结果进行浏览、操作和分析。其显示范围可以从洲际地图到非常详细的街区地图，显示对象包括人口、销售情况、运输线路和其他内容。

地理信息系统从外部来看，表现为计算机软硬件系统；而其内涵是由计算机程序和地理数据组织而成的地理空间信息模型，是一个逻辑缩小、高度信息化的地理系统。

2. GIS 的特征

GIS 具有以下三个方面的特征：

（1）具有采集、管理、分析和输出多种地理实间信息的能力，具有空间性和动态性。

（2）以地理研究和地理决策为目的，以地理模型方法为手段，具有区域空间分析、多要素综合分析和动态预测能力，产生高层次的地理信息。

（3）由计算机系统支持进行空间地理数据管理，并由计算机程序模拟常规的或专门的地理分析方法，作用于空间数据，产生有用信息，完成人类难以完成的任务。

3. GIS 的组成

GIS 由五个主要的元素所构成：硬件、软件、数据、人员和方法。

（1）硬件

GIS 硬件环境主要由计算机及一些外围设备连接形成。它主要由计算机系统、数据输入设备、数据存储设备、数据输出设备、数据通讯传输设备等组成。

（2）软件

GIS 软件提供所需的存储、分析和显示地理信息的功能和工具。主要的软件部件有：

①输入和处理地理信息的工具。

②数据库管理系统（DBMS）。

③支持地理查询、分析和视觉化的工具。

④容易使用这些工具的图形化界面（GUI）。

（3）数据

一个 GIS 系统中最重要的部件就是数据。地理数据和相关的表格数据可以自己采集或者从商业数据提供者处购买。GIS 将把空间数据和其他数据源的数据集成在一起，而且可以使用那些被大多数公司用来组织和保存数据的数据库管理系统来管理空间数据。

(4) 人员

GIS 技术如果没有人来管理系统和制订计划应用于实际问题将没有什么价值。GIS 的用户范围包括设计和维护系统的技术专家和那些使用该系统并完成他们每天工作的人员。

(5) 方法

成功的 GIS 系统具有好的设计计划和自己的事务规律，这些是规范而且对每一个公司来说，具体的操作实践又是独特的。

4. GIS 在物流中的应用

凡是涉及地理分布领域都可以应用 GIS 技术。物流活动中所提供的服务包括订单处理、运输、仓储、装卸、配送、报关、退货处理、信息服务及增值业务。其中，货物运输路径、仓库地址的选择都涉及如何处理大量的空间数据和数据属性，以缩短物流时间、降低成本。GIS 不仅具有对空间和属性的数据采集、输入、编辑、存储、管理、空间分析、查询、输出和显示功能，而且还为用户进行预测、监测、规划管理和决策提供依据。因此，将 GIS 应用于物流活动过程中，可大大加强对物流过程的全面控制和管理，实现高效、优质的物流服务。

【知识阅读】

GIS 在物流配送中的应用

物流配送的过程实际上是实物的空间位置转移过程，其中涉及地理要素和地理分布。把 GIS 技术融入物流配送的过程中，能够更容易地处理物流配送中货物的运输、仓储、装卸、配送等各个环节，并能对其中涉及的运输路线的选择、仓库位置的选择、仓库的容量设置、合理装卸策略、运输车辆的调度和配送路线的选择等问题进行有效管理和决策分析，有助于物流配送企业有效地利用现有资源，降低消耗，提高效率。事实上，随着电子商务、物流和 GIS 本身的发展，GIS 技术业已经成为物流全过程管理中不可或缺的组成部分。

(1) 基于 GIS 的物流配送系统

为了在全程物流配送中更好地运用 GIS 技术，最为有效的途径是构建基于 GIS 的物流配送系统。该系统应集成以下主要模型：设计定位、车辆路线、网络物流、配送区域划分、空间查询和客户配送排序模型等。

①设施定位模型，用于确定在一定区域内的配送中心数量、位置和规模大小。在物流系统中，仓库和运输路线共同组成了物流网络，仓库处于网络的节

点上，节点决定着路线及如何根据供求需要并结合经济效益等原则，在既定区域内确定仓库数量、位置和规模以及仓库之间的物流关系等，都可运用该模型。

②车辆路线模型，用于解决从一个起始点配送货物到多个终点的过程中，如何降低成本、保证质量的问题。

③网络物流模型，用于确定配送网点的布局和配送货物的最佳路径。

④配送区域划分模型，用于确定配送中心的服务范围、销售市场范围等。

⑤客户配送排序模型，按照新老客户、轻重缓急等因素确定客户的优先级别，并据此确定待配送客户的配送空间。

（2）系统功能

基于 GIS 的物流配送系统，可以动态地安排配送作业，合理调配和使用运输资源，快速响应客户的需求，为客户提供优质的服务。在配送中心实施基于 GIS 的物流配送系统，将实现以下功能：

（3）车辆和货物追踪

利用 GIS 的电子地图可实时显示车辆或货物的实际位置并查询出车辆和货物的状态，以便进行合理调度和管理。

（4）运输路线的规划

规划出运输线路，使显示器能在电子地图上显示设计线路，并同时显示汽车运行路径和运行方法。

（5）信息查询

对配送范围内的主要建筑、运输车辆、客户进行查询。

（6）模拟与决策

利用长期客户、车辆、订单和地理数据等建立模型来进行物流网络的布局模拟，并以此来建立决策支持系统，以提供更有效且直观的决策依据。

三、全球卫星定位系统

GPS 全球定位系统（Global Positioning System）是由美国国防部于 1973 年开始设计、试验的，历时 20 年，耗资 200 亿美元，于 1994 年全面完成。GPS 系统能为各类用户提供精密的三维位置、三维速度，并给出精确的卫星时间基准，因此被认为是当前定位导航授时设备中最重要的发展。

1. GPS 全球卫星定位系统的定义

GPS 全球定位系统（Global Positioning System）是由 24 颗人造卫星和地面站组成的全球无线导航与定位系统。卫星轨道高度为 20 200km，倾角为 55 度，周期为 12 小时。分布在六条升交点互隔 60 度的轨道面上，卫星轨道倾角为55度，每条轨道上均匀分布着四颗卫星，相邻两轨道上的卫星相隔40度，使得地球任何地方至少同时可看到四颗卫星，卫星连续向用户提供位置和时间信息。

2. GPS全球卫星定位系统的特征

GPS系统是迄今为止最好的导航定位系统。它具有以下特征：

（1）全球、全天候工作

GPS观测可在一天24小时内的任何时间进行，能为用户提供连续、实时的三维位置、三维速度和精密时间。目前，不受阴天黑夜、起雾刮风、下雨下雪等气候的影响。

（2）性能好、定位精度高

单机定位精度优于25米，采用差分定位，精度可达厘米级和毫米级。

（3）功能多、应用广

随着人们对GPS认识的加深，GPS不仅在测量、导航、测速、测时等方面得到更广泛的应用，而且其应用领域不断扩大。

（4）抗干扰性能好、保密性强

GPS卫星传送的信号具有良好的抗干扰性与保密性。

3. GPS全球卫星定位系统的组成

GPS系统包括三大部分：空间部分——GPS卫星；地面控制部分——地面监控系统；用户设备部分——GPS信号接收机。

（1）空间部分——GPS卫星星座

GPS的空间星座部分分布由六个轨道面上的24颗卫星组成。其中，21颗为工作卫星，三颗为在轨备用卫星，每颗卫星配有精度极高的原子钟。

（2）地面控制部分——地面监控系统

GPS的地面监控部分控制段由一个主控站、五个监测站、三个注入站组成。主控站位于美国的科罗拉多州（Colorado）。监测站跟踪视野内所有GPS卫星、收集卫星的测距信息，并把收集的信息送到主站。主站计算卫星精密轨道，并产生每颗卫星的导航信息，通过注入站传送到卫星。

（3）用户设备部分——GPS信号接收机

GPS的用户设备主要由GPS接收机、接收机硬件和处理软件组成。用户通过用户设备接收GPS卫星信号，经信号处理而获得用户位置、速度等信息，最终实现利用GPS进行导航和定位的目的。

4. GPS全球卫星定位系统在物流业中的应用

GPS系统可高精度、有效地完成对目标的实时定位与监测，它与GIS、无线电通信网络等技术进一步融合，可广泛应用于运输、航天、水文勘测、大地测量、探险、军事等领域，同时在物流领域也具有广阔的应用前景，而且它的诸多功能在物流领域的运用中已被证明是卓有成效的，它为物流行业的高效率管理奠定了基础。

GPS 在物流领域可以用于汽车自定位、跟踪调度，用于铁路运输管理，用于军事物流。GPS 作为近年来开发的最具有开创意义的高新技术之一，必然会在诸多领域中得到越来越广泛的应用。相信随着我国经济的发展以及高等级公路的修建和 GPS 技术应用研究的逐步深入，其在现代物流管理中的应用也会更加广泛和深入，并日益发挥出更大的作用。

四、射频技术

1. 射频的概念

射频识别技术是 20 世纪 90 年代开始兴起的一种自动识别技术。与其他自动识别系统一样，射频识别系统也是由信息载体与信息获取装置组成的。射频识别技术的基本原理是电磁理论，利用无线电波对记录媒体进行读写。射频识别系统的优点是不局限于视线，识别距离比光学系统远，识别卡（射频标签）具备读写能力、可携带大量数据、难以伪造和有智能等特点。其中，装载识别信息的载体是射频标签（在部分识别系统中也称为应答器、射频卡 等），获取信息的装置称射频读写器（在部分系统中也称为问询器、收发器等）。射频标签 与读写器之间利用感应、无线电波或微波能量进行非接触双向通信，以实现数据交换，从而达到识别的目的。

最常见的射频识别系统的工作过程是这样的：读写器在一个区域发射能量形成电磁场，射频标签经过这个区域时检测到读写器的信号后发送储存的数据，读写器接收射频标签发送的信号，解码并校验数据的准确性以达到识别的目的。

2. 射频识别系统的特点

射频卡的几个主要模块集成到一块芯片中与读写器通信，芯片上有内存部分用来储存识别号码或其他数据，内存容量从几个字节到几十千字节。芯片外围仅需连接天线和电池。卡封装可以有不同形式，如常见的信用卡的形式及小圆片的形式等。和条码、磁卡、IC 卡等同期或早期的识别技术相比，射频卡具有非接触、工作距离长、适于恶劣环境、可识别运动目标等优点。因此，完成识别工作时无须人工干预，适合实现自动化且不易损坏，可识别高速运动物体并可同时识别多个射频卡，操作快捷方便。射频卡不怕油渍、灰尘污染等恶劣的环境，短距离的射频卡可以在这样的环境中替代条码，长距离的产品多用于交通上，距离可达几十米。

3. 射频识别系统的组成

射频识别系统在具体的应用过程中，根据不同的应用目的和应用环境，系统的组成会有所不同，但从射频识别系统的工作原理来看，系统一般都由信号发射机、信号接收机、接收天线几部分组成。

(1) 信号发射机

在射频识别系统中，信号发射机为了不同的应用目的，会以不同的形式存在，典型的形式是标签（TAG）。标签相当于条码技术中的条码符号，用来存储需要识别传输的信息，与条码不同的是，标签必须能够自动或在外力的作用下，把存储的信息主动发射出去。标签一般是带有线圈、天线、存储器与控制系统的低电集成电路。

(2) 信号接收机

在射频识别系统中，信号接收机一般叫做阅读器。根据支持的标签类型不同与完成的功能不同，阅读器的复杂程度是显著不同的。阅读器的基本功能就是提供与标签进行数据传输的途径。另外，阅读器还提供相当复杂的信号状态控制、奇偶错误校验与更正功能等。

(3) 天线

天线是标签与阅读器之间传输数据的发射、接收装置。在实际应用中，除了系统功率，天线的形状和相对位置也会影响数据的发射和接收，需要专业人员对系统的天线进行设计、安装。

4. 射频识别技术在物流业中的应用

与其他自动识别技术相比，射频识别技术具有可非接触识别（识读距离可以从十厘米至几十米）、可识别高速运动物体、抗恶劣环境、保密性强、可同时识别多个识别对象等突出特点，因此广泛应用于物料跟踪、车辆识别、生产过程控制等。

射频识别技术是以无线通讯技术和存储器技术为核心，伴随着半导体、大规模集成电路技术的发展而逐步形成的，其应用过程涉及无线通讯协议、发射功率、占用频率等多方因素，目前尚未形成在开放系统中应用的统一标准，因此射频识别技术主要应用在一些闭环应用系统中。

随着大规模集成电路技术的进步以及生产规模的不断扩大，RFID 产品的成本也在不断降低，由于射频识别技术的自身优势及特点，其应用越来越广泛。当前，射频识别在物流业的应用主要有以下几个方面：

(1) 车辆的自动识别

北美铁道协会 1992 年初批准在北美铁路系统采用射频识别技术的车号自动识别标准，首次在北美大范围内成功地建立了自动车号识别系统。射频识别卡成为车辆射频识别应用的标志，到 1995 年 12 月为止的三年时间内在北美 1 500 000辆货车、1 400 个地点安装了射频识别装置。

欧洲一些国家也先后利用射频识别技术建立了区域性的自动车号识别系

统。例如，瑞士国家铁路局在瑞士的全部旅客列车上安装 RFID 自动识别系统，调度员可以实时地掌握火车运行情况，不仅有利于管理，还大大减少了发生事故的可能性。我国铁路系统也已建立了车号射频识别系统，实现了全国铁路车辆的自动跟踪管理。另外，澳大利亚近年来开发了自动识别系统，用于矿山车辆的识别和管理。

（2）高速公路收费及智能交通系统（ITS）

高速公路自动收费系统是射频识别技术最成功的应用之一，它充分体现了非接触识别优势。在车辆高速通过收费站的同时自动完成缴费，解决了交通的瓶颈问题，避免了拥堵，提高了收费结算效率。例如，香港的车辆自动识别系统——驾易通，采用了射频技术。目前已经有约 80 000 辆汽车装上了射频标签，装有射频标签的车辆通过装有射频扫描器的专用隧道、停车场或高速公路路口时，无需停车缴费，大大提高了行车速度和效率。

（3）货物的跟踪、管理及监控

射频识别技术为货物的跟踪、管理及监控提供了快捷、准确、自动化的技术手段。如澳大利亚将它的射频识别技术产品用于澳机场旅客行李管理中并发挥了出色的作用；英国的希思罗机场采用射频识别技术完成机场行李的分拣，大大提高了效率，降低了差错率。以射频识别技术为核心的集装箱自动识别，成为了全球范围最大的货物跟踪管理应用。1997 年欧共体宣布开始生产的新车型必须具有基于 RFID 技术的防盗系统。

射频识别技术目前在仓储、配送等物流环节已有许多成功的应用，随着射频识别在开放的物流环节统一标准的研究开发，相信物流业将成为射频识别技术最大的受益行业之一。

（4）生产线的自动化及过程控制

射频识别技术因其具有抗恶劣环境能力强、可非接触识别等特点，在生产过程控制中有许多应用。例如，德国宝马公司在汽车装配线上配有 RFID 系统，以保证汽车在流水线各位置处毫不出错地完成装配任务。

Motorola、SGSTHOMSON 等集成电路制造商采用加入了 RFID 技术的自动识别工序控制系统，无人工介入，满足了半导体生产对于超净环境的特殊要求，同时还提高了效率。

【本章小结】

本章主要对物流信息、物流信息系统和物流信息技术等问题进行了概括性地介绍与论述。本章的主要知识点包括：

1. 信息与数据的概念、联系与区别。

2. 物流信息的概念、特征和作用。

3. 物流信息系统的概念、特点、功能、作用和内容。

4. 现代物流信息技术（条形码、GIS、GPS、RFID 的概念、特点、组成和应用等）。

【案例分析】

物流是流动的仓库

——四川长虹仓储信息化管理纪实

仓储管理是供应链管理的核心环节。但仓储作为物流各环节的结合部，涉及入库、分拣、在库、盘点、出库、补货等各个方面，流通的信息量非常大，如何高效、准确地采集有关信息，成为许多企业必须解决的问题。四川长虹电器股份有限公司引入无线网络通信技术进行仓储信息化管理，取得了明显成效。

众所周知，家电市场是中国竞争最为惨烈的市场。家电企业产能严重过剩，利润日趋微薄，而落后的供应链管理系统是影响其市场竞争力的瓶颈之一。目前中国家电业处境艰难，下游面临大型连锁商的压力，上游面临原材料成本日益走高的挑战，处在中间的家电制造企业，必须通过内部挖潜的集约型竞争方式，才能在市场竞争中谋取一席之地。因此，物流被看做是制造企业最有希望降低运营成本、提高运营效率的环节，而条形码结合无线技术的企业移动解决方案已经成为部分家电企业应对市场竞争的强有力的武器。

四川长虹电器股份有限公司是一家集彩电、背投、空调、视听、数字网络、电源、器件、平板显示、数字媒体网络等产业研发、生产、销售的多元化、综合型跨国企业。

目前长虹在中国 30 多个省市区成立了 200 余个营销分支机构，拥有遍及全国的 30 000 余个营销网络和 8 000 余个服务网点。在广东、江苏、吉林、合肥等地区建立了数字工业园区，在深圳、上海、成都等地设立了研发中心。同时，在美洲、澳洲、东南亚、欧洲设立了子公司，在美国、法国、俄罗斯等 10 多个国家和地区开设了商务中心，经贸往来遍及全球 100 多个国家和地区。

在物流领域，从家电行业整体情况来看，高成本、低效率、多环节是其面临的主要问题。电器行业的一个重要特点就是物品的贬值率特别高，物品存放在仓库一天要损失 5% 的利润。这对已经趋于“微利”的家电企业来说，无疑是制约企业发展的重要因素。作为我国家电业“龙头”的长虹也不例外。

以往长虹物流信息集成度不高，信息处理点分散、时效滞后，数据准确度不高，严重制约了公司的运营决策。长虹管理层认为，目前家电企业的竞争力不单纯体现在产品质量能否满足市场要求，更重要的是如何在市场需求的时候，以最快速的速度生产和递交顾客满意的产品及服务。这就要求企业不仅要保证高节奏的生产，而且要实现最低库存下的仓储。而随着无线技术的发展，基于无线计算机通讯网络的解决方案开始为越来越多的制造企业所关注。无线局域网（Wireless Local Area Network，简称 WLAN）依托有线网络，结合无线通讯技术，实现对移动点和无法敷设计算机网络信号线的应用点的扩展。无线网络通信技术在解决了操作人员的流动性问题的同时，实现了数据的实时传输。

由此，长虹提出了“物流是流动的仓库”的思路，用时间消灭空间，摒弃了存货越多越好的落后观念，全面提升速度观念。

长虹在绵阳拥有40多个原材料库房，50多个成品库房，200多个销售库房。过去的仓库管理主要由手工完成，各种原材料信息通过手工录入。虽然应用了 ERP 系统，但有关原材料的各种信息记录在纸面上，而存放地点完全依靠工人记忆。在货品入库之后，所有的数据都由手工录入到电脑中。对于制造企业来说，仓库的每种原材料都有库存底线，库存不能过多，而库存不够时，需要及时订货，但是纸笔方式具有一定的滞后性，真正的库存与系统中的库存永远存在差距，无法达到同步。由于库存信息的滞后性，让总部无法做出及时和准确的决策。而且手工录入方式效率低、差错率高，在出库频率提高的情况下，问题更为严重。

为了解决上述问题，长虹决定应用条码技术及无线解决方案。经过慎重选型，长虹选择了美国讯宝科技公司（Symbol TechnologiesInc，Enterprise Mobility Company）及其合作伙伴——高立开元公司共同提供的企业移动解决方案。该解决方案采用讯宝科技的条码技术，并以 Symbol MC3000 作为移动处理终端，配合无线网络部署，进行仓库数据的采集和管理。目前长虹主要利用 Symbol MC3000 对其电视机生产需要的原材料仓库以及2 000多平方米的堆场进行管理，对入库、出库以及盘点环节的数据进行移动管理：

在入库操作方面：一次完整的入库操作包括收货、验收、上架等操作。长虹在全国有近200家供应商，根据供应商提供的条码对入库的原材料进行识别和分类。通过条形码进行标志，确保系统可以记录每个单体的信息，进行单体跟踪。长虹的仓库收货员接到供应商的送货单之后，利用 Symbol MC3000 扫描即将入库的各种原材料条码，并扫描送货单上的条码号，通过无线局域网络传送到仓库数据中心，在系统中检索出订单，实时查询该入库产品的订单状态，确认是否可以收货，提交给长虹的 ERP 系统。

收货后长虹的 ERP 系统会自动记录产品的验收状态，同时将订单信息发送到收货员的 Symbol MC3000 手持终端，并指导操作人员将该产品放置到系统指定的库位上。操作员将货物放在指定库位后扫描库位条码，系统自动记录该物品存放库位并修改系统库存，记录该配件的入库时间。通过这些步骤，长虹的仓库管理人员可以在系统中追踪到每一个产品的库存状态，实现实时监控。

在出库操作方面：一次完整的出库操作包括下架、封装、发货等操作。通过使用无线网络，长虹的仓库管理人员可以在下架时实时查询待出库产品的库存状态，实现先进先出操作，为操作人员指定需发货的产品库位，并通过系统下发动作指令，实现路径优化。封装时，系统自动记录包装内的货物清单并自动打印装箱单。发货时，系统自动记录发货的产品数量，并自动修改系统库存。

通过这些步骤，长虹可以在系统中追踪到每个订单产品的发货情况，实现及时发货，提高服务效率和客户响应时间。仓库操作人员收到仓库数据中心的发货提示，会查阅无线终端上的任务列表，并扫描发货单号和客户编码，扫描无误后确认发送，中心收到后关闭发货任务。

在盘点操作方面：长虹会定期对库存商品进行盘点。在未使用条码和无线技术之前，长虹的仓库操作人员清点完物品后，将盘点数量记录下来，并将所有数据单提交给数据录入员输入电脑。由于数量清点和电脑录入工作都需要耗费大量的时间且又不能同时进行，因此往往先是电脑录入员无事可做，然后忙到焦头烂额；仓库人员在盘点时手忙脚乱，而后围在电脑录入员身边又要等待盘点结果。这样的状态，几乎每个月都要发生一次。

部署了讯宝科技的企业移动解决方案后，彻底杜绝了这种现象。仓库操作人员手持 Symbol MC3000 移动终端，直接在库位上扫描物品条形码和库位，系统自动与数据库中的记录进行比较，通过移动终端的显示屏幕将盘点结果返回给仓库人员。通过无线解决方案可以准确反映货物库存，实现精确管理。

◎评点

条形码结合无线技术的企业移动解决方案令长虹的库存管理取得非常明显的效果，不仅为长虹降低了库存成本，大大提高了供应链效率，更为重要的是准确及时的库存信息让长虹的管理层可以对市场变化及时做出调整，大大提高了长虹物流的整体水平和长虹在家电市场的竞争力：一是库存的准确性大幅提高。无线手持移动终端或移动计算机与仓库数据中心实现了数据的实时双向传送后，保证了长虹原材料仓库和堆场中的货物从入库开始到产品出库结束的整个过程各环节信息都处在数据中心的准确调度、使用、处理和监控之下，使得长虹库存信息的准确性达到 100%，便于决策层做出准确的判断，大大提高了长虹的市场竞争力。二是增加了有效库容，降低了企业成本。由于实现了实时数据交换，长虹仓库货物的流动速度提高，使得库位、货位的有效利用率随之提高，增加了长虹原材料仓库的有效库容，降低了产品的成本，提高了长虹的利润率。三是实现了无纸化操作，减少了人工误差。由于整个仓库都通过无线技术传递数据，从订单、入库单、调拨单、装箱清单、送货单等都实现了与仓库数据中心的双向交互、查询，大大减少了纸面单据，而采用 Symbol MC3000 手持移动终端进行条形码扫描识别，让长虹在提高数据记录速度的同时减少了人员操作错误。四是提高了快速反应能力。现在长虹可以在第一时间掌握仓库的库存情况，这让长虹可以对复杂多变的家电市场迅速作出反应和调整，让长虹获得了很强的市场竞争力。

【练习与思考】

1. 如何理解物流信息的概念？
2. 物流信息的特点有哪些？
3. 物流信息系统的功能有哪些？作用有哪些？
4. 什么是条形码？它有哪些特点？
5. 一维条码与二维条码的特点有哪些不同？
6. 什么是 GIS？它由哪几部分组成？

第九章 现代物流与电子商务

【学习目标】

1. 掌握电子商务的概念、类型和层次。
2. 理解现代物流和电子商务的相互影响。
3. 了解电子商务环境下物流的发展趋势。

【关键词汇】

电子商务（Electronic Business）
企业对企业的电子商务（Business to Business，即 B2B）
企业对消费者的电子商务（Business to Consumer，即 B2C）
企业对政府的电子商务（Business to Government，即 B2G）
个人对个人的电子商务（Consumer to Consumer，即 C2C）
个人对政府的电子商务（Consumer to Government，即 C2G）

近年来，由于电子商务的飞速发展，全球物流业方兴未艾，与此同时，电子商务向物流业提出了新的挑战。首先，由于通过互联网的客户可以直接面对销售商并获得个性化的服务，所以传统的物流渠道必须进行企业组织重组，消除不必要的物流环节，增加网络经济所需要的运行机构。其次，网上交易的"零距离"很难被带入流通领域，物流始终是电子商务的瓶颈之一。在网上交易日趋火爆的今天，知识密集型、可信息化产品的网上交易日益扩展，这些已经数字化的产品，如书报、软件、音乐等，其物流系统在信息业迅速发展中将逐渐与网络系统重合并最终被后者取代，但对于多数产品和服务来说，仍然要经过有商品实体化的流通渠道。如何在实现用户网上购物后，迅速组织物流，满足电子商务环境下用户的购物需求，是新兴物流业正在逐步探索的问题。

第一节 电子商务概述

【知识阅读】

电子商务自产生以来，发展迅速，销售额成倍增长。2001 年全球电子商务市场规模为4 489亿美元，到2004年，全球电子商务市场规模已经达到了2.78万亿美元，扩大了约6倍。据艾瑞市场咨询机构（IResearch）估计，到2007年，全球电子商务市场的规模将会达到8.8万亿美元。在我国，电子商务虽然起步较晚，但发展速度非常快。2000年，我国电子商务交易额仅为771.6亿元人民币，到2005年，市场规模已经达到6 800亿元人民币，比2004年增长了41.7%，其中，B2B电子商务交易额达到6 446亿元，比例接近电子商务市场交易总额的95%。IResearch于2005年预测，2007年中国电子商务市场规模将会达到7 373亿元。

一、电子商务的含义

20世纪90年代以来，以互联网（Internet）为代表的网络技术取得飞速发展，为人类社会创造了一个全新的信息空间，对人类经济、社会、科技、文化、生活各个领域都产生了革命性的影响。电子商务作为一种新型的商务运作模式也应运而生。

电子商务，简单来讲，就是利用计算机和网络技术进行的商务活动。由于电子商务出现的时间不够长，不同的企业、组织和政府对它有着不同的理解和定义。目前能够被大多数人接受的是由美国IT厂商提出的概念：电子商务是一种商务活动的新形式，它通过采用现代信息技术手段，以数字化通信网络和计算机装置替代传统交易过程中以纸介质作为信息载体的存储、传递、统计、发布等环节，从而实现商品和服务交易以及交易管理等活动的全过程无纸化，并达到高效率、低成本、数字化、网络化、全球化等目的。

根据我国国情，有关专家将国外的定义与中国的现状相结合，提出范围更广的电子商务概念：电子商务是指交易当事人或参与人利用计算机技术和网络技术（主要是互联网）等现代信息技术所进行的各类商务活动，包括货物贸易、服务贸易和知识产权贸易。这里的“利用信息技术和计算机网络”和“进行商务活动”都具有丰富的含义。

首先，电子商务是一种采用最先进信息技术的商务活动方式。交易各方将自己的各类供求意愿按照一定的格式输入电子商务网络，电子商务网络便会根据用户的要求，寻找相关信息并提供多种买卖选择给用户。一旦用户确认，电子商务网络就会协助完成合同的签订、分类、传递和款项收付等全套业务。这就为卖方以较高的价格卖出产品、买方以较低的价格购入商品和原材料提供了一种非常好的途径。

其次，电子商务形成了一个虚拟的市场交换场所。它能够跨越时空，实时地为用户提供各类商品和服务的供应量、需求量、发展状况及买卖双方的详细情况，从而使买卖双方能够更方便地研究市场、更准确地了解和把握市场。

再次，对电子商务的理解应从“现代信息技术”和“商务”两个方面考虑。一方面，“电子商务”概念所包括的“现代信息技术”应涵盖各种以电子技术为基础的通信方式；另一方面，对“商务”一词应做广义解释，使其包括“契约型或非契约型”的一切商务性质的关系所引起的种种事项。如果把“现代信息技术”看做一个子集，把“商务”看做另一子集，电子商务所覆盖的范围应当是这两个子集所形成的交集，即“电子商务”标题之下可能广泛涉及的因特网、内部网和电子数据交换在贸易方面的各种用途，如图 9-1 所示。

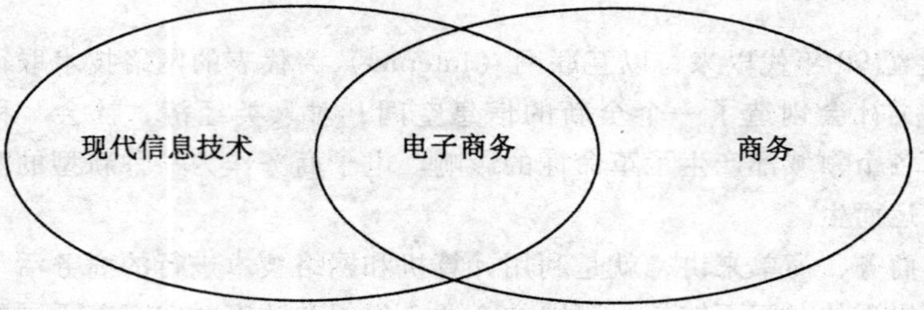

图 9-1 电子商务是“现代信息技术”和“商务”两个子集的交集

最后，电子商务不等于商务电子化。真正的电子商务绝不仅仅是企业前台的商务电子化，更重要的是包括后台在内的整个运作体系的全面信息化以及企业整体经营流程的优化和重组。也就是说，建立在企业全面信息化基础上，通过电子手段对企业的生产、销售、库存、服务以及人力资源等环节实行全方位控制的电子商务才是真正意义上的电子商务。

【知识阅读】

电子商务，原本是从英文 Electronic Commerce（EC）翻译过来的，近年来欧美又出现 Electronic Business（EB）的概念，中文也多译做“电子商务”。二者的英文原意有很大差别：Commerce 多指商业贸易方面的活动，如批发零售业务，往往涉及商品的买进、卖出等实物运动，而纯粹的劳务、智力服务如法律咨询、医疗服务等，即使是有偿服务，一般也不称 Commerce；而 Business 作为商务的含义则广泛得多，凡是以营利为目的的经营性活动，不论是商品买卖还是劳务交易都属于其范畴之内，此外，Business 也有“业务”的含义，各种非营利性活动也包含在内，如政府部门收税和发放社会福利、学校教育等。所以，从 Electronic Commerce 到 Electronic Business，反映了因特网应用领域的拓宽，对社会经济的影响扩大、加深，既然两者都译为电子商务，则前者可视为狭义的电子商务，后者可视为广义的电子商务。广义的电子商务不仅是网上贸易，也不限于商业化应用，而是电脑互联网络在社会各个领域的全面应用。

二、电子商务的范围、层次及类型

1. 电子商务的活动范围

由于商务活动时刻都在我们每个人的生存空间里运行，因此电子商务的范围涉及人们的生活、工作、学习及消费等广泛领域，其服务和管理也涉及政府、工商、金融及用户等诸多方面。各种业务在网络上的相继展开也在不断推动电子商务这一新兴领域的昌盛和繁荣。电子商务可应用于小到家庭理财、个人购物，大至企业经营、国际贸易等诸多方面。电子商务可提供网上营销、服务、交易和管理等全过程的服务，具有组织与运作、信息发布、网上订购、网上支付、网上金融服务等各项功能。

具体地说，电子商务的主要内容大致可以分为三个方面：企业间的商务活动、企业内的业务运作以及个人网上服务。

（1）企业间的电子商务活动

电子商务最基本的特性为商务性，即提供买、卖交易的服务、手段和机会。网上购物提供一种客户所需要的方便途径。因而，电子商务对任何规模的企业而言都是一种机遇。就商务性而言，电子商务可以扩展市场、增加客户数量；通过将 Internet 信息连接至数据库，企业能记录下每次访问、销售、购买形式和购货动态以及客户对产品的偏爱。这样，企业通过统计这些数据，就可以获知客户最想购买的产品并提出相应的产品策略。

企业间的电子商务方便了厂商协作，加深了合作伙伴之间的协作关系，缩短了商业运作周期，最终降低了商务成本。通过 Internet，企业同其他厂商、政府、银行等之间的集成度显著提高，商务活动的范围不再局限于原有的非常有限的地域空间，合作的时效性也大幅度提高，企业可以在较短的时间内找到最合适的合作伙伴，并完成相应的商务活动。与此同时，企业可将自己的服务最大限度地推向市场，在全球扩大自己的业务范围。由于网上资金流动加快，信息传递及时准确，企业无须再像以往那样因诸多困境而放弃良好商机。

（2）企业内的业务运作

商务活动作为一个协调过程，不仅需要生产商、供货商以及商务伙伴间的协调，同时对企业内部雇员间的合作以及同外部客户的相互关系提出了较高的要求。为提高效率，许多组织都提供了交互式的协议，电子商务活动可以在这些协议的基础上进行。电子商务解决方案能加强企业内部相互作用，电子邮件就是其中一种，但这只是协调员工合作的一小部分功能。利用 Internet 将供货方连接至管理系统，再连接到客户订单处理系统，这样公司可节省时间，消除了纸张文件带来的麻烦，而且提高了工作效率。

应用 Internet 使得企业能自动处理商务过程，不再像以往那样强调公司内部的分工。从新产品开发、设计制造、销售，直到售后服务，对于这一系列企业经营活动所涉及的商务活动，电子商务都可以提供全面支持。对于用户，电子商务是迅捷简便、具有友好界面的用户信息反馈工具，它密切了客户和企业的业务联系。对于企业的经营者和决策者，电子商务更能提供高价值的商业情报，全面支持他们去辨别隐藏的商业关系和把握企业未来的发展趋势，使他们做出更有创造性、战略性的决策。

电子商务还将改变企业经营的方式。一家企业在网上开设了网络商店，于是，它便发现世界就在它的眼前：客户将在网上与供货方联系，利用网络进行会计结算和支付服务；企业可以方便地与政府部门以及竞争对手联系。这种网上联系，对企业经营方式的各个方面都做了改变。

(3) 个人网上服务

过去一提到商务，人们不是联想到在一家商场中筋疲力尽地搜索自己所需的商品，就是联想到在谈判桌前买卖双方唇枪舌剑的谈判。而如今，通过 Internet 人们就可以看见店面前台，不仅能身临其境地浏览各类产品，而且还能获得在线服务；不仅能够购买实物类产品，如汽车、电视机和录音机，也能够购买数字类产品，如信息、录像、录音、数据库、软件及各类知识产品。此外，还能获得各类服务，如安排旅游行程、网上医疗诊断和远程教育等。

在电子商务环境中，客户不再像以往那样，因地域限制而只能做某家临近商店的老主顾，他们不再仅仅将目光集中在最低价格上，服务质量在某种意义上成为商务活动的关键。现在，许多企业都能在 Internet 上为客户提供完整的服务。而 Internet 在这种服务的提高中充当了催化剂的角色。通过将客户服务过程移至 Internet 上，客户能以一种比过去更为简洁的方式完成从前较为费事才能获得的服务。例如将资金从一个存款户头移至一个支票户头、查看一张信用卡的收支、记录发货请求、搜寻并购买稀有产品等。这些都可以足不出户地实时完成。

电子商务作为一种新生力量，它运用系列化、系统化的电子工具，将原有的纸张流动、货币流动甚至大部分人员流动都改成“电子”流动，从电子单据、数字货币、电子银行到电子咨询和服务，仅保持商品运输这类实物流动，不仅大量减少了人、财、物的流动，节省了时间，提高了效率，降低了商务劳动成本，而且电子信息不受时空限制，可以方便、及时地将商品信息传遍世界各地，大大减少了因信息不灵而造成的商品积压，提高了商品的营销率。通过信息网络还可以进一步实现商品的生产、销售、消费跟踪、调查等其他商务活动。

2. 电子商务的层次

从贸易活动的角度分析，电子商务可以在多个环节实现，由此也可以将电子商务分为两个层次。较低层次的电子商务为电子商情、电子贸易、电子合同等；而最完整的也是最高级的电子商务应该是利用 Internet 进行全部的贸易活动，即在网上将信息流、商流、资金流和部分的物流完整地实现，也就是说，可以从寻找客户开始，一直到洽谈、订货、在线付（收）款、开具电子发票以至到电子报关、电子纳税等都通过 Internet 一气呵成。

3. 电子商务的分类

按照不同的分类标准对电子商务进行分类，可以得到不同的结果。目前，常用的分类方法有两种。

（1）按照参与交易的对象进行分类

按照参与交易的对象进行分类，电子商务可以分为五种类型。

①企业对消费者（Business to Consumer，即 B2C）的电子商务

企业对消费者的电子商务基本等同于电子零售商业。目前，Internet 上已遍布各种类型的商业中心，提供各种商品和服务。我国著名的 B2C 网站有当当网上书城等。

②企业对企业（Business to Business，即 B2B）的电子商务

企业对企业的电子商务是指商业机构使用 Internet 或各种商务网络向供应商订货和付款。企业对企业的电子商务发展非常快，已经有了多年的历史，特别是通过增值网络（Value Added Network，VAN）上运行的电子数据交换（EDI），使 B2B 得以迅速扩大和推广。公司之间使用网络进行订货和接受订货、合同等单证和付款。阿里巴巴是国内著名的提供 B2B 平台的网站。

③企业对政府（Business to Government，即 B2G）的电子商务

在企业-政府机构方面的电子商务可以覆盖公司与政府组织的许多事务。比如政府采购、税收、商检、管理条例发布等各项事务都可以通过 Internet 完成。

④个人对政府（Consumer to Government，即 C2G）的电子商务

C2G 主要指政府利用电子商务手段进行福利费发放、自我估税和个人税费征收等。

⑤个人对个人（Consumer to Consumer，即 C2C）的电子商务

C2C 指利用 Internet 完成个人与个人之间的信息交换和交易，如个人网上拍卖等。C2C 电子商务模式在我国发展十分迅速，目前，国内最著名的 C2C 网站是淘宝网。

（2）按照电子商务使用的网络类型分类

①EDI（Electronic Data Interchange，即电子数据交换）网络电子商务。

EDI是按照一个公认的标准和协议，将商务活动中涉及的文件标准化和格式化，通过计算机网络，在贸易伙伴的计算机网络系统之间进行数据交换和自动处理。EDI主要应用于企业与企业、企业与批发商、批发商与零售商之间的批发业务。EDI电子商务在20世纪90年代已得到较大的发展，技术上也较为成熟，但是因为开展EDI对企业有较高的管理、资金和技术的要求，因此至今尚不太普及。

②因特网（Internet）电子商务

因特网电子商务指利用连通全球的Internet网络开展的电子商务活动，在因特网上可以进行各种形式的电子商务业务，所涉及的领域广泛，全世界各个企业和个人都可以参与，正以飞快的速度发展，其前景十分诱人，是目前电子商务的主要形式。

③内联网（Intranet）电子商务

内联网电子商务指在一个大型企业的内部或一个行业内开展的电子商务活动，形成一个商务活动链，可以大大提高工作效率和降低业务成本。例如，在中华人民共和国专利局的主页中，客户可以查询到有关中国专利的所有信息和业务流程，这是电子商务在政府机关办公事务中的应用；又如在“南京路”主页上，客户可以浏览到著名的上海南京路商业街上的主要商店，并可以直接在这些网点上购物。

三、电子商务的产生与发展

广泛意义上的电子商务活动早在19世纪就出现了。19世纪，电报出现后，人们就开始将它应用到商务活动中，这可以说是最早的电子商务。随着电话、传真、电传以及电视的出现，早期电子商务可用的工具越来越丰富。但是，这些形式的商务活动并不属于严格意义上的电子商务。

1. 电子商务产生的原因和条件

真正意义上的电子商务产生于20世纪60年代，发展于20世纪90年代。促使电子商务产生的条件有两个：一是经济活动全球化，二是现代IT技术的发展。第二次世界大战后，随着经济活动的发展，全球经济一体化的趋势越来越明显。随之而来的是大量的商务信息在地区之间和国家之间的传递，传统的方式已经不能满足相应的要求。能快速、准确、廉价、高效地处理、存储和传递信息的技术成了业界和社会的要求，IT技术的发展满足了这个要求。这两个条件是电子商务产生的直接原因。

计算机技术和网络技术是电子商务产生的主要条件。计算机和数据库技术的发展使得数据能够高效存储、加工和处理，成本也越来越低。计算机的广泛应用成为可能，这为电子商务的发展奠定了基础。同时，第二次世界大战后美国军方开发的网络技术已开始引起了民间科学实验室和大学的重视并取得了广泛的应用。为了应对第二次世界大战后的东西方冷战的格局，美国军方开发了相应的技术。这项技术很快引起了非军方科学家的重视并进行开发和应用，使得 Internet 逐渐成为全球通信与交易的媒体。Internet 的快捷性、开放性、低成本的特点为电子商务的发展提供了应用条件。此外，电子商务产生和发展的重要条件还包括银行卡的应用、电子安全交易协定的制定和政府的支持和推动。

2. 电子商务发展的两个阶段——EDI 电子商务和 Internet 电子商务

电子商务的发展过程是一个渐进的过程，是与 IT 技术和 Internet 在企业商务中的应用密切联系的。从企业商务活动信息化的角度来看，可以将电子商务的发展划分为两个主要阶段：

第一阶段：20 世纪 60～90 年代，基于 EDI 的电子商务。从技术的角度来看，人类利用电子通信的方式进行贸易活动已有几十年的历史了。早在 20 世纪 60 年代，人们就开始了用电报报文发送商务文件的工作；20 世纪 70 年代人们普遍采用方便、快捷的传真机来替代电报，但是由于传真文件是通过纸面打印来传递和管理信息的，不能将信息直接转入到信息系统中，因此人们开始采用 EDI（Electronic Data Interchange，即电子数据交换）作为企业间电子商务的应用技术，这也是电子商务的雏形。

EDI 在 20 世纪 60 年代末期产生于美国。它是将业务文件按一个公认的标准从一台计算机传输到另一台计算机上去的电子传输方法。EDI 的采用提高了数据的准确性和工作效率，同时也大大减少了纸张票据，人们形象地称之为“无纸贸易”或“无纸交易”。从技术上讲，EDI 包括硬件和软件两大部分。硬件主要是计算机网络，软件包括计算机软件和 EDI 标准。

从硬件方面讲，20 世纪 90 年代之前的大多数 EDI 都不通过 Internet，而是通过租用的电脑线在专用网络上实现，这类专用的网络成为 VAN（Value Added Network，即增值网），这样做的目的主要是考虑到安全问题。但随着 Internet 安全性的日益提高，作为一个费用更低、覆盖面更广、服务更好的系统，其已表现出替代 VAN 而成为 EDI 硬件载体的趋势，因此，有人把通过 Internet 实现的 EDI 直接叫做 Internet EDI。从软件方面来看，EDI 所需要的软件主要是将用户数据库系统中的信息翻译成 EDI 的标准格式以供传输和交换。由于不同行业的企业是根据自己的业务特点来规定数据库的信息格式的，因此，当需要发送 EDI 文件时，从企业专有数据库中取出的信息必须被翻译成 EDI 的标准格式才能进行传输，这就需要相关的 EDI 软件来完成这一工作。

第二阶段：20 世纪 90 年代至今，基于国际互联网的电子商务。由于使用 VAN 的费用很高，仅大型企业才会使用，因此限制了基于 EDI 的电子商务应用范围的扩大。20 世纪 90 年代中期后，国际互联网迅速走向普及化，逐步从大学、科研机构走向企业和百姓家庭，其功能也已从信息共享演变为一种大众化的信息传播工具。从 1991 年起，一直被排斥在互联网之外的商业贸易活动正式进入这个王国，因此使电子商务成为互联网应用的最大热点。全球互联网用户 1996 年不足 0.4 亿，到了 2007 年 1 月，这个数字已经上升到 7.47 亿，而网站的数量也突破了 1 亿。网民和网站数量的增加也与电子商务的增加是相互促进的。

第二节　现代物流与电子商务

一、电子商务对物流的影响

我们知道，在人类社会经济的发展过程中，物流的每一次变革及其发展的方向都是由于其活动的客观环境和条件发生变化所引起的，并由这些因素来决定其发展方向。在人类已迈入 21 世纪的信息化、知识化社会之际，以信息化和知识化为代表的电子商务正是顺应这一趋势而产生，它具有传统商务活动所无法比拟的许多优势，代表了传统商务活动的发展方向和未来。电子商务也将对物流的发展方向产生重大的影响。电子商务对物流的影响主要表现在以下几个方面：

(1) 电子商务将改变人们传统的物流观念

电子商务作为一个新兴的商务活动，为物流创造了一个虚拟性的运动空间。在电子商务的状态下，人们在进行物流活动时，物流的各种职能及功能可以通过虚拟化的方式表现出来，在这种虚拟化的过程中，人们可以通过各种组合方式，寻求物流的合理化，使商品实体在实际的运动过程中，达到效率最高、费用最省、距离最短、时间最少的目的。

(2) 电子商务将改变物流的运作方式

首先，电子商务可使物流实现网络的实时控制。传统的物流活动在运作过程中，不管是以生产为中心，还是以成本或利润为中心，其实质都是以商流为中心，从属于商流活动，因而物流的运动方式是紧紧伴随着商流来运动（尽管其也能影响商流的运动）。而在电子商务下，物流的运作是以信息为中心的，信息不仅决定了物流的运动方向，而且也决定着物流的运作方式。在实际运作过程中，通过网络上的信息传递，可以有效地实现对物流的实时控制，实现物流的合理化。

其次，网络对物流的实时控制是以整体物流来进行的。在传统的物流活动中，虽然也依据计算机对物流实时控制，但这种控制都是以单个的运作方式来进行的。比如，在实施计算机管理的物流中心或仓储企业中，所实施的计算机管理信息系统大多是以企业自身为中心来管理物流的，而在电子商务时代，网络全球化的特点，可使物流在全球范围内实施整体的实时控制。

（3）电子商务将改变物流企业的经营形态

首先，电子商务将改变物流企业对物流的组织和管理。在传统经济条件下，物流往往是从某一企业来进行组织和管理的，而电子商务则要求物流以社会的角度来实行系统的组织和管理，以打破传统物流分散的状态。这就要求企业在组织物流的过程中，不仅要考虑本企业的物流组织和管理，而且更重要的是要考虑全社会的整体系统。

其次，电子商务将改变物流企业的竞争状态。在传统经济活动中，物流企业之间存在激烈的竞争，这种竞争往往是依靠本企业提供优质服务、降低物流费用等方面来进行的。在电子商务时代，这些竞争内容虽然依然存在，但有效性却大大降低了。原因在于电子商务需要一个全球性的物流系统来保证商品实体的合理流动，对于一个企业来说，即使它的规模再大，也是难以达到这一要求的。这就要求物流企业相互联合起来，在竞争中形成一种协同竞争的状态，在相互协同实现物流高效化、合理化、系统化的前提下，相互竞争。

（4）电子商务将促进物流基础设施的改善和物流技术与物流管理水平的提高

首先，电子商务将促进物流基础设施的改善。电子商务高效率和全球性的特点，要求物流也必须达到这一目标。而物流要达到这一目标，良好的交通运输网络、通信网络等基础设施则是最基本的保证。

其次，电子商务将促进物流技术的进步。物流技术主要包括物流硬技术和软技术。物流硬技术是指在组织物流过程中所需的各种材料、机械和设施等；物流软技术是指组织高效率的物流所需的计划、管理、评价等方面的技术和管理方法。从物流环节来考察，物流技术包括运输技术、保管技术、装卸技术、包装技术等。物流技术水平的高低是实现物流效率高低的一个重要因素，要建立一个适应电子商务运作的高效率的物流系统，加快提高物流的技术水平则有着重要的作用。

最后，电子商务将促进物流管理水平的提高。物流管理水平的高低直接决定和影响着物流效率的高低，也影响着电子商务高效率优势的实现问题。只有提高物流的管理水平，建立科学合理的管理制度，将科学的管理手段和方法应用于物流管理当中，才能确保物流的畅通进行，实现物流的合理化和高效化，促进电子商务的发展。

（5）电子商务对物流人才提出了更高的要求

电子商务不仅要求物流管理人员既具有较高的物流管理水平，而且也要求物流管理人员要具有较高的电子商务知识，并在实际的运作过程中，能有效地将二者有机地结合在一起。

二、物流对电子商务的影响

(1) 物流是电子商务的重要组成部分

电子商务的任何一笔交易都包含着信息流、商流、资金流和物流。

信息流包含商品信息的提供、广告促销、技术支持、售后服务等内容，也包括询价单、报价单、付款通知单、转账通知单等。

商流是指商品在购、销之间进行交易和商品所有权转移的运动过程，具体是指商品交易的一系列活动。

资金流主要是指资金的转移过程，包括付款、转账等过程。

在电子商务环境下，信息流、商流、资金流都可以通过计算机和网络通信设备来实现。

物流是指物质实体（商品和服务）的流动过程，具体指运输、储存、配送、装卸、保管和物流信息管理等活动。在电子商务中，一些电子出版物，如软件、音像制品等可以通过网络以电子的方式传递给消费者，但绝大多数的商品仍要通过其他渠道才能完成从供应商到消费者的物流过程。

(2) 物流现代化是电子商务的基础

电子商务通过快捷、高效的信息处理手段可以比较容易地解决信息流、商流和资金流的问题，可以将商品及时配送到客户手中，即完成商品的空间转移，而物流效率的高低很大一部分取决于物流现代化的水平。

物流现代化中最重要的部分是物流信息化，物流的信息化是电子商务物流的基本要求，是企业信息化的重要组成部分，表现为物流信息的商品化、物流信息收集的数据化和代码化、物流信息处理的电子化和计算机化、物流信息传递的标准化和实时化、物流信息存储的数字化等。物流信息化能更好地协调生产与销售、运输、储存等环节的联系，对优化供货程序、缩短物流时间及降低库存都具有十分重要的意义。

(3) 物流是实施电子商务的关键

①物流保障生产。合理化、现代化的物流通过降低费用从而降低成本、优化库存结构、减少资金占压、缩短生产周期，保障了现代化生产的高效进行；相反，缺少了现代化的物流，生产将难以顺利进行，无论电子商务是多么便捷的贸易形式，仍将是无米之炊。

②物流服务于商流。在商流活动中，商品所有权在购销合同签订的那一刻起，便由供方转移到需方，而商品实体并没有因此而移动。在传统的交易过程中，除了非实物交割的期货交易，一般的商流都必须伴随相应的物流活动，即

按照需方（购方）的需求将商品实体由供方（卖方）以适当的方式、途径向需方（购方）转移；在电子商务环境下，消费者通过上网点击购物，完成了商品所有权的交割过程，即商流过程。但电子商务活动并未结束，只有商品和服务真正转移到消费者手中，商务活动才结束。

在整个电子商务交易过程中，物流实际上是以商流的后续者和服务者的姿态出现的。没有现代化的物流，任何情形的商流活动都仍会退化为一纸空文。

③物流是实现“以顾客为中心”的理念的根本保证。物流是电子商务中实现“以顾客为中心”的理念的最终保证，缺少了现代化的物流技术，电子商务给消费者带来的购物便捷将等于零，消费者必然会转向他们认为更为安全的传统的购物方式，那么网上购物就没有存在的必要了。

第三节　我国电子商务环境下的物流发展趋势

一、我国电子商务环境下的物流基本问题

物流是电子商务发展的重要因素之一。随着电子商务的进一步发展，物流对电子商务的作用日益突出。在欧美经济发达国家，物流的发展已经经历了数十年，如在美国，其物流发展自1915年至今已有90年的历史，在以网络通信为基础的电子商务时代，其电子商务物流也十分发达。而我国的物流起步较晚，能够支持电子商务活动的现代物流发展还存在诸多问题：

（1）发展电子商务物流的基础尚不完善，物流业相对落后

经过多年的发展，我国在交通运输、仓储设施、信息通信、货物包装和搬运等物流基础设施装备方面有了一定的发展，但从总体上来说，我国的物流基础设施还比较落后，特别是在条块分割、多头管理的模式下，我国各种物流基础设施的规划和建设缺乏必要的协调性，因而物流基础设施的配套性和兼容性差，缺乏系统功能。尤其是在涉及各种运输方式之间、国家运输系统和地方运输系统之间、不同运输系统之间相互衔接的枢纽设施和有关服务设施建设方面缺乏投入，对物流产业发展有重要影响的各种综合性货运枢纽、物流中心和基地建设发展缓慢，这些因素制约了我国物流系统的协调发展。

（2）我国电子商务物流企业技术装备落后，信息化普及、集成化管理、物流作业水平与技术水平普遍较低

目前我国物流企业各类信息技术的普及和应用程度还不高，物流信息管理尚未实现自动化，信息资源的利用尚未实现跨部门、跨行业整合，政府缺乏规划引导和扶持，诸如物流领域信息技术应用较少，管理信息系统不健全；电子数据交换系统的应用范围有限，企业之间的物流共享机制尚未形成；网络信息

技术的应用仍停留在初级水平上；利用系统集成软件技术优化物流配置的企业非常少；服务网络和信息系统不健全，大大影响了物流服务的准确性和及时性。

另外，我国物流系统功能不强，仓储功能和运输功能缺乏协调，长途运输和短途配送也缺乏有效衔接，各种运输方式之间配合不力，不同的物流服务很少结合，没有形成一个完整的物流系统。

我国大多数物流企业仓储普遍使用的仍然是普通平房仓库，搬运工具大量使用功能低下的搬运车、手推叉车和普通起重设备，运输工具大多使用普通车辆，各种运输方式之间装备标准不统一、物流器具标准不配套、物流包装标准和设施标准之间缺乏有效的连接，物流设施和装备标准化滞后。大多数物流企业还只是被动地按照用户的指令和要求，从事单一功能的运输、仓储和配送，很少能提供物流策划、组织及深入企业生产领域进行供应链全过程的管理，物流增值少。

(3) 电子商务物流配送成本有待降低，服务网络亟待形成与整合

长期以来，人们一直在争论网上订购一本 10 元的书，要付 5 元送货费，这 5 元的配送费是不是太贵？由消费者承担是不是合理？随着网站数量的增加及在线交易额的上升，电子商务对物流配送的需求也越来越大。电子商务的发展在很大程度上取决于物流企业如何在保持高质量服务与灵活性的同时，控制和降低物流的成本。

我们也看到，一方面车辆空驶、仓库闲置；另一方面，又有很多企业在寻找车辆和仓库。这说明社会上的货运、仓储资源并不短缺，缺少的是寻找资源、整合资源。因此，众多分散的电子商务物流企业结成联盟，形成服务网络，才是降低电子商务物流配送成本的最佳途径。

(4) 物流管理人才短缺是阻碍电子商务物流发展的一大障碍

从国外物流发展经验来看，物流方面的从业人员应当具有一定的物流知识水平和实践经验。相比较而言，我国在物流方面的教育还比较落后，人才缺乏。虽然近年来，各层次的物流人才教育在我国发展很快，但终究起步较晚，满足不了社会的需求。

二、我国电子商务环境下的物流发展趋势

电子商务时代，企业销售范围的扩大、企业的商业销售方式和最终消费者购买方式的转变，使得送货上门等业务成为一项极为重要的服务业务，它推动了物流行业的发展。在电子商务高速发展的环境下，信息化、全球化、多功能化和提供一流的服务水平已成为物流企业发展的趋势。

(1) 物流企业发展的方向

在电子商务时代，物流发展到集约化阶段，这种一体化配送中心（Integration）不单单要提供仓储和运输服务，还必须开展配货、配送和各种提高附加值的流通加工服务项目，也可按照客户的需要提供其他服务。现代供应链管理即通过从供应商到消费者供应链的综合运作，使物流达到最优化。作为一种战略概念，供应链也是一种产品，而且是可增值的产品；其目的不仅是降低成本，更重要的是提供用户期望以外的增值服务，以产生和保持竞争优势。从某种意义上讲，供应链是物流系统的充分延伸，是产品与信息从原料到最终消费者之间的增值服务。

在经营形式上，物流业采取了合同型（Contract）。这种配送中心与公用配送中心不同，它是通过签订合同，为一家或数家企业（客户）提供长期服务，而不是为所有客户服务。这种配送中心有由公用配送中心来进行管理的，也有自行管理的，但主要是提供服务；所有权也有可能属于生产厂家，由专门的物流公司进行管理。

供应链系统物流完全适应了流通业经营理念的全面更新。以往商品经由制造商、批发、仓储、零售各环节间的多层复杂途径，最终到消费者手里，而现代流通业已简化为由制造经配送中心送到各个零售点。它使未来的产业分工更加精细，产销分工日趋专业化，大大提高了社会的整体生产力和经济效益，使流通业成为整个国民经济活动的命脉。加之在这个阶段，有许多新技术和理论被广泛应用，使商店将销售情况及时反馈给工厂的配送中心，有利于厂商按照市场调节生产以及同配送中心调整配送计划，使企业的经营效益跨上一个新的台阶。

（2）物流企业追求的目标

在电子商务时代，要提供最佳的服务，物流系统必须要有良好的信息处理和传输系统。美国洛杉矶西海报关公司与码头、机场、海关信息进行联网。当货物从世界各地起运，客户便可以从该公司得知到达的时间、到岸的准确位置，使收货人与各仓储、运输公司等做好准备，使商品在几乎不停留的情况下，快速流动、直达目的地。又如，美国橡胶公司（USCO）的物流分公司设立了信息处理中心，接收世界各地的订单，IBM 公司只需按动键盘，即可接通 USCO 公司订货，通常在几小时内便可把货送到客户手中。良好的信息系统能提供极好的信息服务，以赢得客户的信赖。

由于全球一体化趋势，当前的物流业正向全球化、信息化、一体化发展。商品与生产要素在全球范围内以空前的速度自由流动。电子数据交换技术与国际互联网的应用，使物流效率的提高更多地取决于信息管理技术，电子计算机的普遍应用提供了更多的需求和库存信息，提高了信息管理科学化水平，使产品流动更加容易和迅速。物流信息化，包括商品代码和数据库的建立以及运输网络合理化、销售网络系统化和物流中心管理电子化建设等，目前还有很多工作有待实施。可以说，没有现代化的信息管理，就没有现代化的物流。

三、我国电子商务环境下的物流发展对策

在电子商务环境下，我国物流业的发展对策既要结合我国物流企业的现有条件，也要考虑整个行业的长期发展需要。

(1) 在现阶段，建立适合我国国情的综合物流代理系统

现阶段，基于国内的物流业的现状，如何在不重复建设的基础上，利用现存条件，通过现代化的计算机网络通信技术，有效整合物流资源，是迫切需要解决的问题之一。发展综合物流代理是一种不错的办法。

综合物流代理是第三方物流的模式之一，即由一家在物流综合管理经验、人才、技术、理念上均有一定优势的企业，对电子商务交易中供求双方的所有物流活动进行全权代理的业务活动。

在我国电子商务环境下，经营综合物流代理的主要思路是：不进行大规模的固定资产投入；将主要的物流服务工作委托他人处理，注重建立自己的客户营销队伍、物流管理网络和物流信息系统，提高自身的物流综合管理素质；实行特许代理制，将协作单位视为自己的战略伙伴，将其纳入自己的经营轨道；公司经营的核心就是综合物流代理业务的协调、组织、控制等管理工作，并且注重业务流程再造和组织创新。

具体实施步骤：第一步，成为物流信息发布中心；第二步，成为物流信息交流中心；第三步，成为物流解决方案提供中心；第四步，成为真正意义上的物流代理中心。

(2) 从长期来看，要改善物流业的发展环境

在电子商务环境下，要加快物流业的发展，必须为其创造一个良好的发展环境。物流业的发展环境是一个社会系统工程，单纯依靠某一方面或几个方面的努力显然是不够的，它需要社会各方面共同努力，协同作战：

①加强现代电子商务和物流理论和物流政策的研究。目前我国物流业划分不明确、物流行业管理职责不清晰，影响了物流产业的健康发展，同时也影响了国民经济的进程。应加强我国物流业政策、法律、法规的研究和制定工作，以便协调和规划我国物流产业21世纪的发展前景，并在政策上予以全面支持；同时加大对物流基础理论研究的力度，吸收国外先进的思想、理论和技术；吸取别国物流管理研究的成果，鼓励理论界研究电子商务物流中的难题，加快我国电子商务物流发展的步伐。

②重视物流网络的发展。物流经营和管理的科技含量是电子商务物流的立足之本，这主要体现在物流技术的信息化、自动化、网络化上。例如，为了千

方百计地满足用户方便、快捷、门到门直达运输的需要，电子数据交换技术（EDI）是一种有效的信息管理和处理的手段；全球卫星定位系统（GPS）可以全天候、连续地为无限多用户提供任何覆盖区域内目标的高精度的三维速度、位置和时间信息；Internet 网上每天约有三万多人在发布信息，有多达100万人在此阅读信息，数据流量达数百兆。网络新闻有多达两万种分类信息。如何充分利用 Internet 获取物流信息是一个现实问题，为物流发展提供了无限商机。

③提高对发展电子商务物流的认知，加强物流基础设施建设和合理布局。物流是经济发展中基础设施建设的重要组成部分，电子商务是商业领域的一次革命，而电子商务的物流是物流领域的一次革命。要改变过去那种重商流、轻物流的思想，把物流提升到竞争战略的地位。国家除了加快对公路、铁路、港口、机场等基础设施的建设外，各地方政府应统筹规划，正确引导物流企业布局和建设，包括物流仓库、配送中心、通信网络基础等，提高物流速度和物流效率。

④大力加强物流专门人才的培养。要改变我国物流体系落后的现状，就必须为其提供一个良好的教育支持系统。政府要制定相关政策，鼓励、支持大专院校、科研机构面向全国培训，通过在高校开设物流专业，培养现代物流专门人才。加强物流人才的短期培训，提高物流从业人员的整体素质，以满足我国近期对物流人才的需求。

【本章小结】

本章介绍了电子商务的定义。电子商务是指交易当事人或参与人利用计算机技术和网络技术（主要是互联网）等现代信息技术所进行的各类商务活动，包括货物贸易、服务贸易和知识产权贸易。分析了电子商务的层次、范围，重点分析了电子商务对现代物流的影响，同时也指出了我国电子商务环境下物流的发展趋势及对策。

【案例分析】

戴尔公司物流电子商务化的巧妙运用

戴尔公司是商用桌面 PC 市场的第二大供应商，其销售额每年以40%的增长率递增，是该行业平均增长率的两倍。年营业收入达100亿美元的业绩，使它位居康柏、IBM、苹果和 NEC 之后位居第五位。戴尔公司每天通过网络售出的电脑系统价值逾1 200万美元，面对骄人的业绩，总裁迈克尔·戴尔简单地说，这归因于物流电子商务化的巧妙运用。

戴尔公司电子商务化物流取得的效果

戴尔公司的日销量超过1 200万美元，但其销售全是通过国际互联网和企业内部网进行的。在日常的经营中戴尔公司仅保持两个星期的库存（行业的标准是刚超过60天），存货一年周转30次以上。基于这些数字，戴尔公司的毛利率和资本回报率分别是21%和106%。戴尔公司实施电子商务化物流后取得的物流效果是：(1) 1998年成品库存为零；(2) 零部件仅有2.5亿美元的库存量（其盈利为168亿美元）；(3) 年库存周转次数为50次；(4) 库存期平均为7天；(5) 增长速度4倍于市场成长速度；(6) 增长速度两倍于竞争对手。

在现实企业的经营中，电子商务的实现的确可以使销售过程的中间环节成为多余，并可以构造一条最简短的流通渠道，这条渠道可以由专业的流通企业经营，也可由专业的制造企业经营，还可以由信息网络服务商来经营。制造商从事电子商务的情况比较普遍。

戴尔公司电子商务化物流的八个步骤

在戴尔的直销网站（http://www.dell.com）上，提供了一个跟踪和查询消费者订货状况的接口，供消费者查询已订购的商品从发出订单到送到消费者手中全过程的情况。戴尔对待任何消费者（个人、公司或单位）都采用定制的方式销售，其物流服务也配合这一销售政策而实施。戴尔的电子商务销售有八个步骤。

1. 订单处理。在这一步，戴尔要接收消费者的订单，消费者可以拨打800免费电话叫通戴尔的网上商店进行网上订货，也可以通过浏览戴尔的网上商店进行初步检查，首先检查项目是否填写齐全，然后检查订单的付款条件，并按付款条件将订单分类。采用信用卡支付方式的订单将被优先满足，其他付款方式则要更长时间得到付款确认，只有确认支付完款项的订单才会立即自动发出零部件的订货并转入生产数据库中，订单也才会立即转到生产部门进行下一步作业。用户订货后，可以对产品的生产过程、发货日期甚至运输公司的发货状况等进行跟踪，根据用户发出订单的数量，用户需要填写单一订单或多重订单状况查询表格，表格中各有两项数据需要填写，一是戴尔的订单号，二是校验数据，提交后，戴尔将通过因特网将查询结果传送给用户。

2. 预生产。从接收订单到正式开始生产之前，有一段等待零部件到货的时间，这段时间叫做预生产。预生产的时间因消费者所订系统的不同而不同，主要取决于供应商的仓库中是否有现成的零部件。一般来说，戴尔要确定一个订货的前置时间，即需要等待零部件并且将订货送到消费者手中的时间，该前置时间在戴尔向消费者确认订货有效时会告诉消费者。订货确认一般通过两种方式，即电话或电子邮件。

3. 配件准备。当订单转到生产部门时，所需的零部件清单也就自动产生，相关人员将零部件备齐传送到装配线上。

4. 配置。组装人员将装配线上传来的零部件组装成计算机，然后进入测试过程。

5. 测试。检测部门对组装好的计算机用特制的测试软件进行测试，通过测试的机器送到包装间。

6. 装箱。测试完后的计算机被放到包装箱中，同时要将鼠标、键盘、电源线、说明书及其他文档一同装入相应的卡车运送给顾客。

7. 配送准备。一般在生产过程结束的次日完成送货准备，但大订单及需要特殊装运作业的订单花的时间可能要长一些。

8. 发运。将顾客所订货物发出，并按订单上的日期送到指定的地点。戴尔设计了几种不同的送货方式，由顾客订货时选择。一般情况下，订货将在2～5个工作日送到订单上的指定地点，即送货上门，同时提供免费安装和测试服务。

戴尔的物流从确认订货开始。确认订货是以收到货款为标志的，在收到用户的货款之前，物流过程并没有开始，收到货款之后需要两天时间进行生产准备、生产、测试、包装、发运准备等。戴尔在我国福建的厦门设厂，其产品的销售物流委托国内的一家货运公司承担。由于用户分布面广，戴尔向货运公司发出的发货通知可能十分零星和分散，但戴尔承诺在款到后2～5日送货上门，同时，对某些偏远地区的用户，每台计算机还加收200～300元的运费。

◎**评点**

电子商务化物流对戴尔公司存在一定的好处，也有一定的隐患。

电子商务化物流使戴尔公司既可以先拿到用户的预付款，待货运到后货运公司再结算运费（运费还要用户自己支付）。戴尔既占压着用户的流动资金，又占压着物流公司的流动资金，按单生产又没有库存风险。戴尔的竞争对手一般保持着几个月的库存，而戴尔的库存只有几天，这些因素使戴尔的年均利润率超过50%。当然，无论什么销售方式，首先必须对用户有好处。戴尔的电子商务型直销方式对用户的价值包括：一是用户的需求不管多么个性化都可以得到满足；二是戴尔精简的生产、销售、物流过程可以省去一些中间成本，因此戴尔的价格较低；三是用户可以享受到完善的售后服务，包括物流、配送服务以及其他售后服务。

决定戴尔直销系统成功与否的一个关键是要建立一个覆盖面较大、反应迅速、低成本的物流网络和系统。如果戴尔按照承诺将所有的订货都直接从工厂送货上门，就会带来两个问题：

1. 物流成本过高。如果用户分布的区域很广，订货量又少，则这种系统因库存降低减少的库存费用是无法弥补因送货不经济导致的运输及其他相关成本上升而增加的费用的，在某些重要的销售市场设立区域配送中心可能是必要的，这样可能会使库存成本上升，但交货期缩短。

2. 交货期过长。传统的销售渠道是消费者面对现货；在戴尔的销售方式下，用户面对的是期货。此时，消费者看重的是名牌企业，因而有可能等待，但这并不是消费者期望的事情，所以像戴尔这样依赖准确的需求预测，电话订货或网上订货，然后再组织生产和配送的模式，实际上蕴藏着较大的市场、生产及物流风险，不是很容易办到的。

戴尔公司给我们提供了电子商务化物流的先例，如何实现电子商务化物流是目前企业所面临的问题，而能否提供电子商务化物流增值服务现在已成为衡量一个企业物流是否真正具有竞争力的标准。

【练习与思考】

1. 上网浏览阿里巴巴、淘宝和中国专利局的网页。
2. 电子商务的产生和发展经历了哪几个阶段？
3. 如何对电子商务进行分类？
4. 传统物流企业该如何顺应时代潮流？
5. 电子商务对现代物流有哪些促进作用？
6. 当代物流业的发展趋势是什么？
7. 电子商务下物流企业的发展方向是什么？
8. 为你熟悉的一个企业或网站构建在电子商务环境下的物流配送系统。

第十章　供应链管理

【学习目标】

1. 掌握供应链管理的内涵、特点和内容，明确供应链管理的作用和目标。

2. 了解供应链设计的原则和供应链设计应注意的事项，掌握供应链设计的步骤。

3. 了解供应链绩效评估的特点，明确供应链绩效评估的原则，熟悉供应链绩效评估的指标体系。

【关键词汇】

供应链（Supply Chain）

供应链管理（Supply Chain Management）

供应链设计（Supply Chain Design）

供应链绩效评估（Supply Chain Performance Assessment）

世界就是由各种各样的需求链构成的。人需要吃饭，做饭需要锅、煤气和大米，生产锅需要机器、工人和钢铁，炼钢铁需要铁矿石和煤炭，生产大米需要机器、工人和稻谷，种稻谷需要农民、农具、肥料和土地。这些需求链又相互交叉，构成一种网络结构，这种需求网络遍及整个社会、整个世界，哪里有人，哪里就有需求，需求链就将到达哪个地方。所以世界上所有的人和物都自觉或不自觉地处在需求链的网络结构之中。

有需求，就必然有供应。供应，就是对需求的满足活动。需求是一个链条结构，供应当然也是一个链条结构，供应链的方向与需求链的方向正好相反。人类社会所有的活动，最后都是为了满足人的需求。

供应链活动自人类有史以来就存在，但是它并没有引起人们的重视，也没有形成供应链的概念。直到20世纪80年代，市场竞争加剧，企业仅靠自身的力量很难在竞争中取胜，于是企业之间的联合开始了。而在企业联合中，首先涉及和供应商的联合。在和供应商联合的实际探索中，供应链的概念、理论和方法体系就形成了。

第一节 供应链管理的内涵和特点

一、供应链管理的内涵

1. 供应链

(1) 供应链的概念

所谓供应链是围绕核心企业，通过对信息流、物流、资金流的控制，从采购原材料开始，制成中间产品，最后由销售网络把产品送到消费者手中，将供应商、制造商、分销商、零售商直到最终用户连成一个整体的网链结构模式。

这种供应链是由物料获取并加工成成品，再将其送到消费者手中所涉及的一些企业或部门所构成的网络。在这个网络中，每个贸易伙伴都具有双重角色：既是供应商，又是客户。他们既向上游伙伴订购产品，又向下游伙伴提供产品。它不仅是一条连接供应商到用户的物料链、信息链、资金链，而且是一条增值链。物料在供应链上因加工、包装、运输等过程而增加其价值，给相关企业带来收益。

(2) 供应链结构模型

根据供应链的定义，其结构可简单归纳如下。供应链中存在着三种流：物流、资金流和信息流。其中，物流从上游向下游流动，资金流从下游向上游流动，而信息流则是双向的。这三种流贯穿了企业的全部活动，如图 10-1、图 10-2 所示。

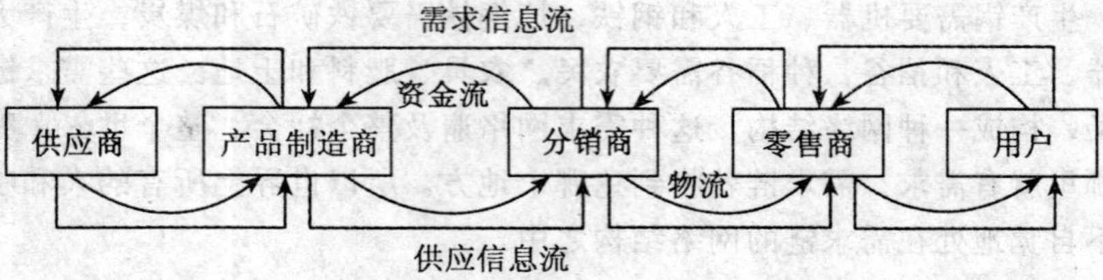

图 10-1 供应链中的物流、资金流、信息流

从图中可以看出，供应链通常由原材料供应商、制造商、分销商（或批发商）、零售商和用户等多个加盟的节点企业组成，其中，一般有一个核心企业（可以是制造企业，也可以是大型零售企业），节点企业在需求信息的驱动下，通过供应链的职能分工与合作（生产、分销、零售等），以资金流、物流、信息流为媒介实现整个供应链的不断增值。

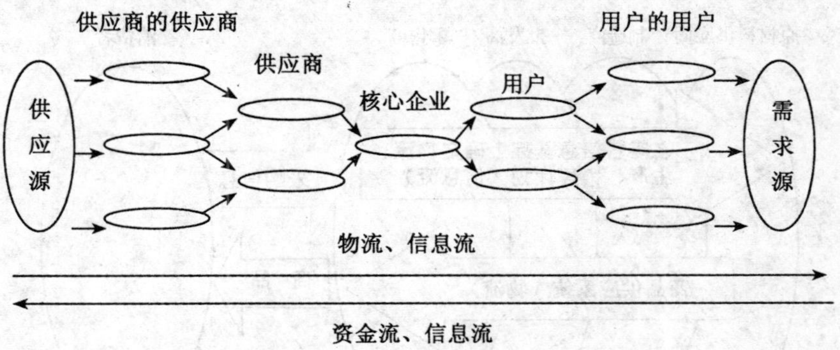

图 10-2　供应链网络结构模型

（3）供应链的特征

从上面的供应链结构模型我们可以看出，供应链是一个网链结构，由围绕核心企业的供应商、供应商的供应商和用户、用户的用户组成。一个企业是一个节点，节点企业和节点企业之间是一种需求与供应关系。供应链主要具有以下特征：

①复杂性。因为供应链节点企业组成的跨度（层次）不同，有生产型的、加工型的、服务型的等，有上游的、下游的、核心层的，即供应链往往是由多个、多类型甚至多国企业构成，所以供应链比一般的单个企业的结构模式更为复杂。

②动态性。供应链管理因企业战略和适应市场需求变化的需要，其节点企业甚至供应链结构都需要动态地更新，这就使得供应链具有明显的动态性。

③面向用户需求。供应链的形成、存在、重构，都是基于一定的市场需求即最终用户需求而发生的，并且在供应链的运作过程中，用户的需求是拉动供应链中信息流、物流（产品/服务流）、资金流运作的驱动源。

④交叉性。因为供应链中的节点企业既是这个供应链的成员，同时又是另一个供应链的成员，众多的供应链形成交叉结构，增加了协调管理的难度。

2. 供应链管理概念

所谓供应链管理是指人们在认识和掌握供应链各环节内在规律和相互联系基础上，利用管理的计划、组织、指挥、协调、控制和激励职能，对产品生产和流通过程中各个环节所涉及的物流、信息流、资金流、价值流以及业务流进行的合理调控，以期达到最佳组合，发挥最大的效率，迅速以最小的成本为客户创造最大的附加值，如图 10-3 所示。

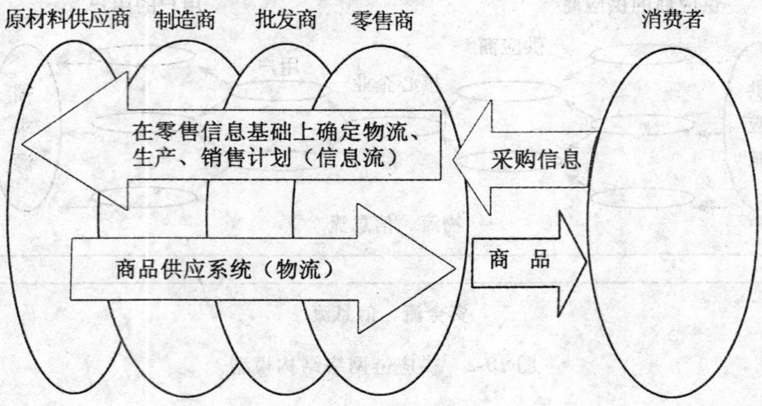

图 10-3　供应链管理系统示意图

二、供应链管理的特点

供应链管理体现了人们对管理各环节之间以及各环节内部构成要素之间内在关系认识的不断深化和能力的有效提升。它具有以下本质特点：

1. 战略性。供应链管理具有顺应全球经济一体化发展的强大功能。企业要想发挥供应链管理的潜在作用，应该将供应链管理作为企业的战略性问题来考虑，而不能仅仅将其理解为一种业务方法。供应链管理需要管理者具有敏锐的战略眼光，能够通过对未来经济发展、市场变化和客户需求的预测，制定出长远的战略发展计划，并在激烈的竞争中保持供应链优势。

2. 系统性。供应链管理所涉及的管理对象大多是包含多种要素且相互关联的有机体系，具有整体性、综合性、层次性、相关性等特点。这些要素之间相互依存，环环相扣，紧密相连，不可分割。

3. 过程性。供应链管理是事物发展的过程性和规律性的具体体现，具有很强的时序性、目的性、重复性和不可逆性。

4. 动态性。供应链管理是基于提高企业市场应变能力、及时满足客户需求而出现的一种管理方式。在供应链管理中，所有参与者（或要素）都应随着市场条件、竞争环境的变化而不断进行调适和变换，而衡量调适和变换的成效如何，则要看参与各方（或要素间）能否形成积极、互动、良性的循环。

5. 立体性。供应链管理所涉及的诸多方面或要素往往分别处在不同的行业、区域或阶段，且每个方面或要素又自成体系，从而构成了多层面、多维度的立体网络。这种网络的优点是能较好地运用和发挥各自的优势，实现资源的整体优化配置。例如，作为制造商的企业，在大的方面是“外部供应链”的重要一环，而其内部又存在着由市场预测、订单管理、采购管理、库存管理、生产计划、产品制造、质量控制、运输管理、销售管理、售后服务以及相应的人力资源管理和财务管理等共同构成“内部供应链”。

6. 信息性。供应链管理的每个部分或要素间的互动都是通过信息沟通来实现的。没有信息，供应链管理的每个部分或要素就会成为彼此孤立的残缺的片断。在供应链管理中，通过设置物流信息管理系统，可以及时掌握库存产品的数量、品种、位置等，使配送中心及时调配货物，以最便捷的形式满足客户需求。另外，在供应链管理中，信息流动是双向的，发货者可以根据反馈信息及时掌握出货情况和客户的其他需求或意见。

7. 交叉性。供应链节点企业可以同时是几个供应链的成员，充当不同的角色。众多的供应链纵横交错，形成交叉结构。这种现象的存在有多种原因，如制造商为了满足分销商差异性需求，必须采购不同的原料和生产不同的产品；零售商为了满足最终客户多样化的需求，必须寻找多种进货渠道。制造商在某个供应链中，它生产的产品通过销售渠道到达客户手中得到消费；在另一个供应链中，它生产的产品提供给下一个制造商并使产品得到进一步的加工，加工后的产品再通过销售渠道达到最终客户手中。交叉性导致了供应链管理的复杂性，企业在某个供应链管理中与某些上下游企业打交道，而在另一个供应链管理中又与另外一些上下游企业打交道，从而对管理者提出了更高的要求。

8. 创新性。传统的企业管理注重企业内部质量、成本和时间的管理，因为质量是企业的立足之本，成本是企业的生存之道，时间是企业的发展之源。在这种管理模式下，企业与其供应商和客户的关系只是交易关系。为了降低成本，企业总是想方设法地将成本转嫁到供应商或客户身上，但这种成本的转嫁并不能真正地降低最终产品的成本，受害者始终是最终客户。这样的管理理念在当今买方市场的环境下只会将最终客户赶出自己的领域圈。供应链管理强调的是既要降低整个供应链的成本，又要满足客户多方面的需求。在供应链管理中，除了传统的质量、成本和时间管理以外，需要有不断创新的管理方法、管理理念和管理技术。

三、供应链管理的内容

供应链管理主要涉及四个领域：供应（Supply）、生产计划（Schedule Plan）、物流（Logistics）、需求（Demand）。供应链管理是以同步化、集成化生产计划为指导，以各种技术为支持，尤其以 Internet/Intranet 为依托，围绕供应、生产作业、物流（主要指制造过程）、满足需求来实施的。供应链管理主要包括计划、合作、控制从供应商到用户的物料（零部件和成品等）和信息，尤其以 Internet/Intranet 为依托，围绕供应、生产作业、物流（主要指制造过程）、满足需求来实施。供应链管理的目标在于提高用户服务水平和降低总的交易成本，并且寻求两个目标之间的平衡（这两个目标往往有冲突）。

在以上四个领域的基础上，我们可以将供应链管理细分为职能领域和辅助领域。职能领域主要包括产品工程、产品技术保证、采购、生产控制、库存控制、仓储管理、分销管理。而辅助领域主要包括客户服务、制造、设计工程、会计核算、人力资源、市场营销。

由此可见，供应链管理关心的并不仅仅是物料实体在供应链中的流动，除了企业内部与企业之间的运输问题和实物分销以外，供应链管理还包括以下主要内容：

（1）供应链产品需求预测和计划。

（2）战略供应商和用户伙伴关系管理。

（3）企业内部与企业之间的物料管理。

（4）产品设计与制造管理。

（5）节点企业的定位、设备和供应链生产的计划、跟踪和控制。

（6）基于供应链的用户服务。

（7）企业间资金流管理。

（8）基于 Internet/Intranet 的供应链交互信息管理等。

供应链管理注重总的物流成本（从原材料到最终产成品的费用）与用户服务水平之间的关系，为此要把供应链各个职能部门有机地结合在一起，从而最大限度地发挥出供应链整体的力量，达到供应链企业群体获益的目的。

四、供应链管理的作用

成功的供应链应该能够协调并整合供应链中的所有活动，使其最终成为无缝连接的一体化过程。它连接供应链管道中的各参与者，这些参与者包括供应商、制造商、分销商、配送服务提供商、第三方物流公司、信息系统供应商等。这种供应链不再以生产为导向，而是侧重于客户的实际需求，依照市场导向进行生产活动。通过市场导向，这些优秀的企业原材料、成品、包装材料的多余流动达到最小化，从而降低了库存，降低了整个供应链的成本。

供应链管理的作用主要在于：

（1）供应链管理能有效地消除重复、浪费与不确定性，减少库存总量，创造竞争的成本优势。通过实施供应链管理，企业可以有效地减少供应链成员企业之间的重复工作，剔除流程中的多余步骤，从而使供应链流程简单化、高效化、低成本。同时，通过建立共享的电子数据交换系统，可以有效地减少因信息交换不充分所带来的重复与浪费，有效消除“需求放大”效应。此外，供应链成员企业之间实现了全流程的无缝作业，可以大大提高对接工作效率，减少失误与浪费。

（2）供应链管理能优化链上的成员组合，实现快速客户反应，创造竞争的时间和空间优势。供应链通过在全球范围内优化选择链上的成员企业，可以实现相互间的优势互补，更重要的是能够最大限度地缩短产品销售、服务过程中的空间距离和时间距离，实现对客户需求的快速有效反应，大幅度地缩短从订货到完成交货的周期。此外，供应链管理通过 Internet/Intranet 作为技术支撑，使其成员企业能够即时获取并处理外部信息及链上信息，从而提高整个供应链对客户需求的快速有效的反应能力，实现供应链各环节的即时出售、即时制造、即时供应。也就是说，通过供应链各成员企业的优化组合，使需求信息获取与随后做出的反应尽量接近最终客户，将客户需求的提前期减少到最低限度，从而获取市场竞争的时间和空间优势。

（3）供应链管理通过建立成员企业之间的战略合作伙伴关系，充分发挥链上企业的核心竞争能力，创造竞争的整体优势。当今的国际市场竞争是全方位的竞争，很多企业已经感到单靠自己的努力在日益激烈的市场竞争中力不从心，有必要集合多个企业结成有机整体，共同参与竞争。首先应与本企业业务内容相关的上下游企业建立联盟。实施供应链管理使原来客观存在的供应链有机地连接起来，使“链”上的每个企业都受益，也就是说，企业通过合作竞争，实现了“共赢”。供应链管理与传统企业管理中的渠道成员之间的“纵向一体化”联合是不同的。通常所说的纵向联合指上游供应商与下游客户之间在所有权上的纵向合并，以前人们认为这是一种理想的渠道战略，但现在企业更多的是注重发挥核心业务的优势，纵向合并则失去了魅力，因此“资源外购”或“业务外包”便成为当今企业发挥自己专业的一种策略。比如，汽车制造商以前可能要生产一辆汽车所需的所有零部件，但现在则将这些零部件的生产任务包给其他专业性制造商，自己只是将这些成品零部件进行组装。

随着全球竞争加剧、经济不确定性增大、信息技术高速发展、消费者需求个性化增加，供应链开始走向全球化，企业要想在这样激烈的竞争中谋生存、求发展，就必须采取相互合作的竞争策略。所以有人说，以前的竞争是企业与企业之间的竞争，以后的竞争是供应链与供应链之间的竞争。供应链管理在企业战略管理中的地位更加突出，是企业提高整体竞争力的一个十分有效的手段。

五、供应链管理的目标

供应链管理摒弃了局部管理的思想，利用系统的观念和方法对企业系统进行整合，以达到整个系统的最优。供应链管理的目标是：

(1) 降低客户的购买成本，更好地为客户服务，以获取竞争优势。

(2) 供应链上的原材料厂商、制造厂商、批发商、零售商结成战略联盟，共生共荣，共同抵御市场风险。

(3) 整个供应链系统的最优化所带来的效益，按照一定的原则，在各个企业间进行分配，使每个企业都能分享供应链管理带来的好处。

第二节　供应链设计

一、供应链设计的原则

为了保证供应链的设计能满足供应链管理思想得以实施和贯彻的要求，在供应链的设计过程中，我们认为应遵循一些基本的原则。

(1) 战略性原则

供应链的设计应有战略性观点，通过战略的观点考虑减少不确定影响。在实践中，供应链管理是需要成本的，特别是在供应链管理思想尚未完全深入人心，链上成员的配合还不够默契的情况下，设计者保持战略眼光，力图从全局的角度来规划和设计供应链，使供应链的所有环节者向着同一个目标运转，显得十分必要。另外，在供应链竞争时代，企业的发展战略是依托供应链战略来实现的，因此，供应链的设计应与企业的战略规划（如产品规划和市场规划）保持一致。

(2) 创新性原则

创新设计是系统设计的重要原则，没有创新性思维，就不可能有创新的管理模式，因此在供应链的设计过程中，创新性是很重要的一个原则。要产生一个创新的系统，就要敢于打破各种陈旧的思维框框，用新的角度、新的视野审视原有的管理模式和体系，进行大胆的创新设计。进行创新设计要注意以下几点：一是创新必须在企业总体目标和战略的指导下进行，并与战略目标保持一致；二是要从市场需求的角度出发，综合运用企业的能力和优势；三是发挥企业各类人员的创造性，集思广益，并与其他企业共同协作，发挥供应链整体优势；四是建立科学的供应链和项目评价体系及组织管理系统，进行技术经济分析和可行性论证。

(3) 系统性原则

供应链设计是一项复杂的系统工程，在设计中，必然会牵涉到方方面面的关系，尤其是要考虑战略合作伙伴关系的选择，链上成员如何在以后的实践中实现协同，如何实现共赢的目标，如何进行成本分摊和利益分配等具体问题。此外，在供应链设计中，还要系统地研究市场竞争环境、企业现状及发展规划、供应链设计目标等战略性问题。

（4）互补和协调性原则

供应链的各个节点的选择应遵循强强联合的原则，每个企业只集中精力致力于各自核心的业务过程，就像一个独立的制造单元（独立制造岛），这些所谓的单元化企业具有自我组织、自我优化、面向目标、动态运行和充满活力的特点，能够实现供应链业务的快速重组。

供应链业绩的好坏取决于供应链合作伙伴关系是否和谐。因此，在设计供应链时，应注意强调供应链的内部协调和优势互补，以充分发挥各成员的主动性和创造性，形成一个团结、和谐和富有凝聚力的竞争集体。另外，协调性还包括供应链系统与周围环境之间的协同。

（5）动态性原则

不确定性在供应链中随处可见，供应链运作效率也会受到不确定性的影响。由于不确定性的存在，导致需求信息的扭曲。因此要预见各种不确定因素对供应链运作的影响，减少信息传递过程中的信息延迟和失真，增加透明性，减少不必要的中间环节，提高预测的精度和时效性对降低不确定性的影响都是极为重要的。

（6）发展原则

供应链构建后不可能一成不变。随着市场环境的变化，链上合作伙伴关系的调整，企业内部组织和其他因素的改变，原有的供应链会存在这样或那样的问题。例如，对于生命周期较短的产品，随着市场和客户需求的变化，企业的产品计划可能会经常发生改变，进而导致供应链结构的巨大调整。另外，企业常常不只参与一个供应链，并且在不同的供应链中担当不同的角色，供应链中某个企业角色的变化必然会带来供应链的波动甚至构建上的变化。这些都要求我们在设计供应链时尽量留有余地，只有这样才能防患于未然。总的思路是，所设计的供应链应该是充满活力而不是僵硬、死板的。另外，所设计的供应链具有一定的适应和修补能力，能够随着市场环境的变化而自我调整、自我优化。

（7）客户中心原则

供应链是由众多的有上下游关系的企业根据市场竞争的需要构建而成的。供应链在成员组成及相互关系方面虽然可以本着发展的原则进行动态的调整，但是自始至终都应强调以客户为中心的供应链设计理念。如图 10-4 所示，供应链在运作中一般包括了新产品的开发与设计、原材料采购以及产品的制造、运送、仓储、销售等活动，这些由供应链上不同成员做的事情，都应当围绕客户这个中心来展开。

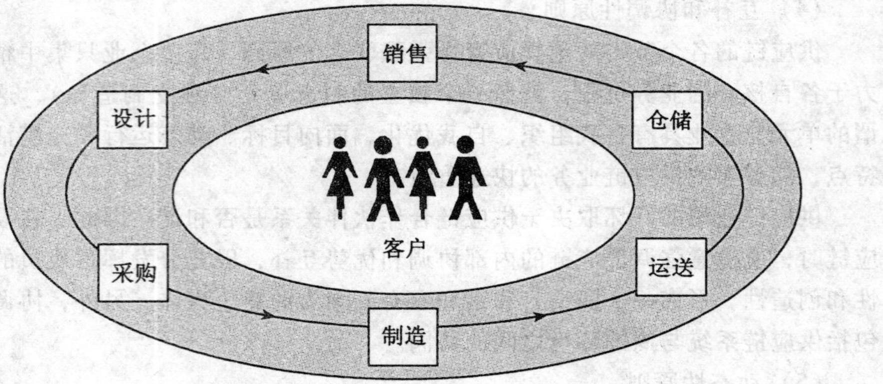

图 10-4　以客户为中心的供应链设计理念

二、供应链设计的步骤

1. 基于产品的供应链设计策略

供应链设计和管理的目标是降低成本、提高利润，其前提是供应链能保证产品在流通中畅通无阻、供应链对客户的需求变化能做出快速反应。这体现了以产品为中心的供应链设计策略。

(1) 产品类型

不同的产品在供应链中的流通特性不一样，对供应链设计有不同的要求，一般来说，产品可分为两大类，即功能性产品（Functional Products）和革新性产品（Innovative Products）。其中，功能性产品是指满足用户基本功能需要的产品，其主要特点是随时间改变不大、生命周期较长、边际利润较低，日用品一般属于这种类型。革新性产品是指增加了特殊功能的产品或在技术和外观上具有革新性的产品，其主要特点是具有较高的边际利润、生命周期短、市场需求无法预测，如时尚产品。

(2) 供应链类型

供应链具有两种不同的功能：物理功能与市场中介功能。按功能可将供应链划分为两种类型：有效性供应链（Efficient Supply Chain）和反应性供应链（Responsive Supply Chain）。有效性供应链主要体现供应链的物理功能，即如何有效地从供货方开始，沿着供应链上的各个节点，把原材料转变为在制品、半成品和成品，最后到达需求方。反应性供应链主要体现供应链的市场中介功能，即如何对无法预测的需求做出迅速反应。

(3) 基于产品的供应链设计策略

在了解了产品和供应链的特性后，就可以设计出与产品需求一致的供应链，其设计策略如图 10-5 所示。

	功能性产品	革新性产品
有效性供应链	匹配	不匹配
反应性供应链	不匹配	匹配

图 10-5　供应链设计与产品类型策略矩阵

在分析了产品和供应链的特性后，不难得出矩阵中四个元素的值，它们分别代表了企业在产品和供应链的选择上的不同组合的优劣状况。功能性产品具有用户已接受的功能，根据历史数据可对未来或季节性需求做出较准确的预测，产品很容易被模仿，产品的边际利润低。与这类产品匹配的供应链应当尽可能地降低链中的物理成本，追求以最小的成本占据市场和利润优势。因此，对于功能性产品，应采取有效性供应链。革新性产品追求创新，不惜一切努力来满足用户的差异性需求。这类产品往往具有某些独特的、能投部分用户所好的功能，由于创新而不易被模仿，具有高边际利润，在产品供货中强调速度、灵活性和质量，甚至通过增加供应链物理成本的方法来提升这些指标。由于很难对创新功能的需求做出准确的预测，只有反应性供应链才能抓住产品创新机会，以速度、灵活性和质量获取高边际利润。我们在这里强调速度和灵活性是因为：一方面，革新性产品如果有较大市场，表现出供不应求，自然会被对手模仿，这时革新性产品可能会变成功能性产品。在这种情况下，反应性供应链能一边利用先占入之优势继续供应这类产品，一边又不惜成本地开发新的革新性产品。另一方面，如果革新性产品并不受用户青睐，反应性供应链能很灵活地转向开发另一类新的革新性产品。对于反应性供应链来说，因为它用模型设计尽可能地减少产品差别，所以很容易开发出一种新的稍微有变化的产品。

从理论上很容易得出有效性供应链匹配功能性产品、反应性供应链匹配革新性产品的判断，实践中，由于市场行情、用户需求、企业经营状况等因素的影响，匹配和不匹配也是相对的。一方面，原本相匹配的产品和供应链可能变成不相匹配。随着时间的推移，革新性产品的创新功能也会被模仿，一旦革新性产品变成功能性产品，原来匹配的情形就会相应变成不匹配的情形。另一方面，原本不匹配的产品和供应链也可能变得匹配。由于革新性产品具有高边际利润，企业在产品开发中，由于市场信息不灵，不知对手已推出相同的产品而将自己刚刚开发出的功能性产品误认为是革新性产品（相对于一定的用户需求），进而错误地使用反应性供应链。随着用户需求的增加，这类功能性产品在一段时间内对某些用户可能会表现出革新性的特征，这时不匹配的情况就会变成匹配的情况。

2. 基于产品的供应链设计步骤

基于产品的供应链设计步骤如图 10-6 所示。

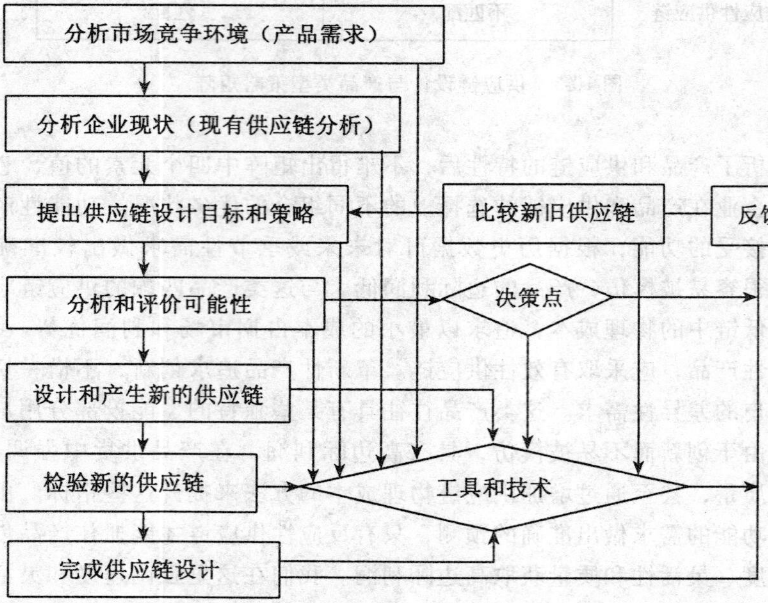

图 10-6 基于产品的供应链设计步骤图

(1) 分析市场竞争环境

供应链管理与企业管理一样，是通过生产销售产品来获取利润的。市场竞争环境一般包括时间、空间和层次三维，具有复杂性的特点。分析市场竞争环境就是要分析目前市场（要具有全球市场的战略眼光）上急需什么产品、需求量有多大，决定是开发功能性产品还是开发革新性产品。如果开发功能性产品，则要进行竞争对手分析，包括了解谁是对手，对手的实力如何，对手能做什么、正在做什么和将要做什么以及本产品未来可能的市场占有额等；如果开发革新性产品，则要注重分析客户的需求偏好。这个环节是供应链设计的第一步，它需要花费相当大的人力、财力和时间。在市场分析中，要善于利用先进的数据处理软件，如经营环境扫描、技术跟踪软件包等，在复杂的市场环境中发现具有前瞻性的规律。分析的输出是按需求量排列的产品类型和每一产品按重要性排列的市场特征，同时对市场的不确定性和需求变化趋势应做出分析和评价。

（2）分析企业现状（现有供应链分析）

分析企业现状主要是分析企业当前的管理状况。如果企业本身已存在于某供应链上，则重点分析其所处的供应链状况，包括供应链的管理、效率和所带来的利润以及供应链的发展前景，如现有的供应链能否实现最优化的客户响应（如灵活性）、最小化的成本、最佳化的效率和最优化的资产使用结构。此外，还要分析企业在供应链中的地位、企业自身的适应能力和发展能力。如果对一个企业来说，它加入某个供应链比不加入该供应链更糟糕，或者某个供应链可以用另外一个更好的供应链来替代，那么可以认为，该供应链的现状是令人不满的。

（3）提出供应链设计目标和策略

供应链一旦构建完成，应在一定时期内具有稳定性。为此，应当预先提出明确的设计目标。供应链的设计目标项目主要包括：进入新市场、开发新产品、客户关系管理、市场营销分析、降低成本、供应链的集成管理。

但这并不意味着供应链设计完成后便万事大吉。在竞争激烈的市场环境下，为了向客户提供差异性产品以获取利润，供应链的变动和发展在所难免。

目标设计好后，要根据特定的目标要求制定相应的策略。

（4）分析和评价可能性

在制定了新供应链设计目标和策略后，要结合企业的实力，对新的方案进行可行性分析。这是一个决策的过程，如果认为可行，则继续往下执行；如果认为不可行，则要反馈到上一个环节，重新设计供应链的目标和策略。

（5）设计和产生新的供应链

在设计供应链的过程中，应主要解决如下问题：

①供应链的成员结构。包括供应商、制造商、分销商和用户的选择和定位及供应链模型结构的确定等。

②用户需求和产品销售能力分析。

③原材料的采购。包括供应商、数量、价格、运输的确定等。

④生产设计。主要是生产工艺流程、生产能力、生产计划、作业计划、库存管理等的确定。

⑤信息系统设计。供应链是通过信息系统而集成的一个整体，信息系统是产品从原料到生产再到用户的全流程畅通无阻的保障。

⑥物流管理系统设计等。在供应链设计中，要广泛地应用到许多工具和技术，包括归纳法、集体解决问题、流程图、模拟和设计软件等。

（6）检验新的供应链

供应链设计出来后，应通过一定的方法和技术路线进行测试、检验或试运行，如果发现结果与设计方案不一致，则返回到第三步重新进行设计。如果没有问题，则可以用于实践。

以上各步骤（包括新旧供应链的比较和决策点）的实施，都会用到相应的信息工具和技术，信息技术的发展为供应链的设计打下了良好的基础。另外，在供应链设计过程中的每一步都要不断地与现有的供应链进行比较，通过这种反馈，保证供应链设计的先进性、前瞻性和经济性。

三、供应链设计的注意事项

在供应链的设计问题上，有必要注意以下几个方面的问题。

(1) 供应链设计与物流系统设计

物流系统是供应链的物流通道，是供应链管理的重要内容。物流系统设计是指原材料和外购件所经历的采购入厂-存储-投料-加工制造-装配-包装-运输-分销-零售等一系列物流过程的设计。物流系统设计也称通道设计（Channel Designing），是供应链系统设计中最主要的工作之一。设计一个结构合理的物流通道对于降低库存、减少成本、缩短提前期、实施 JIT 生产与供销、提高供应链的整体运作效率都是很重要的。但供应链设计却不等同于物流系统设计，（集成化）供应链设计是企业模型的设计，它从更广泛的思维空间-企业整体角度去勾画企业蓝图，是扩展的企业模型。它既包括物流系统，又包括信息和组织以及价值流和相应的服务体系建设。在供应链的设计（建设）中，创新性的管理思维和观念极为重要，要把供应链的整体思维观融入供应链的构思和建设中，企业之间要有并行的设计才能实现并行的运作模式，这是供应链设计中最为重要的思想。

(2) 供应链设计与环境因素的考虑

一个设计精良的供应链在实际运行中并不一定能按照预想的那样，甚至无法达到设想的要求，这是主观设想与实际效果的差距，原因并不一定是设计或构想得不完美，而是环境因素在起作用。因此，构建和设计一个供应链，一方面要考虑供应链的运行环境（地区、政治、文化、经济等因素），同时还应考虑未来环境的变化对实施供应链的影响。因此，我们要用发展的、变化的眼光来设计供应链，无论是信息系统的构建还是物流通道设计都应具有较高的柔性，以提高供应链对环境的适应能力。

(3) 供应链设计与企业再造工程

从企业的角度来看，供应链的设计是一个企业的改造问题，供应链所涉及的内容任何企业或多或少在进行。供应链的设计或重构不是要推翻现有的企业模型，而是要从管理思想革新的角度，以创新的观念武装企业，这种基于系统进化的企业再造思想是符合人类演进式的思维逻辑的，尽管 BPR 教父哈默和钱贝一再强调其彻底的、剧变式的企业重构思想，但实践证明，实施 BPR 的企业最终还是走向改良的道路，所谓无源之水、无本之木的企业再造是不存在的。因此在实施供应链的设计与重建时，需要的是新的观念、新的思维和新的手段，这是我们实施供应链管理所要明确的。

（4）供应链设计与先进制造模式的关系

供应链设计既是从管理新思维的角度去改造企业，也是先进制造模式的客观要求和推动的结果。如果没有全球制造、虚拟制造这些先进的制造模式的出现，集成化供应链的管理思想是很难得以实现的。正是先进制造模式的资源配置沿着劳动密集-设备密集-信息密集-知识密集的方向发展才使得企业的组织模式和管理模式发生相应的变化，从制造技术的技术集成演变为组织和信息等相关资源的集成。供应链管理适应了这种趋势，因此，供应链的设计应把握这种内在的联系，使供应链管理成为适应先进制造模式发展的先进管理思想。

第三节 供应链绩效评估

一、供应链绩效评估的特点

根据供应链管理运行机制的基本特征和目标，供应链绩效评估指标应该能够恰当地反映供应链整体运营状况以及上下游节点企业之间的运营关系，而不是孤立地评估某一供应商的运营情况。

例如，对于供应链上的某一供应商来说，该供应商所提供的某种原材料价格很低，如果孤立地对这一供应商进行评估，就会认为该供应商的运行绩效较好。若其下游节点企业仅仅考虑原材料价格这一指标，而不考虑原材料的加工性能，就会选择该供应商所提供的原材料，而该供应商提供的这种价格较低的原材料，其加工性能不能满足该节点企业生产工艺要求，势必增加生产成本，从而使这种低价格原材料所节约的成本被增加的生产成本所抵消。所以，评估供应链运行绩效的指标，不仅要评估该节点企业（或供应商）的运营绩效，而且还要考虑该节点企业（或供应商）的运营绩效对其上层节点企业或整个供应链的影响。

二、供应链绩效评估的原则

随着供应链管理理论的不断发展和供应链实践的不断深入，为了科学、客观地反映供应链的运营情况，应该考虑建立与之相适应的供应链绩效评估方法，并确定相应的绩效评估指标体系。反映供应链绩效的评估指标有其自身的特点，其内容比现行的企业评估指标更为广泛，它不仅仅代替会计数据，同时还提出一些方法来测定供应链的上游企业是否有能力及时满足下游企业或市场的需求。在实际操作上，为了建立能有效评估供应链绩效的指标体系，应遵循如下原则：

（1）应突出重点，要对关键绩效指标进行重点分析。

（2）应采用能反映供应链业务流程的绩效指标体系。

（3）评估指标要能反映整个供应链的运营情况，而不是仅仅反映单个节点企业的运营情况。

（4）应尽可能采用实时分析与评估的方法，要把绩效度量范围扩大到能反映供应链实时运营的信息上去，因为这要比仅做事后分析有价值得多。

（5）在衡量供应链绩效时，要采用能反映供应商、制造商及用户之间关系的绩效评估指标，把评估的对象扩大到供应链上的相关企业。

三、供应链绩效评估的指标体系

1. 反映整个供应链业务流程的绩效评估指标

整个供应链是指从最初供应商开始直至最终用户为止的整条供应链。反映整个供应链运营的绩效评估指标主要有：

（1）产销率指标

产销率是指在一定时间内已销售出去的产品与已生产的产品数量的比值。

产销率指标又可分成如下三个具体的指标：

①供应链节点企业的产销率。该指标反映供应链节点企业在一定时间内的经营状况。

②供应链核心企业的产销率。该指标反映供应链核心企业在一定时间内的产销经营状况。

③供应链产销率。该指标反映供应链在一定时间内的产销经营状况，其时间单位可以是年、月、日。随着供应链管理水平的提高，时间单位可以取得越来越小，甚至可以做到以天为单位。该指标也反映供应链资源（包括人、财、物、信息等）的有效利用程度，产销率越接近1，说明资源利用程度越高。同时，该指标也反映了供应链库存水平和产品质量，其值越接近1，说明供应链成品库存量越小。

（2）平均产销绝对偏差指标

该指标反映在一定时间内供应链总体库存水平，其值越大，说明供应链成品库存量越大，库存费用越高。反之，说明供应链成品库存量越小，库存费用越低。

（3）产需率指标

产需率是指在一定时间内，节点企业已生产的产品数量与其上层节点企业（或用户）对该产品的需求量的比值。具体分为如下两个指标：

①供应链节点企业产需率。该指标反映上、下层节点企业之间的供需关系。产需率越接近1，说明上、下层节点企业之间的供需关系协调，准时交货率高，反之，则说明下层节点企业准时交货率低或者企业的综合管理水平较低。

②供应链核心企业产需率。该指标反映供应链整体生产能力和快速响应市场能力。若该指标数值大于或等于1，说明供应链整体生产能力较强，能快速响应市场需求，具有较强的市场竞争能力；若该指标数值小于1，则说明供应链生产能力不足，不能快速响应市场需求。

（4）供应链产品出产（或投产）循环期（Cycle Time）或节拍指标

当供应链节点企业生产的产品为单一品种时，供应链产品出产循环期是指产品的出产节拍；当供应链节点企业生产的产品品种较多时，供应链产品出产循环期是指混流生产线上同一种产品的出产间隔。由于供应链管理是在市场需求多样化经营环境中产生的一种新的管理模式，其节点企业（包括核心企业）生产的产品品种较多，因此，供应链产品出产循环期一般是指节点企业混流生产线上同一种产品的出产间隔期。它可分为如下两个具体的指标：

①供应链节点企业（或供应商）零部件出产循环期。该循环期指标反映了节点企业库存水平以及对其上层节点企业需求的响应程度。该循环期越短，说明了该节点企业对其上层节点企业需求的快速响应性越好。

②供应链核心企业产品出产循环期。该循环期指标反映了整个供应链的在制品库存水平和成品库存水平，同时也反映了整个供应链对市场或用户需求的快速响应能力。核心企业产品出产循环期决定着各节点企业产品出产循环期，即各节点企业产品出产循环期必须与核心企业产品出产循环期合拍。该循环期越短，说明整个供应链的在制品库存量和成品库存量都比较少，总的库存费用都比较低；另一方面也说明供应链管理水平比较高，能快速响应市场需求，并具有较强的市场竞争能力。缩短核心企业产品出产循环期，应采取如下措施：一是使供应链各节点企业产品出产循环期与核心企业产品出产循环期协调，而核心企业产品出产循环期与用户需求协调；二是可采用优化产品投产计划或采用高效生产设备或加班加点来缩短核心企业（或节点企业）产品出产循环期。其中，优化产品投产顺序和计划来缩短核心企业（或节点企业）产品出产循环期是既不需要增加投资又不需要增加人力和物力的好方法，而且见效快，值得推广。

（5）供应链总运营成本指标

供应链总运营成本包括供应链通讯成本、供应链库存费用及各节点企业外部运输总费用。它反映供应链运营的效率。具体分析如下：

①供应链通讯成本。供应链通讯成本包括各节点企业之间通讯费用，如EDI、因特网的建设和使用费用；供应链信息系统开发和维护费等。

②供应链总库存费用。供应链总库存费用包括各节点企业在制品，库存和成品库存费用及各节点之间在途库存费用。

③各节点企业外部运输总费用。各节点企业外部运输总费用等于供应链所有节点企业之间运输费用总和。

(6) 供应链核心企业产品成本指标

供应链核心企业的产品成本是供应链管理水平的综合体现。根据核心企业产品在市场上的价格确定出该产品的目标成本，再向上游追溯到各供应商，确定出相应的原材料、配套件的目标成本。只有当目标成本小于市场价格时，核心企业才能获得利润，供应链才能得到发展。

(7) 供应链产品质量指标

供应链产品质量是指供应链各节点企业（包括核心企业）生产的产品或零部件的质量。主要包括合格率、废品率、退货率、破损率、破损物价值等指标。

2. 供应链管理绩效评估指标

由于供应链是指从最初供应商开始直至最终用户为止的整条供应链，一般来说，供应链管理绩效可以从以下几方面进行评价：

(1) 订单阶段的绩效评价指标

对任何企业来说，首先面临的任务是努力获得订单。订单的生成和计划安排决定了接下来各项活动的效果和库存水平。因此，绩效评价的第一步是分析与订单相关的活动，如订单生成方法、订单到货周期和订单流程路径。

①订单生成方法。订单生成方法决定了将客户的要求转换成可利用的信息并沿着供应链向下传递的程度。这些信息与供应链的各个层次相联系，并且影响全部经营活动的安排。只要生成的订单能够为各个层次提供及时、准确和有效的信息，就可以对订单进行恰当的控制，因而是绩效评价的指标之一。

②订单到货周期。订单处理所需的时间称为“订单到货周期”，即收到用户订单至货物交付之间所需的时间。它包括的时间要素有：订单生成时间（对客户的预测以及得到订单的时间）；订单计划时间（含设计、沟通和计划所用时间）；原料订购、装配和测试时间；制成品交货时间。

缩短订单到货周期可以减少供应链的反应时间，这是获取竞争优势的主要措施，它直接影响客户的满意度。同样重要的是订单到货周期的可靠性和一致性。由于一些无效程序以及订单数量波动等方面原因，会使整个过程完成的时间产生变化，其后果可能是大幅降低供应链的可靠性和客户服务水平。

③客户订单流程。客户订单流程路径是另一个重要的评估指标，它可以发现不同路径所花的时间量以及没价值的活动，以采取合适的措施来消除它们。

（2）生产水平绩效评价及其指标

一旦安排了订单和购买了原料，接下来就是组织生产和装配产品。“生产和装配”这部分对于产品成本、质量、交付速度、交付的可靠性都有着重要影响。作为供应链的一个重要部分，生产过程的性能也需要评估和改进，需要建立恰当的评估指标。

①产品和服务覆盖范围。研究表明，产品覆盖范围大的公司比覆盖范围小的公司推出新品的速度要慢一些。根据《英国最佳企业数据库》的统计资料，产品覆盖范围大的公司中每个员工创造的附加价值、生产速度和交货的可靠性都要差一些，在产品创新上的表现也比较差。这充分表明产品和服务覆盖范围大小会影响到供应链的绩效，应该作为绩效评价的内容。

②生产能力利用率。所有经营计划都应该在生产能力的前提下进行，生产能力决定了供应链活动的水平，直接影响对客户需求的反应速度。

③计划安排绩效。生产活动的计划安排决定了企业资源在整个运作系统中的流动方式，会对采购周期、生产周期和每次订购数量产生影响。因为供应链的计划安排很大程度上依赖于客户要求和供应商的绩效，计划安排所采用的技术和方法要视情况而定，评价和改进计划安排技术将会改善供应链的绩效。除此以外，还包括其他的绩效评价，如人力资源生产率、计划用时与实际用时的比较、库存水平和生产成本等。

（3）交付环节的绩效评价

在供应链中最直接与客户联系的部分就是所需产品或服务的传送，它被誉为客户满意度的驱动器。由于产品或服务的传送是在一种动态和变化的环境里运作，要对一个分销配送体系进行分析和改进非常困难，因此很难确定一种分销结构某个关键部分的改变会对整个供应链系统产生何种影响。解决的方法之一就是利用系统的观点来理解和评价供应链系统整体的绩效，同时了解该系统及其各个组成部分之间的关系。

在典型的分销配送模式里，配送渠道、车辆安排及仓储位置都起着重要作用。通过选择适当的渠道、车辆安排和仓储位置来提高配送的绩效是可能的。

①准时配送。包括要求交货日期、交货承诺日期、订货交货间隔时间。

②信息交流的质量。例如，一旦做好了安排，通过提供和收集不同分销渠道的信息，就可以实现持续的监控。因此，信息的质量和获得方式在一定程度上决定了配送的绩效。

（4）客户服务及满意度评价

客户可能和供应链企业距离较远甚至在地球的另一端，如果客户不满意，会使得整个供应链的实施变得非常困难。一个有效的供应链绩效评价体系，必然要考虑到客户满意度。

①灵活性。灵活性指产品和服务符合客户个性化需求的程度。随着灵活制造系统、成组技术和计算机集成制造技术等新技术的开发，满足客户个性化的特殊要求已经成为可能。另外，信息技术和通信系统可以提供在线信息，更进一步促进控制系统的快速响应。把灵活性作为评价指标，会使公司达到迅速满足客户个性化要求的目标。

②客户询问时间。客户询问时间是指一家公司向客户提供其所需信息所花费的时间。在某些情况下，客户会询问或者要求告知订单状况或库存和配送等方面的信息。这些信息能帮助客户安排他们的活动，帮助公司留住客户，因此提供在线信息是客户服务的重要组成部分。

③交接后的客户服务评价。供应链的功能并不是把产品交给客户就结束了，交接后的活动对客户服务是很重要的。例如及时获得备用品、追踪保修期间的各种问题，都能够使企业提供更好的客户服务。另外，还需要考虑与竞争者相比较的客户服务水平、客户对服务的认同满意程度等因素。

（5）供应链财务和物流成本

供应链的财务绩效可通过总的物流费用来评估。在供应链中为了使物料流和信息流顺畅地流动，所有的决策都必须建立在整体战略的层面上。由于物流职能是跨部门的，所以决策时要留意某个环节的费用是否会影响其他环节的费用。

①资产和投资回报。供应链资产包括应收账款、工厂、设备和库存等。随着通货膨胀及流动性的降低，使公司对于资产处理有很大压力，迫使其改进资本的回报率。

②总库存成本。资料研究表明，许多公司有近一半的资产都被困在库存里，库存包括所有原材料、半成品、成品以及运转过程中的中间产品。随着客户对服务的要求不断提高，有效地对库存进行管理也变得越来越关键。在供应链中，与库存相关的成本包括：仓库、资本的机会成本；劳务成本；配送中的制成品成本——由于失窃，耗损，损坏组成的风险成本；废品和返工产生的成本；由于缺少库存的会计信息而滞销的成本等。

【本章小结】

本章讲述了供应链管理产生和发展的历史背景，对供应链和供应链管理的含义、特点、类型和供应链管理内容做了介绍，明确了供应链管理的主体。提出了供应链构建的原则和供应链构建的模型以及供应链设计中应注意的问题。分析了供应链绩效评估的特点，阐明了供应链绩效评估的原则，提出了供应链绩效评估的指标体系等。

【案例分析】

从戴尔、惠普公司看企业现代供应链管理

现代企业竞争越来越激烈，企业开源节流应抓住每一个环节降低成本、着力于核心业务以增加竞争力，供应链管理正是其中很重要的一项。

我们可以把供应链比作一条龙，龙头是商品的销售环节，即产品生产出来以后，企业与客户交互的过程；龙身是生产制造环节，是企业内部产品生产的过程；龙尾是原材料采购环节，即在适当的时间向适当的厂商采购适当的商品。供应链管理的作用就是把这条龙体内的资金流、信息流和物流三者整合起来，使企业能够获得采购、生产和销售的最优路线，提高企业的竞争力。

现代供应链管理由于采取了自动化技术、信息技术，正走向电子化、智能化、信息化、自动化、网络化。但是，资源与技术的不配套以及管理思想的落后使得许多公司投入了大笔资金却得不到良好的效果。问题的症结究竟在哪里，我们不妨先看看成功企业的做法。

戴尔的直线订购模式（Build-to-order Model）

直线模式是根据客户的具体需求，而不是根据市场的预测制订生产计划的。直线模式并不等于直销，直线模式的真正核心在于直销背后的一系列包括采购、生产、配送等环节在内的快速反应，利用一切先进的通信方法和自己的顾客保持联系，了解每一个顾客的独特需求，细分产品。许多公司的生产过程都优先于销售，在接到订单前早已生产好了产品，等着顾客来购买，这样很容易造成产品的库存积压，而戴尔的方式则是先了解顾客的需求，然后再生产。

在戴尔直线模式的背后，是其出色的供应链管理（Supply Chain Management，SCM），它能在收到顾客个人需求的订单后，立即向不同的供应商采购材料，迅速转入生产，再交给快递公司分发送货。在整个过程中，戴尔能保证公司的实际材料库存量始终保持在最低水平，从而使产品的价格更具有竞争力。整条供应链管理的关键：一是客户服务，二是物料配送。戴尔充分利用了互联网，通过互联网能够和每一个客户都维持一对一的对话，尽可能多地搜集到客户信息和客户要求；客户也能通过互联网发送各自的订单，提出自己的服务要求。在戴尔的公司内部，有一个专门处理客户信息的系统，它能对不同的客户信息进行分类，对客户的订单进行处理并且自动传递到采购和生产部门。通过电子网络，戴尔和上游配件制造商组成了一个虚拟企业，在这个虚拟企业中，供应商变成了戴尔的一个零件提供部门，互相之间联系紧密。当戴尔接到客户从网上发出的购买电脑的电子订单以后，公司的配置中心会把整张订单分解成一张张的零件采购订单，通过网络发给配件供应商，各个供应商在收到订

单以后，会马上组织生产，在指定的期限内发货给戴尔。收到零件以后，戴尔公司只需在生产车间进行组装，就可以把成品包装发送了。

惠普的大规模定制

大规模定制就是一个公司向全世界不同的顾客提供高度个性化产品和服务的能力。大规模定制的关键在于将产品差别化的工作推迟到供应网络的最后一点来进行。为了做到这一点，公司必须重新构思和整合其产品的设计、制造和发送这些产品的过程以及整个供应网络的结构。通过采用这样一个全面的方法，公司能以最大的效率来运作，以最小的存货量迅速快捷地完成顾客的订单。

惠普公司采用标准组件法来设计其台式打印机，在欧洲和亚洲市场上根据顾客的要求装配成不同风格的产品出售。惠普将产品个性化的程序从生产车间推进到地区分销中心进行。例如，惠普不在其设在新加坡的生产厂进行差异化的加工，而在设在德国斯图加特的欧洲分销中心进行，其设计的打印机连电源插头都要因国而异。然而分销中心不仅仅进行产品的个性化加工，还自行采购能使产品差异化的材料（如电源、包装、使用手册等）。这种重新设计的结果是，制造成本比在生产车间进行个性化时稍高，但总的制造、运输和存货成本降低了25%。

惠普设计出的供应网络（存货的储备地点以及服务、制造和分销点的定位、数量和结构）能提供两项能力：一是该网络能以符合成本效益原则的方式为执行产品差异化的分销点供应基本产品；二是该网络具有高度灵活性，并能对个人顾客的订单做出迅速的反应，快捷地提供个性化的成品。一个灵活敏捷的供应网络是大规模定制不可缺少的。如果一家拥有很多品种产品的公司遍布世界的分销中心只是起到存储和分销的作用，那么这家公司能从中获取的益处将是十分有限的。所有这些品种的产品占用了公司巨额的资金，却不产生任何效益。前述惠普公司的做法之所以优越，原因在于这家公司在地区分销中心完成最终的个性化程序。当顾客站在商店里时，最终的产品才完成。其隐含的全新制造逻辑是：将制造过程模块化，最后一个制造工序在接到顾客订单后才发生。既不是把市场需求抛在一边，制造完了再去推销，也不是干坐在那里等订单，等订单来了才开始第一道工序，也许等到头发白了还没等来。这一做法将大工业制造和小作坊量身定做的优点集于一身，创造出极富创意的大规模定制法，从而为惠普赢得了超凡的竞争优势。

◎评点

从戴尔、惠普的做法中，我们看到现代供应链管理对比传统供应链管理，它的内容发生了很大变化，这个变化首先是理念和关注点的变化。传统的供应链管理强调的是它的效能，即强调怎样节约成本；而新的供应链管理强调它的敏捷性，关注怎样提高响应客户的速度。传统的供应链管理，强调大规模生产；现在则强调大规模定制，即为客户定制产品或服务，还包括为客户提供各种信息。传统的供应链管理强调的是企业内部的协调；新的供应链管理则更强调与上下游企业的整合（外部协调）。

【练习与思考】

1. 名词解释：供应链、供应链管理。

2. 供应链管理的类型有哪些？论述企业内部供应链、产业供应链或动态联盟供应链及全球网络供应链三者的含义、流程及异同。

3. 简述供应链管理的特点和内容。

4. 供应链设计应遵循哪些原则？

5. 试比较功能性产品和革新性产品的区别。

6. 试分析基于产品的供应链设计策略。

7. 供应链绩效评估应遵循哪些原则？

8. 熟悉供应链绩效评估的指标体系。

参考文献

[1] 王之泰．现代物流管理．北京：中国工人出版社，2001.

[2] 孟祥茹，吕延昌，孙学琴．现代物流管理．北京：人民交通出版社，2004.

[3] 张晓青．现代物流概论．武汉：武汉理工大学出版社，2005.

[4] 黎孝先．国际贸易实务．北京：对外经济贸易大学出版社，2000.

[5] 邹建华，谢石松，慕亚平．国际商法．北京：中国金融出版社，2000.

[6] 牛鱼龙．世界物流经典案例．深圳：海天出版社，2003.

[7] 刘清华，贾生华．物流产业的网络化发展分析．港口经济，2002（6）.

[8] 黄中鼎．现代物流管理学．上海：上海财经大学出版社，2004.

[9] 柳和玲．物流基础．北京：人民交通出版社，2005.

[10] 刘志学．现代物流手册．北京：中国物资出版社，2001.

[11] 夏春玉．现代物流概论．北京：首都经济贸易大学出版社，2004.

[12] 曾剑，王景锋，邹敏．物流管理基础．北京：机械工业出版社，2005.

[13] 王成．现代物流管理实务与案例．北京：企业管理出版社，2001.

[14] 赵刚．物流信息系统．成都：四川人民出版社，2002.

[15] 欧阳文霞．物流信息系统．北京：机械工业出版社，2005.

[16] 唐晓波．管理信息系统．北京：科学出版社，2005.

[17] 骆温平．物流与供应链管理．北京：电子工业出版社，2002.

[18] 李述容．采购与供应管理．武汉：武汉理工大学出版社，2007.

[19] 黄世秀，李述容．配送中心运作与管理．重庆：重庆大学出版社，2006.

[20] 锦程物流网

[21] http：//www. ups. com. （中国物流网）

[22] 上海现代物流人才培训中心．现代物流管理．上海：上海人民出版社，2002.

图书在版编目(CIP)数据

物流基础/李述容,陈先五主编．—武汉：武汉大学出版社,2008.8
高职高专“十一五”规划教材·物流系列
ISBN 978-7-307-06463-8

Ⅰ.物…　Ⅱ.①李…　②陈…　Ⅲ.物流—高等学校:技术学校—教材　Ⅳ.F252

中国版本图书馆 CIP 数据核字(2008)第 119189 号

责任编辑:唐　伟　　　责任校对:刘　欣　　　版式设计:马　佳

出版发行：武汉大学出版社　(430072　武昌　珞珈山)
(电子邮件：cbs22@ whu. edu. cn　网址：www. wdp. com. cn)
印刷：湖北省孝感日报社印刷厂
开本：720×1000　1/16　印张:15.875　字数:300 千字　插页:2
版次：2008 年 8 月第 1 版　2011 年 1 月第 5 次印刷
ISBN 978-7-307-06463-8/F·1186　定价:25.00 元

高职高专“十一五”规划教材

公共课书目

安全警示录——大学生安全教育读本

应用写作实训教程

经济类书目

财会系列：

☆财务管理教程

☆财务管理全程系统训练

☆税法教程

☆税法全程系统训练

☆企业涉税会计教程

☆企业涉税会计全程系统训练

☆成本会计教程

☆成本会计全程系统训练

☆中级会计教程

☆中级会计全程系统训练

☆初级会计教程

☆初级会计全程系统训练

☆电算化会计教程

☆电算化会计全程系统训练

☆会计职业技能仿真训练

☆会计职业技能综合实训

☆行业特殊业务会计教程

☆行业特殊业务会计教程全程系统训练

☆审计实务教程

☆审计实务全程系统训练

物流系列：

☆货物学

☆物流基础

市场营销系列：

☆市场营销

☆市场营销实训教程

☆电子商务物流管理

☆电子商务概论

☆市场营销策划

☆网络营销

☆推销技术

☆国际贸易单证实务

旅游系列：

☆旅游服务礼仪

☆旅游概论

☆旅游服务心理

☆旅游英语

☆导游业务

☆旅游法规实务

旅游市场营销

旅游景区管理

旅行社管理与实务

餐厅服务与管理

前厅与客房服务管理

工商企业管理系列：

☆管理学

☆现代企业管理

☆已出书